TIEFSEE

Expeditionen zu den Quellen des Lebens

Herausgegeben von
Gerold Wefer, Frank Schmieder, Stephanie Freifrau von Neuhoff

Begleitbuch zur Sonderausstellung im Ausstellungszentrum Lokschuppen Rosenheim | 23. März bis 4. November 2012

Ausstellungspartner

Unterstützt durch das Bundesministerium für Bildung und Forschung (BMBF) und die Deutsche Forschungsgemeinschaft DFG) durch die Förderung von Instituten und Projekten.

 Bundesministerium für Bildung und Forschung

Bibliografische Information der Deutschen Nationalbibliothek
Die Deutsche Nationalbibliothek verzeichnet diese Publikation in der Deutschen Nationalbibliografie; detaillierte Informationen sind im Internet über http://dnb.d-nb.de abrufbar

ISBN 978-3-00-037371-8
Copyright © 2012
VERANSTALTUNGS+KONGRESS GmbH Rosenheim
Alle Rechte vorbehalten

Das Werk ist in allen seinen Teilen urheberrechtlich geschützt. Jede Verwertung ist ohne Zustimmung des Rechteinhabers unzulässig. Das gilt insbesondere für Vervielfältigungen, Übersetzungen, Mikroverfilmungen und die Einspeicherung in und die Verarbeitung durch elektronische Systeme.

Grafische Gestaltung: Jürgen Thies
Covermotiv: Annette Gallner, Foto Kalmar: David Hettich
Druck: Simon die Druckerei GmbH, Rosenheim

www.lokschuppen.de

Die Ausstellung „Tiefsee" wurde ermöglicht durch

Sparkasse Rosenheim-Bad Aibling

Für Unterstützung danken wir

stadtwerke rosenheim

Wirtschaftlicher Verband der Stadt und des Landkreises Rosenheim e.V.

FREUNDESKREIS LOKSCHUPPEN ROSENHEIM e.V.

ich liebe es®

JAGUAR HOUSE ROSENHEIM   JAGUAR

NATIONAL GEOGRAPHIC DEUTSCHLAND

B5 aktuell BR

OVB HEIMATZEITUNGEN

Münchner Merkur tz HEIMATZEITUNGEN

G GESCHICHTE

MPZ
Museums-Pädagogisches Zentrum München

giz Deutsche Gesellschaft für Internationale Zusammenarbeit (GIZ) GmbH

Ausstellungsorganisation

VERANSTALTER
VERANSTALTUNGS+KONGRESS GmbH Rosenheim
in Kooperation mit dem
Konsortium Deutsche Meeresforschung und dem
Zoologischen Museum der Universität Hamburg

KURATOR
Holger Freiherr von Neuhoff

AUSSTELLUNGSGESTALTUNG
impuls-design, Erlangen Annette Hasselmann,
Matthias Kutsch, Tanja Knöller, Marie-Kristin Hoke,
Ulrike Nachbargauer, Barbara Ziegler
Michael Quest (Themenbereich „Zukunft")

AUSSTELLUNGSGRAPHIK
impuls-design, Erlangen Stefan Küffner
APPTORY, Hamburg Jürgen Thies

LICHTPLANUNG
Sein & Schein, Höchstadt Peter Younes

FOTOGRAFIE TIEFSEEORGANISMEN
Solvin Zankl

FILME UND SOUND
The Shack GmbH, Hamburg
Mike Beims, Markus Skroblies
The Soundshack GmbH, Hamburg
Konrad Peschmann, Tobias Sauer
Videomaterial
MARUM – Zentrum für Marine
Umweltwissenschaften, Universität Bremen
GEOMAR | Helmholtz-Zentrum
für Ozeanforschung Kiel

SIMULATIONEN, ANIMATIONEN, MODELLSTATIONEN
Simulation MARUM-QUEST, Dr. Volker Ratmeyer
Animation FS METEOR, MARUM-MeBo,
Andreas Dibiasi (dibiMultimedia)
Animation Forschungsgeräte Mario Müller
Plattentektonik Christopher Boyle
Diorama Ozean-Observatorium
Dr. Gerd Hoffmann-Wieck

MALEREI
Skizzen zur METEOR Niels Jakobi
Riesenkalmar, Motive für UV-Licht Dragan Reiser

GESTALTUNG VORPLATZ
planetz Architektenpartnerschaft Markus Baukholt
Koch Membranen GmbH Hans-Jürgen Koch

CORPORATE DESIGN, WERBEMITTEL
Annette Gallner

PRESSE- UND ÖFFENTLICHKEITSARBEIT
PR-Agentur Rosi Raab

BERATUNG
PD Ralf Thiel, Prof. Dr. Angelika Brandt

OBJEKTMONTAGE
Matthias Preuss, Ernst Bielefeld, Joseph Stelle

AQUARISTIK
Markus Fortmeier, Hans-Peter Berghammer

ÜBERSETZUNGEN
Nancy Chapple

MUSEUMSSHOP
That´s eli

VERANSTALTUNGSVORBEREITUNG UND ORGANISATION
AUSSTELLUNGSZENTRUM LOKSCHUPPEN ROSENHEIM
Geschäftsführer Peter Lutz Dipl. Sportökonom
Projektleitung Dr. Peter Miesbeck
Ausstellungsorganisation
Elisabeth Scheueregger M.A.
Marketing, Werbung
Sarah Smyka Dipl. Fachwirt (BAW)
Ausstellungsführungen, Audio-Guide, Museumspädagogik
Stefanie Kießling Dipl. Kulturwiss.
Museumspädagogik, Tiefsee, Aquanautenparcours
Elena Zuleger M.A.
Besucherservice, Systemadministration, Supervisor Call-Center Caroline Brunnthaler
Dipl. Betriebswirt (FH)
Besucherservice, Sekretariat Petra Wanninger
Kaufmännische Verwaltung
Ingeborg Eberle, Brigitte Pillath
Technische Leitung Robert Kopetz
Technik Benedikt Hopf, Anton Zacherl,
Franz Kastenhuber, Anton Schmid
Druck, Ausstellungsgraphik, Werbebanner
Bernd Kühnhauser, Maximilian Hertelt

BEGLEITBUCH
Redaktion, Herausgeberin
Stephanie Freifrau von Neuhoff
Herausgeber
Prof. Dr. Dr. h.c. Gerold Wefer, Dr. Frank Schmieder
Lektorat
Marlis Graage, Jörg Kallmeyer
Art Direction
Jürgen Thies, APPTORY, Hamburg
Bildbearbeitung
Widmann Grove Medienproduktion, Hamburg

Ein besonderer Dank für die persönliche Verbundenheit mit dem Projekt an:
Prof. Dr. Ulrich Bathmann, Prof. Dr. Wolfgang Bach, Prof. Dr. Peter Brandt, Dr. Marcus Dengler, Christopher von Deylen, Lutz Erntges, Albert Gerdes, Barbara Hentzsch, Heiko Hermans, Prof. Dr. Peter Herzig, Dr. Gerd Hoffmann-Wieck, Dr. Gerd Krahmann, Prof. Dr. Karin Lochte, Niels Jakobi, Diana Beata Krüger, Prof. Dr. Peter Lemke, Dr. Nils von Neuhoff, Maike Nicolai, Dr. Eva-Maria Nöthig, Dominique Le Parc, Dr. Rolf Peinert, Prof. Dr. Detlef Quadfasel, Tina Rabenseifner, Dr. Volker Ratmeyer, Prof. Dr. Gregor Rehder, Udo Röbel, Ralf Röchert, Thore Schindowski, Jana Stone, Nils Strackbein, Prof. Dr. Dr. Erwin Suess, Andreas Villwock, Dr. Gerd Wegner

Für Unterstützung danken wir unseren Partnern und Leihgebern:

Konsortium Deutsche Meeresforschung

Zoologisches Museum der Universität Hamburg

Alfred-Wegener-Institut für Polar- und Meeresforschung in der Helmholtz-Gemeinschaft

Bundesanstalt für Geowissenschaften und Rohstoffe

Centre national d´art et de culture Georges Pompidou

Deutsches Meeresmuseum

Deutsche Rohstoffagentur

Exzellenzcluster „Der Ozean im System Erde"

Exzellenzcluster „Ozean der Zukunft"

GEOMAR | Helmholtz-Zentrum für Ozeanforschung Kiel

Internationales Maritimes Museum Hamburg

Johann Heinrich von Thünen-Institut Bundesforschungsinstitut für Ländliche Räume, Wald und Fischerei

Leitstelle Deutsche Forschungsschiffe, Universität Hamburg

Leibniz-Institut für Ostseeforschung Warnemünde

MARUM – Zentrum für Marine Umweltwissenschaften, Universität Bremen

Senckenberg Forschungsinstitut und Naturmuseum Frankfurt

Vesseltracker.com GmbH

Inhalt

008 Grußwort
Gabriele Bauer

009 Grußwort
Peter Tamm

010 Vorwort
Karin Lochte

012 Prolog
Holger Freiherr von Neuhoff

14 — Was die Ozeane im Innersten zusammenhält

016 Was bewegt das Meer?
Ein Blick in die Physik der Ozeane
Peter Lemke

024 Unser Planet lebt durch seine Ozeane
Ulrich Bathmann

032 Panoptikum der Umweltchemie
Gregor Rehder

036 Geologie der Tiefsee: Eine Revolution in der Wissenschaft
Wolf Berger, Gerold Wefer

044 Ferngesteuert durch die Tiefsee
Volker Ratmeyer

050 Autonom, aber noch nicht intelligent
Gerrit Meinecke

054 Gleiter: Eine Vision wird Wirklichkeit
Gerd Krahmann

058 In allen Tiefen Daten und Proben sammeln *Peter Linke*

062 Live-Schaltung in die arktische Tiefsee geplant *Michael Klages, Thomas Soltwedel*

066 Tiefer bohren: Der Bohrroboter MeBo
Tim Freundthal

42 — Hightech in der Tiefsee

70 — Forschen auf hoher See

072 Ozeanexpeditionen:
Auf allen Weltmeeren unterwegs
Niels Jakobi, Detlef Quadfasel

078 Die Dynamik des Ozeans:
Auf Expedition im tropischen Atlantik
Peter Brandt

085 Klimaforschung im tropischen Atlantik
Peter Brandt

088 Weltpremiere für ein neues Turbulenzmesssystem
Marcus Dengler

090 Auf Tiefsee-Expedition in der Arktis
Christopher von Deylen

100 Unterwegs zu den Quellen des Lebens
Wolfgang Bach, Niels Jöns

Dunkelkammer des Lebens 110

112 Leben unter Druck: Organismen in der Tiefsee
Angelika Brandt

121 Das kalte Leuchten
Angelika Brandt

122 Aus der Dunkelkammer des Lebens
Solvin Zankl

148 Lebe schnell, stirb' jung
Daniel Oesterwind

154 Quallen: Uralt und majestätisch schön
Gerhard Jarms

160 Manche mögen's kalt und dunkel
Dierk Hebbeln, André Freiwald

168 Ein Blick in die Schatzkammern des Lebens
Ralf Thiel

176 Die Fischsammlung: Ein Archiv mariner Biodiversität

177 Aus der Schatzkammer des Lebens
Solvin Zankl

Die Zukunft begann gestern 198

200 Tiefseekerne erklären die Eiszeiten
Gerold Wefer, Wolf Berger

208 Eiszeit oder Treibhausklima: Was kommt auf uns zu?
Peter Lemke

216 Methanhydrate: Energiequelle der Zukunft?
Stephanie von Neuhoff

218 Schätze aus der Tiefsee
Sven Petersen

224 Internationales Seerecht: Wem gehört das Meer?
Nele Matz-Lück

228 Der Meeresdrache: Jacques Rougerie und sein SeaOrbiter
Dominique Le Parc

Anhang

240 A-Z Tiefsee

242 Autoren und Herausgeber

246 Institute

248 Literatur

249 Bildnachweis

Grußwort

Gabriele Bauer
Oberbürgermeisterin der Stadt Rosenheim

» Kein Lebensraum der Erde ruft auch im 21. Jahrhundert mehr Erstaunen hervor als die Tiefsee – sie wird als „Kathedrale der Finsternis" oder gar als „fremder Planet auf unserer Erde" umschrieben. Unwirtlich und doch voller Leben birgt die Tiefsee viele der „letzten Geheimnisse", die weltweit Forscher mit großen Anstrengungen zu enträtseln versuchen.

Der Blick in die dunkle Tiefe lässt erschaudern und macht zugleich neugierig auf das, was dort unten lebt. Viele dieser bizarr-schönen, fremdartigen Lebewesen sind in der Ausstellung im Lokschuppen zu entdecken. Daten und Fakten unserer Ozeane werden ebenso erklärt wie raffinierte Hightech-Geräte, die es den Forschern heute ermöglichen, in die Tiefen der Meere vorzudringen und im wahrsten Sinne „Licht" in das Dunkel zu bringen. Nicht fehlen darf die Frage nach der Nutzbarkeit von Rohstoffen, nach dem Einfluss des Menschen und den Wechselwirkungen zwischen Klima und Tiefsee.

Der kompakte, gut verständliche Einblick in das heutige Wissen über die Tiefsee in der Ausstellung im Lokschuppen und in diesem Buch ist das Ergebnis des Engagements vieler Menschen. Ich danke allen Mitarbeitern des Projekts sowie den Herausgebern und Autoren, dass sie ihre Erkenntnisse mit uns teilen.

Die Unterstützung durch das Konsortium Deutsche Meeresforschung hat die Ausstellung in dieser Form erst ermöglicht. Deshalb danke ich der Vorsitzenden des Konsortiums, Frau Professor Dr. Karin Lochte sowie den Direktoren und Wissenschaftlern der deutschen Meeresforschungsinstitute sehr herzlich für die gute Zusammenarbeit. Die zahlreichen Präparate aus dem Zoologischen Museum der Universität Hamburg sind einmalig und eine große Bereicherung für die Ausstellung. Mein Dank gilt Herrn PD Dr. Ralf Thiel für die engagierte Aufbereitung dieser Exponate.

Ein herzliches „Vergelts Gott" gilt Holger Freiherr von Neuhoff, der als Kurator nicht nur sein Wissen und langjährige Erfahrung in das Projekt einbrachte, sondern vor allem auch die notwendigen Verbindungen zu den wissenschaftlichen Instituten und Leihgebern knüpfte, die bereitwillig Exponate, Filme, Bilder und Geräte aus ihrem Fundus beisteuerten. Für die gelungene Ausstellungsarchitektur danke ich dem Team der Agentur Impuls-Design und Michael Quest, für Layout der Agentur Apptory sowie der Agentur The Shack für das „Tiefsee-Kino" und die Filmschnitte. Die Projektleitung lag in bewährter Weise in den Händen des Teams der Veranstaltungs- und Kongress GmbH Rosenheim.

Mein Dank für die finanzielle Förderung der Ausstellung gilt der Sparkasse Rosenheim – Bad Aibling, den Stadtwerken Rosenheim, dem Wirtschaftlichen Verband der Stadt und des Landkreises Rosenheim, dem Freundeskreis Lokschuppen Rosenheim e.V., dem Jaguar House Rosenheim, der McDonald's Heinritzi Betriebs GmbH und allen weiteren Sponsoren. Die Medienpartner National Geographic Deutschland, G/Geschichte, B5 aktuell, OVB Medienhaus, Münchner Merkur und das Regionalfernsehen Oberbayern werden wie bisher die Ausstellung mit zahlreichen Berichten begleiten. Das Museumspädagogische Zentrum München und die Gesellschaft für Internationale Zusammenarbeit bieten wieder eine Lehrerfortbildung zur Ausstellung an.

Ich wünsche der Ausstellung und diesem Buch im Namen der Stadt Rosenheim den verdienten Erfolg. Den sicher zahlreichen Besuchern der Ausstellung wünsche ich einen erkenntnisreichen und angenehmen Aufenthalt im Ausstellungszentrum Lokschuppen und in der Stadt Rosenheim.

Grußwort

Prof. Peter Tamm

Stifter und Gründer, Internationales Maritimes Museum Hamburg

Am Anfang war das Meer. Menschen standen am Ufer – bereit, neuen Horizonten entgegen zu segeln. Jeder Seefahrer war immer auch ein Forscher. So entdeckte zum Beispiel der spanische Seefahrer Ponce de Leon im Jahre 1513 vor der Küste Floridas eine starke Strömung, die seinen Schiffen das Vorwärtsvorkommen nach Westen erheblich erschwerte.

Erst 1770 bekam diese Strömung einen Namen, der fortan in aller Munde war, denn Benjamin Franklin brachte die erste systematische Karte der atlantischen Meeresströmungen heraus und bezeichnete ihren Hauptstrom als Golfstrom. Die Karte war ein Meilenstein in der Erforschung der Stromsysteme, viele Fragen blieben jedoch offen.

Heute erkunden Meeresforscher mit hochspezialisierten Geräten nicht nur die Strömungen der Ozeane. Mich fasziniert, zu welchen bahnbrechenden Erfindungen das Meer die Menschen inspiriert und mit welchen Visionen gerade Meeresforscher unsere Ozeane durchdringen.

Doch während wir das Weltall entdecken, Gestirne identifizieren und zu den Planeten reisen, steht die Tiefseeforschung erst am Anfang. Sie kann mit den unerforschten Ressourcen der Meere für das Überleben der Menschheit entscheidend werden. Deswegen habe ich den großen meereskundlichen Instituten nicht nur eine gesamte Etage in meinem Museum zur Verfügung gestellt, sondern auch alle Mitarbeiter mit den Leitlinien meiner Stiftung verpflichtet, die Tiefseeforschung zu fördern und ihre Leistungen in Ausstellungen zu begleiten – als eine der großen Herausforderungen der Menschheit.

So freut es mich sehr, dass die Tiefseeforschung im Lokschuppen Rosenheim in so umfassender Weise präsentiert wird.

Der Ausstellung wünsche ich viel Erfolg und den Besuchern tiefe Einsichten in eine Welt, die wir gerade erst entdecken.

Aus dem Norden maritime Grüße in den Süden,

Vorwort

Fremde Schöne

Prof. Dr. Karin Lochte

Direktorin Alfred-Wegener-Institut für Polar- und Meeresforschung in der Helmholtz-Gemeinschaft, Vorsitzende Konsortium Deutsche Meeresforschung

In Worten kann man sie kaum fassen. Kalt, dunkel, unheimlich. Eine faszinierende Welt unter Wasser, bizarre Organismen, unendlich weit, wunderschön und fremd zugleich – die Tiefsee ruft viele Assoziationen hervor. Sie ist größer als alles Land der Erde und überaus vielfältig. Doch erst etwa ein Prozent der gesamten Tiefsee ist erforscht. Wir lassen uns auf ein großes Abenteuer ein, wenn wir diesen Lebensraum in seiner Vielfalt erfassen wollen. Tiefseeforschung ist aber weit mehr als ein Abenteuer, denn wir müssen die Grundlagen des Systems Ozean in Zukunft noch besser verstehen, um unser Leben an Land nachhaltig zu gestalten.

In der Tiefsee gibt es weite, oberflächlich öde erscheinende Sedimentflächen, die abyssalen Tiefseeebenen, aber auch Oasen des Lebens, die sogenannten heißen Quellen, aus denen über 400°C heiße mineralreiche Lösungen aus der Erdkruste aufsteigen. Hier siedeln Organismen, die ohne Sonnenlicht leben können. Das Leben auf unserem Planeten ist vermutlich an diesen uns unwirtlich erscheinenden Orten entstanden. Die Tiefsee birgt aber auch noch ganz andere Schätze: Die heißen Quellen bringen verschiedene Metalle, auch Gold und Seltene Erden, aus der Tiefe unseres Planeten und lagern sie am Meeresboden ab. In einigen Regionen liegen Manganknollen dicht an dicht. Das weckt Begehrlichkeiten.

Um aber überhaupt in die Tiefsee blicken zu können, benötigen wir Technik. An Bord der großen Forschungsschiffe sind ferngesteuerte und autonome Unterwasserfahrzeuge sowie viele andere hochspezialisierte Messsystem, mit denen weltweit Daten gesammelt und Proben genommen werden, um mehr über die Ozeane zu erfahren. Lohnt sich dieser technische Aufwand?

Ja, denn der tiefe Ozean steuert wichtige globale Prozesse. Er spielt eine Schlüsselrolle im weltweiten Klimageschehen. Ein Drittel des durch Menschen freigesetzten Kohlendioxids wird vom tiefen Ozean aufgenommen und für lange Zeiträume gespeichert. In den Sedimenten der Tiefsee ist die Klimageschichte der Erde aufgezeichnet durch die Ablagerung der Reste von Kleinstlebewesen und Partikeln aus den Oberflächengewässern. Diese Informationen nutzen wir, um zukünftige Entwicklungen des Weltklimas in Modellen zu erfassen. Untermeerischer Vulkanismus und Rutschungen an Kontinentalhängen können verheerende Tsunamis auslösen, wie es 2004 in Indonesien geschah. Die Kenntnis dieser Prozesse ist wichtig, um Küstenregionen warnen und schützen zu können. Wir lernen viel über die Grenzen und Möglichkeiten des Überlebens durch die Organismen, die unter extremen Bedingungen an heißen Quellen und in tiefen Sedimenten leben. Sie können uns Hinweise für die Entwicklung des Lebens auf der Erde, aber auch für die Entdeckung neuer Medikamente oder neuer Bio-Werkstoffe geben. Und schließlich können auch die mineralischen Ressourcen am Meeresboden für die Zukunft der Menschheit wichtig werden.

Einen Einblick in diese einzigartige Welt unter Wasser gibt die Ausstellung „Tiefsee" und das vorliegende Begleitbuch. Meeres- und Polarforscher der verschiedenen meereskundlichen Institute berichten von ihrer Arbeit, von ihren Expeditionen auf See, von neuen Erkenntnissen und Herausforderungen. Gemeinsam suchen Wissenschaftler der verschiedenen Disziplinen nach Antworten auf die drängenden Fragen unseres Jahrhunderts. Dabei sind Langzeitbeobachtungen wie zum Beispiel in unserem Tiefseeobservatorium in der Arktis wichtig, wenn wir verstehen möchten, wie die Bewohner der Tiefsee leben und vor allem wie sie auf Änderungen ihrer Lebensbedingungen reagieren. Die Auswirkungen des Klimawandels sind heute deutlich zu beobachten, die Temperaturen steigen global an, die Ozeane erwärmen sich. Das Schmelzen der Eisschilde in Grönland und in der Westantarktis beschleunigt den Meeresspiegelanstieg und damit Veränderungen an allen Küsten. Und die Tiefsee – sie ist nicht „irgendwo da unten", kein abgekoppeltes System, sondern Teil unseres Lebens. Schön, manchmal fremd, spannend zu entdecken. Tauchen Sie ein in diese Welt, die unsere Welt ist.

Prolog
Schöne Stille

Holger Freiherr von Neuhoff

Kurator

» **Mit fünf Jahren fragte ich meine Eltern, wer das Meer in den Wasserhahn gebracht hat.** Mit 15 Jahren habe ich im Biologieunterricht mit dem Meer innerlich abgeschlossen, las unter dem Pult Hermann Hesses Siddhartha, um ein Meer voller Wahrheiten in meiner Seele zu finden. Mit 35 Jahren stand ich auf der Brücke des Forschungsschiffes NADIR und hörte den Funkverkehr zwischen dem Kapitän und George Tulloch, der sich seinen Traum erfüllte und den Bug der Titanic ausleuchten ließ. Der Atlantik hatte sich mit voller Wucht auf eine Katastrophe gelegt, die Titanic, ein Wunderwerk der technischen Errungenschaften ihrer Zeit, wurde förmlich von Bakterien, Salzwasser und dem enormen Druck in 3.900 Metern Tiefe zersetzt. Ein Zeichen der menschlichen Hybris.

Als mein eigener Sohn fünf Jahre alt war, begleitete ich den Meereschemiker Gregor Rehder bei einer fünfwöchigen Expedition auf dem Forschungsschiff METEOR im Pazifik. Wir entwickelten damals unter anderem die Idee, Wissenschaftler die komplexen Zusammenhänge ihrer Arbeit in Briefen an ihre Kinder erklären zu lassen. Als Chronist an Bord verfasste ich folgenden Brief: „Hier gibt es viele an Bord, die in Deutschland Familien haben und die sehr traurig sind, dass sie jetzt nicht bei ihnen sein können. Warum fahren sie nur so lange auf einem Forschungsschiff?

Du fragst mich oft, wie Gott aussieht, und ich kann es Dir sicher nicht immer richtig beantworten, da wir Menschen so viele Dinge bauen und reden, die ihn vielleicht erschrecken und ihn manchmal sogar vertreiben. Ich glaube, dieser Gott, zu dem Du täglich betest, befindet sich in der Blume an unserem Teich, in der Baumkrone unserer Eiche, ja in allen Dingen, die wachsen, und sicher ist er auch in uns. Richtig wohl fühlt er sich aber dort, wo er alleine seine Größe und Schönheit leben kann.

Das Meer könnte so ein Ort sein. Ich stehe mit dem Kapitän auf der Brücke und schaue auf die offene See, über uns bewegen sich die Wolken wie kleine Schafe. Und wir beide können eigentlich nicht viel sagen, da dieses große Meer in keine Badewanne passt und so wunderschön ruhig und still sein kann. Wenn das Meer dann aber das Schiff wie eine Spielzeugfigur in den großen Wellen hochhebt, spüren wir wieder, wie klein wir sind.

Viele Menschen sind schon auf die Meere hinausgefahren und wollten ergründen, warum es so still und doch wieder so mächtig wild sein kann. Wir Menschen auf diesem Schiff, die Besatzung und die Forscher, suchen nach diesem Geheimnis. Diese Stille und Schönheit, soweit Du schauen kannst, möchten sie bewahren, nicht nur erforschen. Sie möchten anderen Menschen an Land davon erzählen, damit auch sie diese Schönheit erkennen und schützen. Ich werde jetzt wieder auf die Brücke gehen, an Dich denken und wäre glücklich, wenn ich diesem Gott auf dem Meer ein Stück näherkommen könnte."

Mit 45 Jahren nahm ich ein zweites Mal an einer METEOR-Expedition teil, im tropischen Atlantik. Fahrtleiter war der physikalische Ozeanograph Peter Brandt vom Kieler GEOMAR. Ich stand nicht auf der Brücke, sondern verfolgte im Nasslabor den Turbulenzforscher Marcus Dengler bei der Überprüfung eines Gleiters, den er gerade aus der Tiefe des Atlantiks an Bord geholt hatte. 8 Tage war das „Gerät" ohne Kabelverbindung zum Schiff um eine Boje am Äquator bei 23°W gefahren, eine Turbulenzsonde „huckepack". Es war weltweit das erste Mal, dass überhaupt so eine Sonde auf einem Gleiter montiert worden war. Dieser kleine, gelbe „Segelflieger" sollte im Ozean 500 Strömungs- Temperatur- und Salzgehaltswerte pro Sekunde aufzeichnen, anhand derer dann die Energie kleiner turbulenter Wirbel bestimmt werden kann. Doch hatte das System seine Mission erfolgreich erfüllt? Fahrtleiter, Turbulenzforscher und auch der Gleiter-Experte Gerd Krahmann blickten gespannt auf den Computer, an den der Gleiter angeschlossen wurde. Ein Gleiter kann zwar eine Menge Daten direkt aus dem Ozean via Satellit auf die heimischen Rechner der Wissenschaftler senden, die Turbulenzdaten sind jedoch zu umfangreich, als dass sie auf diesem Wege kommuniziert werden könnten.

Einige bange Sekunden, doch als die ersten Messdaten auf dem Bildschirm sichtbar wurden, wich die Anspannung in den Gesichtern der Forscher einer schier unermesslichen Freude, die den Unterschied zwischen Mensch und Maschine ausmacht: Wir sammeln weltweit Daten in allen Tiefen der Ozeane und können bei der Analyse erkennen, wie sehr wir von dem Meer abhängig sind. Wir können auch erkennen, dass wir zu wenig über unser ureigenstes Element Wasser wissen, aber die Forscher sind demütig genug, um sich über jedes neue Puzzlestück zu freuen.

Auch wir können uns dem Meer nähern, wir können eintauchen, indem wir lernen, seine Sprache zu verstehen. Wenn Meeresforscher weltweit mit Tiefendriftern, Gleitern oder Kilometer langen Verankerungen, die unterschiedliche Sensoren und Messgeräte tragen, Daten erheben und Proben sammeln, dann sind die Ergebnisse mehr als abstrakte Zahlenkolonnen. Jede Erkenntnis – mag sie auf einem Großrechner entstanden sein oder aufgrund von Grundlagenforschung vor Ort – zeigt uns nur wie klein der Mensch ist, aber auch wie groß seine Verantwortung für das „System Meer" selbst ausfällt: Nicht das Meer ist ersetzbar, sondern wir sind es mit unserer Existenz, die durchaus beschränkt sein kann.

Mit der modernen Technologie, den Gleitern, hochsensiblen Sonden, ferngesteuerten und autonomen Unterwasserfahrzeugen wie zum Beispiel dem Tauchroboter MARUM-QUEST oder dem MARUM-SEAL, haben wir heute die Möglichkeit, die tiefsten Regionen unseres Wasserplaneten zu vermessen. Hier liegt für uns eine Chance, zugleich aber auch eine Verpflichtung: Kein Verantwortlicher aus Politik oder Wirtschaft kann in 30 Jahren sagen, wir hätten nicht die Möglichkeit gehabt, uns ein näheres Bild unseres Systems Erde machen zu können, um unser Leben an einem nachhaltigen Umgang mit unserem Planeten auszurichten.

Die Ausstellung in Rosenheim möchte aber auch die Schönheit der Tiefsee zeigen: Keine schaurigen Wesen, die im Sediment kriechen und uns erschrecken müssten, sondern Lebewesen, in denen wir die Schönheit des Lebens selbst entdecken können und die uns staunen lassen angesichts ihrer für uns außergewöhnlichen Fähigkeiten. Die Forschung braucht, um ihren Aufgaben gerecht zu werden, viel Zuspruch in der Öffentlichkeit, auch um eine hohe Akzeptanz für die Arbeit und die großen finanziellen Aufwendungen zu bekommen. Nur hierfür steht mein Engagement und ich freue mich wie viele Mitstreiter auch im Süden unseres Landes dieses Ziel unterstützen.

Als ich kürzlich nach Brüssel reiste, sah ich einen Mann, der einen Computer wie ein Schild vor seinem Bauch hielt. Auf dem Bildschirm stand in großen Buchstaben der Name Frank Schätzing. Vermutlich wollte dieser Herr den Schriftsteller abholen. Schätzing, der mit seinem Roman und mit TV-Serien für die Meeresforschung ein großes Fenster geöffnet hat, stand 150 Meter weiter und schaute etwas hilflos in die Weite des Bahnhofs: Der Herr erkannte den Bestsellerautor nicht. Vor seinem Bauch strahlte nur der Name weiter in die Menschenmasse hinein. Hoffen wir, dass wir nicht zu Avataren werden, die nur noch in einer virtuellen Matrix vorhanden sind. Bleiben wir mit unseren Maschinen immer Menschen, die auf dem Boden eines Nasslabors verankert sind und die Grundlagen unserer Existenz beleuchten, um sie an unsere Kinder weiterzugeben. Öffnen wir der Bildung ein großes Fenster, damit die Arbeit der Forscher bis in die Pausenhöfe unserer Schulen dringt.

Wir haben noch alle Freiheiten, unser Leben verantwortungsbewusst zu gestalten und sollten für die nächsten Generationen nicht zu einer „schlechten Notiz" in den Geschichtsbüchern werden, sondern zu denen gezählt werden, die begriffen haben, wie ein nachhaltiger Umgang mit unseren Lebensgrundlagen und Ressourcen – auch in der Tiefsee – möglich ist. Der Mensch entdeckt gerade erst seine „Wasserwurzeln" und er sollte dabei unabhängig von aktuellen ökonomischen, politischen und gesellschaftlichen Strömungen den Planeten nicht nur in Zahlenreihen abbilden. Eine Ausstellung über die Tiefsee muss daher auch den Anspruch haben, den scheinbar „unbekannten und bizarren Lebensraum" als einen schönen und natürlichen Verbündeten der Menschheit darzustellen.

Den Forschern und Seeleuten, wie auch den Chronisten, in der von Umbrüchen geprägten Zeit wünsche ich, immer die Tiefe in ihrer Arbeit zu behalten und nicht in den Schlagzeilen der Tagesaktualität zu versinken.

> Wolken und Sonnenschein über dem Indischen Ozean. Der Blick aus dem All enthüllt die ganze Schönheit unserer Erde.

Der Ozean – alles nur Wasser? Nein, sehr viel mehr. „Entnehmen wir dem Meer einen Tropfen und wir werden darin die Urschöpfung sich wiederholen sehen", schrieb der französische Historiker Jules Michelet (1798 – 1874).

Meeresforscher benötigen natürlich mehr als einen Tropfen, um die Rätsel des Ozeans zu entschlüsseln. Aus allen Wassertiefen nehmen sie Proben, bestimmen Temperatur, Salzgehalt und Druck oder die stoffliche Zusammensetzung des Meerwassers. Mit einer Reihe von Beobachtungsprogrammen untersuchen sie die großräumige Zirkulation in allen Tiefenbereichen, interessieren sich für die Wechselwirkung zwischen Ozean und Atmosphäre und ziehen tief aus dem Meeresboden Sedimentkerne, um die Klimageschichte unseres Planeten zu rekonstruieren.

Die wesentlichen physikalischen Zustände des Meeres bestimmen das Leben in den Ozeanen. Meeresbewohner sind oft über Millionen von Jahren an stabile Bedingungen angepasst. Schon kleinste Änderungen können Nahrungsketten und Ökosysteme durcheinanderbringen. So arbeiten in der Meeresforschung Physiker, Biologen, Chemiker und Geowissenschaftler eng vernetzt zusammen, um das System Erde noch besser zu verstehen.

Was die Ozeane im Innersten zusammenhält

Was bewegt das Meer?
Ein Blick in die Physik der Ozeane

Prof. Dr. Peter Lemke
Alfred-Wegener-Institut für Polar- und Meeresforschung

» **Ein Besucher aus dem All würde die Erde auf den ersten Blick als einen Wasserplaneten sehen:** 71 Prozent der Oberfläche sind vom Ozean bedeckt. Auf Satellitenbildern schimmert er in einem satten, dunklen Blau. Wir Menschen haben unseren Planeten jedoch in unserer engen Sicht „Erde" genannt. „Wasser" wäre sehr viel treffender. Doch wo kommt all das Wasser her? Welche Rolle spielen die Meere in unserem System Erde und was bewegt sie?

Radioastronomen haben es mit ihren Teleskopen und Satellitensensoren gezeigt: Wasser (H_2O) ist ein sehr häufiges Molekül im Universum. Es besteht aus zwei Wasserstoffatomen und einem Sauerstoffatom und kommt auf der Erde in allen drei Aggregatzuständen vor: als Wasserdampf, flüssiges Wasser und Eis. Das war nicht immer so. Nach dem Urknall gab es große Mengen Wasserstoff (H), Sauerstoff war allerdings Mangelware.

Erst mussten einige Sternengenerationen ausbrennen und in ihrer Asche den „erbrüteten" Sauerstoff (O) hinterlassen. Die Atome konnten sich verbinden, und die interstellare Wolke, aus der unser Sonnensystem vor etwa 4,6 Milliarden Jahren entstanden ist, enthielt reichlich H_2O. Asteroiden, Kometen und Meteoriten brachten im Laufe der Zeit weiteres Wasser zur Erde. Zudem war und ist unsere Lage zur Sonne günstig – weit genug von der Hitze entfernt, so dass all das Wasser nicht verdampfen kann, aber immer noch nah genug, um nicht zur Eiswüste zu gefrieren.

Anfangs war unser Planet ein glühend heißer Ball aus flüssigem Gestein, der langsam abkühlte und eine feste Kruste bildete. Schon in ihrer Geburtsstunde bestand die junge Erde im Wesentlichen aus den Elementen Eisen (37,4%), Sauerstoff (29,5%), Silizium (14,7%) und Magnesium (11,2%), die zusammen 92,8 Prozent ihrer Masse ausmachen. An dieser Zusammensetzung hat sich über Milliarden von Jahren nichts Wesentliches geändert. Unsere Lufthülle aber ist das Ergebnis einer langen Entwicklungsgeschichte. Aus dem flüssigen Erdmantel traten verschiedene Gase aus und bildeten die Uratmosphäre. Sie bestand hauptsächlich aus Wasserdampf (80%), Kohlendioxid (10%) und Schwefelverbindungen (5-7%). Geringe Mengen Stickstoff, Wasserstoff, Methan, Ammoniak und Argon sind vermutlich ebenfalls vorhanden gewesen.

Durch Wärmeabstrahlung kühlte die Erde weiter ab, der Wasserdampf kondensierte und es regnete – vermutlich in sintflutartigen Schauern. Alle tief liegenden Gebiete der Erdoberfläche füllten sich mit Wasser. Der Ozean war geboren. Durch die Kontinentaldrift, wenige Zentimeter pro Jahr, haben sich Form und Lage der Meeresbecken im Laufe der Erdgeschichte stark verändert. Heute gibt es drei große Ozeane, den Pazifik, den Atlantik und den Indik sowie einige kleinere Randmeere, zum Beispiel das Nordpolarmeer, das Karibische Meer oder das Mittelmeer. Sie alle sind miteinander verbunden und bilden das Weltmeer. Im Mittel ist das Weltmeer etwa 4.000 Meter tief, an einigen Stellen werden weit größere Tiefen erreicht, zum Beispiel 11.034 Meter im Marianengraben im westlichen Nordpazifik – und auch in diesen Tiefen hat die Evolution Lebensformen entwickelt.

Ozean und Atmosphäre

Im Gegensatz zur Atmosphäre ist der Ozean in fast geschlossenen Becken „eingesperrt". Die drei großen Ozeane sind im Osten, Norden und Westen durch Landmassen begrenzt, im Süden aber offen zum Antarktischen Zirkumpolarstrom, der in östlicher Richtung die ganze Antarktis umströmt und dadurch Atlantik, Indik und Pazifik miteinander verbindet. Dieser antarktische Wasserring stellt das größte Stromsystem des Weltmeeres dar und bildet die Nordgrenze des Südpolarmeeres, das damit eine wichtige Rolle für die globale Ozeanzirkulation spielt.

In der physikalischen Ozeanographie interessiert uns besonders die Dynamik des Ozeans. Mit einer Reihe von Beobachtungsprogrammen untersuchen wir die großräumige Zirkulation in allen Tiefenbereichen, Prozesse an der Meeresoberfläche und im Inneren des Ozeans sowie deren Auswirkungen auf Strömungen, Tiefenwasserbildung und den Transport von Wärme. Denn die gewaltigen Wassermassen der Ozeane sind ständig in Bewegung. An der Oberfläche erreichen sie Geschwindigkeiten von etwa einem Meter pro Sekunde. Sehr viel gewaltiger, durch das große Volumen aber deutlich langsamer, sind die ozeanischen Tiefenströmungen. Mit einer Geschwindigkeit von etwa einem Zentimeter pro Sekunde brauchen sie für ihren Weg rund um den Globus Jahrhunderte.

Der Ozean wird an seiner Oberfläche in Bewegung gesetzt. Neben dem Wind ist die unterschiedliche Erwärmung des Meerwassers durch die Sonne ein weiterer Antrieb für Bewegungsvorgänge im Ozean. Allerdings gelangt nur etwa die Hälfte der am oberen Rand der Atmosphäre ankommenden solaren Strahlung bis zum Erdboden. Der Rest wird in den Weltraum reflektiert (30%) oder in der Atmosphäre absorbiert (19%). Durch die unterschiedliche Einstrahlung entstehen Temperaturunterschiede zwischen den warmen Tropen und den kalten Polargebieten. Sie sorgen dafür, dass Atmosphäre und Ozean mithilfe ihrer Windsysteme bzw. Meeresströmungen, einer riesigen Wärmemaschine gleich, Energie vom Äquator in Richtung Pole transportieren. Dieser Transport wird durch viele Wechselwirkungen innerhalb des Klimasystems gesteuert, das heißt die Komponenten des Klimasystems reagieren nicht unabhängig voneinander auf den solaren Antrieb. Da sich die Erde um die Sonne und um ihre eigene Achse dreht, die gegenüber der Bahnebene um 23 Grad geneigt ist, ist die solare Strahlung abhängig von Jahres- und Tageszeiten. Zudem wirkt die sogenannte Coriolis-Kraft auf alle beweglichen Körper auf der sich drehenden Erde. Diese ablenkende „Scheinkraft" lenkt auf der Nordhalbkugel eine Bewegung nach rechts und auf der Südhalbkugel nach links ab. So beginnt zum Beispiel der Golfstrom vor Florida seinen Weg nach Norden, wird aber nach Osten in Richtung Europa abgelenkt.

Wärmespeicher

Die wesentlichen physikalischen Zustandsgrößen des Ozeans sind Temperatur, Salzgehalt, Druck und die drei Geschwindigkeitskomponenten. Wir untersuchen, wie sich lokale Einflüsse, also Erwärmung, Abkühlung, Niederschlag und Verdunstung, ändern und welche Auswirkungen sich daraus für die Strömungen ergeben. Messungen der Temperatur über lange Zeiträume zeigen deutlich den Einfluss von Frühling, Sommer, Herbst und Winter: An der Meeresoberfläche schwanken die Temperaturen um einige Grade. In 600 Metern Tiefe ist der jahreszeitliche Einfluss nicht mehr zu sehen, die Temperaturänderungen liegen nur noch bei etwa 1°C und werden hauptsächlich von Zirkulationsschwankungen hervorgerufen. In 2.000 Metern Tiefe sind die Temperaturänderungen deutlich kleiner und betragen nur noch 0,1°C. Wesentliche Änderungen des Wärmeinhaltes finden also hauptsächlich in den oberen Schichten des Ozeans statt. Neben der Wärmespeicherung beeinflusst der Ozean das Klima zusätzlich durch Wärmetransport, Verdunstung und Gasaustausch mit der Atmosphäre.

Der Ozean ist der größte Wärmespeicher auf der Erde. Durch die hohe spezifische Wärme und Dichte von Meerwasser im Vergleich zur Luft speichert eine drei Meter dicke Ozeanschicht genau so viel Wärme wie die gesamte Atmosphäre vom Erdboden bis zum äußersten Rand in etwa 100 Kilometern Höhe. Im Sommer erwärmt sich die ozeanische Deckschicht bis zu einer Tiefe von etwa 100 Metern durchschnittlich um etwa 5°C. Diese sommerliche Wärmespeicherung im Ozean wird im Winter wieder an die Atmosphäre abgegeben. Der Wärmeinhalt am Ende des Sommers beträgt etwa 556 Kilowattstunden pro Quadratmeter, berechnet aus dem Produkt von spezifischer Wärme, Dichte, Deckschichttiefe und Temperaturunterschied. Könnte man diese Energie ohne Verlust in elektrischen Strom umwandeln, wäre der Ertrag bei dem gegenwärtigen Strompreis von 0,22 € pro Kilowattstunde etwa 122 € pro Quadratmeter. Theoretisch könnte eine Familie ihren jährlichen Strombedarf von etwa 5.000 Kilowattstunden aus etwa neun Quadratmetern Ozeanfläche decken. Für Heizung

Die Zirkulation an der Meeresoberfläche wird hauptsächlich durch Windreibung verursacht und spiegelt daher das Muster der weltweiten Windsysteme wider.

Der Ozean beeinflusst unser Klima durch Wärmetransport, Wärmespeicherung, Verdunstung und Gasaustausch mit der Atmosphäre.

und Warmwasser in einem Einfamilienhaus, bis zu 40.000 Kilowattstunden, wären weitere 72 Quadratmeter Ozean nötig. Der ozeanische Langzeitspeicher gleicht aber nicht nur die Jahreszeiten aus, sondern wirkt auch bei langfristigen Klimaschwankungen als dämpfendes Element, weil sich die Temperatur des riesigen Wasservolumens nur sehr langsam verändert.

Wärmetransport

Die Zirkulation an der Meeresoberfläche wird hauptsächlich durch Windreibung verursacht und spiegelt daher das Muster der weltweiten Windsysteme wider. Durch die Kugelgestalt und die Rotation der Erde um ihre Achse bündeln sich die Oberflächenströmungen zu Randströmen an den Westseiten der Ozeane, zum Beispiel Golfstrom und Kuroshio.

Passatwinde drücken das Wasser zu den Westrändern der Ozeane (Äquatorialstrom). Dadurch ist der Meeresspiegel geneigt. Er nimmt etwa 4 Zentimeter pro 1.000 Kilometer nach Westen hin zu. Das im Westen aufgeschobene Wasser fließt entweder als äquatorialer Gegenstrom, teilweise etwa 100 Meter unter der Meeresoberfläche zurück oder strömt als Randstrom in höhere Breiten (z.B. Golfstrom). Im Osten der Ozeane wird das weggeschobene Wasser von unten durch auftreibendes kaltes und nährstoffreiches Tiefenwasser ersetzt. Bedeutende Auftriebsgebiete mit vielen Nährstoffen und reichen Fischvorkommen finden sich an den Westküsten Afrikas sowie Nord- und Südamerikas.

Den großräumigen ozeanischen Strömungsmustern sind kleinräumige Wirbel überlagert. Diese Wirbel sieht man im Muster der Oberflächentemperatur, aber auch in der Verdriftung von Bojen im Ozean. Die Ausdehnung der kleinräumigen ozeanischen Wirbel ist mit 100 Kilometern zehn Mal kleiner als Tiefdruckwirbel in der Atmosphäre, die die meisten aus den Wetternachrichten kennen.

Während die Oberflächenströmungen vom Wind dominiert werden, ist der Motor der ozeanischen Tiefenströmungen die unterschiedliche Dichte des Meerwassers. Sie wird im Wesentlichen bestimmt durch Temperatur und Salzgehalt und deswegen auch thermohaline Zirkulation genannt (griechisch: *thermo* = warm; *háls* = Salz). Je kälter und salzhaltiger Wasser ist, umso schwerer wird es. Dichtes Wasser wird hauptsächlich in den hohen Breiten durch Abkühlung und durch den Salzeintrag bei der Bildung von Meereis produziert.

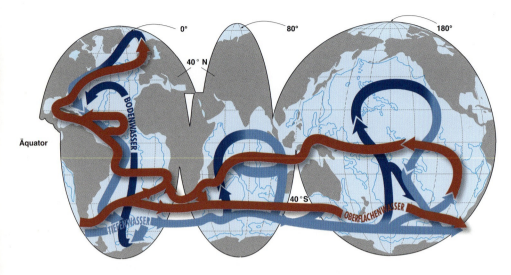

◭ Immer in Bewegung: **Oberflächenströmung** und thermohaline Zirkulation im Tiefen- und Bodenwasser. Das **Tiefenwasser** bildet sich durch Abkühlung im Nordatlantik und zirkuliert in mittleren Tiefen. **Bodenwasser** wird vorwiegend im Weddellmeer in antarktischen Gewässern gebildet. Es ist das dichteste Wasser und füllt die tiefsten Bereiche in allen drei Ozeanen.

Dieses dichtere Wasser sinkt in tiefere Ozeanschichten und verdrängt dort leichteres Wasser. Die wichtigsten Gebiete der Tiefenwasserproduktion sind der Nordatlantik und das Weddellmeer in der Antarktis. Von dort fließt dichtes Tiefen- und Bodenwasser in alle Ozeanbecken. Auf dieser Reise transportieren die Meeresströmungen eine enorme Wärmeenergie: Im Nordatlantik durch das Golfstromsystem etwa eine Billion Kilowatt, was einer Leistung von einer Million Kernkraftwerken entspricht. Dieser ozeanische Wärmetransport beschert den Westküsten der Kontinente überwiegend milde Winter, insbesondere in Westeuropa. Der Golfstrom und seine Ausläufer wirken hier wie eine Zentralheizung. Die Wintertemperaturen liegen bei uns im Durchschnitt um 15°C höher als an der amerikanischen Ostküste.

Wasserkreislauf und Gasaustausch

Wasser ist eine der wichtigsten und aktivsten Substanzen im Klimasystem. Wasser bildet die Ozeane, die Gletscher und Eisschilde. In der Atmosphäre kommt Wasser als Gas und in den Wolken in Form von Tröpfchen und Eiskristallen vor. Der größte Wasserspeicher ist der Ozean. Er enthält 97 Prozent der gesamten Wassermenge der Erde und beherrscht damit den globalen Wasserkreislauf. Dieser Kreislauf beginnt mit der Verdunstung des Wassers an der Oberfläche der Ozeane und der Kontinente. Davongetragen durch den Wind kondensiert der Wasserdampf bei Abkühlung in den Wolken zu Wassertröpfchen und kehrt mit dem Niederschlag zurück. Direkt, oder auf langen Umwegen über Gletscher, Flüsse und Grundwasser, erreicht das Wasser wieder den Ozean. So kommt das Wasser, das wir an Land nutzen, vor allem aus der Verdunstung des Meerwassers.

An der Meeresoberfläche werden aber noch weitere Substanzen ausgetauscht. So reguliert der Ozean als Speichermedium die chemische Zusammensetzung der Atmosphäre und somit auch den Treibhauseffekt. Damit spielt er eine Schlüsselrolle im globalen Klimasystem. Die zunehmende Anreicherung der Atmosphäre mit Treibhausgasen wie Kohlendioxid (CO_2), Methan und Stickoxid wird voraussichtlich im Mittel globale Temperaturerhöhungen von 1,8 bis 4,0°C in den nächsten 100 Jahren verursachen.

Die Weltmeere nehmen jährlich etwa ein Drittel des Kohlendioxids auf, das aus der Verbrennung fossiler Energieträger in die Atmosphäre gelangt. Damit sind sie ein wichtiger Puffer im weltweiten Klimageschehen. Doch wie lange noch? Bei Erhöhung des Partialdrucks der Treibhausgase in der Atmosphäre wird auch die Menge gelöster Gase im Meerwasser steigen. Insgesamt enthält der Ozean etwa fünfzigmal so viel CO_2 wie die Atmosphäre. Die Speicherfähigkeit des Ozeans hängt dabei von der Temperatur – bei Erwärmung wird sie geringer – und von der Tiefe der Durchmischung der oberen Ozeanschichten ab. In hohen Breiten, in denen kaltes Tiefen- und Bodenwasser erzeugt wird, vorwiegend im Nordatlantik und im Weddellmeer, gelangen die gelösten Gase in den Bereich der Tiefenwasserzirkulation und sind für längere Zeit dem Kontakt mit der Atmosphäre entzogen.

Diesen Mechanismus, CO_2 aus der Atmosphäre in den tiefen Ozean zu verfrachten, bezeichnen wir als physikalische CO_2-Pumpe. Die Zeiträume, in denen das Kohlendioxid der Atmosphäre entzogen wird, entsprechen den Zeiträumen der Umwälzung des tiefen Ozeans, etwa 1.000 Jahre. Dann gelangt das in die Tiefe verfrachtete CO_2 mit der

△ Eine Eisdecke überzieht im Winter große Teile des Südozeans. Nur Eisbrecher wie die POLARSTERN können sich hier einen Weg bahnen.

ozeanischen Zirkulation in niederen Breiten wieder an die Meeresoberfläche. Dort wird das auftreibende Wasser erwärmt, die Lösungsfähigkeit sinkt und ein Teil des bei kälteren Temperaturen gelösten CO_2 gast nun aus und tritt wieder in die Atmosphäre ein. Der Ozean stellt damit in hohen Breiten eine Senke und in niederen Breiten eine Quelle für Kohlendioxid dar. Insgesamt überwiegt noch die Senke. Abschätzungen ergeben, dass der Ozean etwa ein Drittel des vom Menschen erzeugten Kohlendioxids aufnimmt. Ein anderer Teil wird von der terrestrischen Biosphäre in organisches Material umgewandelt, und der Rest verbleibt in der Atmosphäre.

Diese Abschätzungen berücksichtigen neben der physikalischen auch die biologische CO_2-Pumpe im Ozean. Mikroskopisch kleine Algen (Phytoplankton) nehmen an der Meeresoberfläche Nährstoffe und CO_2 auf und vergrößern durch Photosynthese ihre Biomasse. Ein Vorgang, der Primärproduktion genannt wird. Ein Teil dieses organischen Materials wird über die Nahrungsnetze an die anderen Organismen weitergegeben. Absterbende Biomasse sinkt in den tieferen Ozean, wird aber auf seinem Weg zum größten Teil wieder verarbeitet. Von 1.000 Kohlenstoffatomen, die durch Primärproduktion an der Meeresoberfläche in organisches Material eingebaut wurden, sinken etwa 100 bis in eine Tiefe von 100 Metern. In den tiefen Ozean gelangen nur 10 Atome. In den Sedimenten wird nur ein Kohlenstoffatom, von ursprünglich 1.000, eingelagert. Hier verbleibt es dann allerdings für viele Millionen Jahre.

Durch das Zusammenspiel von physikalischer und biologischer CO_2-Pumpe stellt der Ozean die größte CO_2-Senke auf der Erde dar. Durch diese Eigenschaft ist er der dominante Faktor in der Regulierung des atmosphärischen CO_2-Gehaltes und des damit verbundenen Treibhauseffektes und somit der globalen Energiebilanz unseres Planeten.

Eismeer

In der Arktis und Antarktis ist ein beträchtlicher Teil des Ozeans mit einer Eisdecke versehen. Das Meereis nimmt unter allen Eisformen eine besondere Stellung ein, da es nicht wie zum Beispiel Gletscher oder Eisschilde aus Süßwasser entstanden ist, sondern durch das Gefrieren von Meerwas-

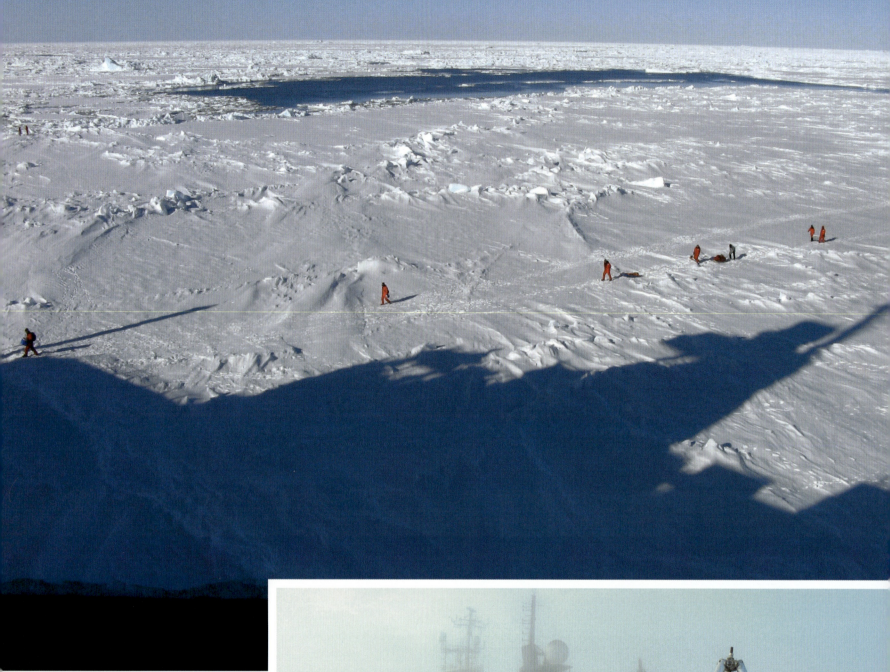

Arbeiten im Eis: Die POLARSTERN macht während ihrer Antarktis-Expedition an einer großen Eisscholle fest. Die Forscher brechen zu Erkundungsgängen und Eisdickenmessungen auf. Eiskerne werden gebohrt und für weitere Untersuchungen in Stücke gesägt. Unter der Scholle ist das Weddellmeer über 4.000 Meter tief.

ser gebildet wird. Die Ausdehnung und Mächtigkeit des Meereises verändert sich mit den Jahreszeiten. Meereis bedeckt im März 5 Prozent und im September 8 Prozent der Ozeanoberfläche. Im Arktischen Ozean ist es im Mittel 2 bis 3 Meter und im Südlichen Ozean etwa 1 Meter dick.

Da Meereis, auch wenn es nicht von Schnee bedeckt ist, eine recht hohe Rückstrahleigenschaft (Albedo) hat, spielt es im Klimasystem – wie auch der Schnee – die Rolle einer Energiesenke. Zudem hat es eine isolierende Wirkung und verhindert als „Deckel" nahezu jeglichen Austausch zwischen Atmosphäre und Ozean. Über Meereisflächen ist die Atmosphäre also deutlich kälter als über offenem Ozean. Durch das Auftreten des Meereises wird aber nicht nur die Luft in den Polargebieten abgekühlt, sondern gleichzeitig auch der Nord-Süd-Temperaturunterschied und damit die Westwinde in den mittleren Breiten intensiviert. Weniger Meereis würde daher die Atmosphäre in hohen Breiten erwärmen, den Nord-Süd-Temperaturunterschied verringern und damit die westlichen Winde der gemäßigten Breiten schwächen.

Das Meereis beeinflusst aber nicht nur die Atmosphäre, sondern auch den Ozean. Der bedeutendste Effekt ist die Bildung von Tiefen- und Bodenwasser in den von Meereis beeinflussten Gebieten. Der Salzgehalt des Meerwassers beträgt im Mittel 34 Promille, der des Meereises dagegen nur etwa 5 Promille. Eine beträchtliche Menge Salz wird daher beim Gefrierprozess in den Ozean abgegeben. Auf diese Weise wird im Winter in den Polargebieten dichtes Meerwasser erzeugt, das in tiefe Ozeanschichten sinkt und dadurch die globale ozeanische Tiefenzirkulation antreibt.

Die Polarmeere spielen daher eine wichtige Rolle als Antriebsmechanismus für den Ozean. Sie haben dies in der Vergangenheit getan und werden es auch in Zukunft tun. Allerdings werden sich die Verhältnisse stark ändern. Die Ozeane – und auch die Polarmeere – erwärmen sich bis in große Tiefen. Das Meereis zieht sich zurück und mit ihm verschwindet zudem sein reiches Ökosystem. Gebirgsgletscher und Eisschilde schmelzen. Durch ihr Schmelzwasser und die Erwärmung des Meeres steigt der Meeresspiegel. Im vergangenen Jahrhundert waren es 17 Zentimeter; in diesem könnte es bis zu 1 Meter werden.

Der Ozean im Computer

Bei der künftigen Entwicklung des Weltklimas spielen also verschiedene Prozesse in den Ozeanen eine Schlüsselrolle. Wir können den Ozean beobachten, und wir können Daten sowie Proben aus allen Wassertiefen während unserer Expeditionen erheben, wir können sie analysieren und interpretieren. Doch der Ozean ist zu groß, um in allen Gebieten und in allen Tiefen mit Sonden, Strömungsmessern oder Kranzwasserschöpfern die relevanten Daten für ein Gesamtbild zu ermitteln. Selbst Verankerungen und driftende Bojen mit hochspezialisierten Messgeräten, die über mehrere Jahre zum Beispiel Temperatur, Salzgehalt und Druck messen, liefern zwar einen wichtigen, aber immer auch begrenzten Beobachtungsdatensatz. Auch mittels Satellitenfernerkundung können wir nur die Meeresoberfläche beobachten.

Um zu einem umfassenden Verständnis der vielfältigen Prozesse in den Ozeanen zu gelangen, wird auf der Basis vorhandener Daten das Meer im Computer modelliert. Wir benutzen die Sprache der Mathematik, um die Ozeane zu beschreiben. Dafür ist eine Vielzahl von physikalischen Grundgleichungen nötig, die nicht mehr allein mit dem Taschenrechner ausgerechnet werden können. Hochleistungsrechner und moderne Visualisierungsprogramme bilden die Ergebnisse in 3D-Grafiken, dynamischen Modellen und Animationen ab. Wenn Ozeanographen die Meere am Computer betrachten möchten, spannen sie ein virtuelles Gitternetz aus Millionen Knotenpunkten über unseren Planeten – es würde schon sehr lange dauern, all diese Punkte mit dem Forschungsschiff abzufahren, sofern dies überhaupt möglich wäre. Dank Computer lassen sich der Zustand der Ozeane und seine Veränderungen für viele Jahre virtuell darstellen.

Allerdings sind viele Prozesse im Ozean noch nicht im Detail verstanden. Aus der Kombination von neuen Beobachtungen und optimierten physikalischen Modellen gewinnen wir jedoch ein verbessertes Verständnis der Vorgänge im Ozean und ihrer Rolle für Klima- und Ökosysteme und werden so in die Lage versetzt, den Zustand der Ozeane besser vorherzusagen und für eine nachhaltige Nutzung durch den Menschen zu sorgen.

Wenn Ozeanographen die Meere am Computer betrachten möchten, spannen sie ein **virtuelles Gitternetz** aus Millionen Knotenpunkten über unseren Planeten. Dank Computer lassen sich der Zustand der Ozeane und seine Veränderungen für viele Jahre virtuell darstellen.

Unser Planet lebt durch seine Ozeane

Prof. Dr. Ulrich Bathmann
Leibniz-Institut für Ostseeforschung Warnemünde

△ Auch in 830 Metern Wassertiefe findet diese **Krabbe** am Mittelatlantischen Rücken etwas zu Fressen.

>> **In der Entwicklungsgeschichte unseres Planeten gab es große biologische Revolutionen, ohne die unser Leben heute nicht möglich wäre.**

Die erste war die Entstehung des Lebens, dessen Ursprung im Meer liegt. Wo es jedoch genau entstanden ist, oder was den Keim der ersten Lebensformen barg, ist bis heute nicht endgültig geklärt. Wir wissen aber: Die ersten Lebensformen veränderten das physikalisch-chemische Gleichgewicht der zuvor unbelebten Erde. Sie revolutionierten die junge Erde und nutzten energiereiche, chemische Verbindungen im Ozean, um eine Reihe einfacher organischer Substanzen zu produzieren. Diese bildeten die Nahrungsgrundlage weiteren Lebens. Das Leben in jener Zeit basierte noch auf einer sehr ineffektiven Nutzung chemischer Substanzen. Dennoch entwickelte sich über mehr als eine Milliarde Jahre ein belebter Planet. Einer Vielzahl uns unbekannter Organismen bot er ideale Lebensbedingungen.

Irgendwann war die „Ursuppe" jedoch aufgezehrt. Die Sonne stand als alternative Energiequelle zur Verfügung und eine neue Lebensform betrat die Bühne der Evolution. Mit Hilfe des Sonnenlichts konnte sie einfache chemische Substanzen nutzen. Es war die Zeit der zweiten biolo-

▶ Unzählige weiße **Tiefseekrabben** besiedeln ein Muschelbett an einer kalten Quelle vor der Küste Pakistans in 1.450 Metern Wassertiefe. Hier tritt mit Schwefelwasserstoff und Methan angereichertes Wasser aus dem Meeresboden.

gischen Revolution. Das Aufblühen dieser sogenannten autotrophen Organismen – sie nutzen die Energie des Lichts, um Wasser zu spalten, auf diese Weise chemische Energie zu gewinnen, um dann Kohlenstoff zu binden – hatte allerdings einen fatalen Nebeneffekt: Die Uratmosphäre unseres Planeten wurde mit Sauerstoff vergiftet. Folge: Das sich bis dahin entwickelte Leben musste sich in sauerstofffreie Gebiete zurückziehen, so wie sie heute noch in einigen Ozeanen, zum Beispiel dem Schwarzen Meer, der tiefen Arabischen See oder der Ostsee auftreten. An Hydrothermalfeldern in der Tiefsee, den Black Smokern (Schwarze Raucher), den Cold Seeps (Kalte Quellen) und in anderen Regionen in Permafrostböden, finden wir weitere urzeitliche Organismen noch heute. Sie existieren komplett ohne Licht und Sauerstoff und beziehen ihre Energie allein aus chemischen Substanzen – statt Photosynthese betreiben sie Chemosynthese.

Für bestimmte Lebensformen war und ist Sauerstoff also reines Gift. Unter Sauerstoff lässt sich jedoch mehr Energie gewinnen. Diese chemische Tatsache nutzte die Evolution und brachte neben den Sauerstoff produzierenden Organismen bald auch solche hervor, die Sauerstoff zum Leben brauchen. Heute besteht ein dynamisches Gleichgewicht zwischen Sauerstoffproduzenten, zum Beispiel Pflanzen, und Sauerstoffkonsumenten, dazu zählen alle sogenannten heterotrophen Organismen, Bakterien, Archaeen, Pilze, Tiere und natürlich wir Menschen.

Etwa die Hälfte der jährlichen Sauerstoffproduktion durch Pflanzen erfolgt in den Ozeanen. Mikroskopisch kleine, im Wasser frei schwebende Algen, das Phytoplankton, versorgen uns mit dem Stoff, ohne den wir nicht existieren können. Diese Primärproduktion erfolgt nur in den lichtdurchfluteten, oberen Schichten der Ozeane. Die Kraft des Lichtes nimmt allerdings sehr schnell mit der Tiefe ab, so dass je nach Meeresgebiet ab zehn bis 200 Metern kein Sauerstoff mehr produziert wird. Der große Lebensraum der Ozeane mit mittleren Wassertiefen von 4.000 Metern und den Tiefseegräben bis 11 Kilometern Tiefe wird fast ausschließlich von Organismen besiedelt, die von dem leben, was von der Oberfläche nach unten sinkt. Ausnahmen sind alle Lebensformen, die ihre Energie aus den reduzierten chemischen Substanzen des Erdinneren gewinnen.

Eine beeindruckende Artenvielfalt hat sich in den Weiten des Ozeans entwickelt. Von den warmen Regionen der Tropen bis zu den Eis bedeckten Polarmeeren, von nährstoffreichen, flachen Küstengewässern bis zu den nährstoffarmen, zentralen Ozeanbecken, von den durch Wind, Gasaustausch und Sonnenlicht durchfluteten Oberflächenbereichen bis in die stabilen konstanten Tiefseeregionen, von felsigem Untergrund bis in matschig weiche Sedimente – überall finden sich die unterschiedlichsten Lebensräume und -bedingungen. Diese Vielfalt beförderte die Entwicklung fast aller Pflanzen- und Tierstämme unseres Planeten. Erst spät eroberte das Leben auch das Land, wo zum Beispiel aus Grünalgen die meisten Landpflanzen hervorgegangen sind. Viele andere Algengruppen aber, zum Beispiel die Dinoflagellaten, haben sich nur aus den Urformen im Meer weiterentwickelt. Und anders als an Land haben im Ozean viele ursprüngliche Stammeslinien über hunderte von Millionen Jahren die verschiedenen Klimawechsel auf der Erde überlebt. Quallen gehören zum Beispiel zu den ältesten mehrzelligen Tieren. Heute dominieren sie zum Teil wieder ganze Ökosysteme, obwohl ihre Körperstruktur über die Jahrmillionen nahezu unverändert blieb. Tintenfische dagegen sind die am weitesten entwickelten Vertreter der Schneckentiere. Ihre Augen und ihr Nervensystem erreichen fast die gleiche Leistungsfähigkeit, die Wirbeltieren zu Eigen ist. Einige Säugetiere, zum Beispiel Delfine und Wale, sind sekundär, also vom Land wieder in den Ozean zurückgekehrt.

Das menschliche Wahrnehmungsvermögen ist begrenzt auf das, was wir mit unseren Sinnen aufnehmen können. Sie reichen nicht aus, die meisten Organismen der Ozeane, ihre Lebensbedingungen, ihr Wechselspiel untereinander und mit ihrer Umwelt direkt zu erfassen, geschweige denn wahrzunehmen, welche Rolle sie in globalen Zusammenhängen spielen. Von daher sind wir angewiesen auf Messsysteme, die eine Vielzahl von Messgrößen (Parametern) aufzeichnen. Bei geschickter Kombination der richtigen Parameter lassen sich intuitiv oder in Computersimulationen Abbilder der Realität und ihrer Veränderungen entwickeln – von der Meeresoberfläche bis in die Tiefsee.

> Die Vielfalt der Lebensräume im Ozean förderte die Entwicklung fast aller Pflanzen- und Tierstämme unseres Planeten.

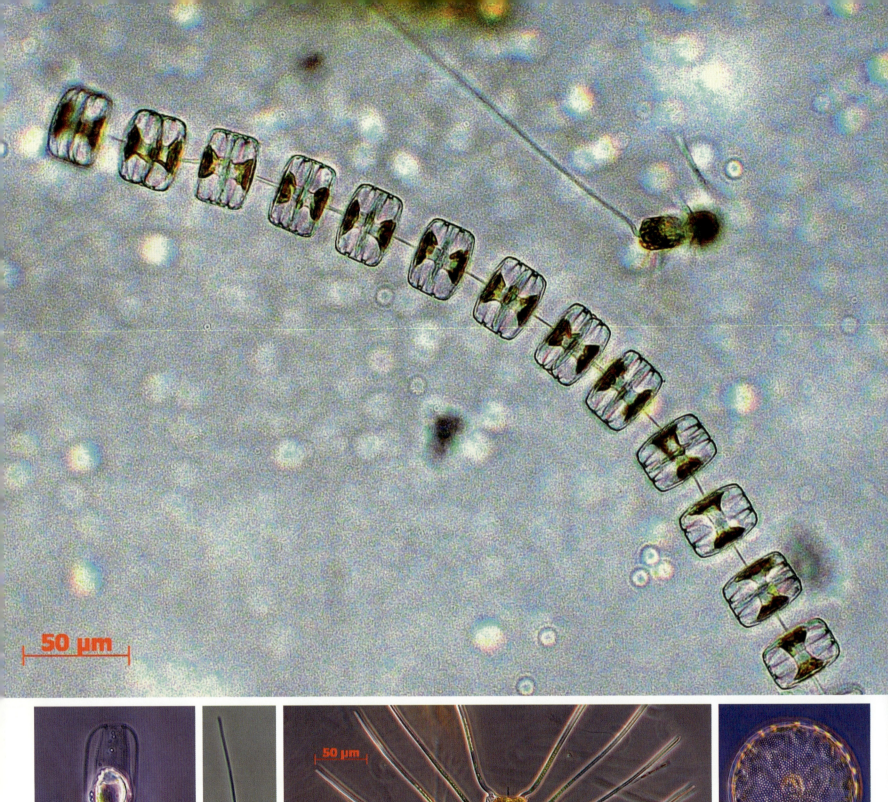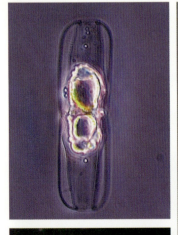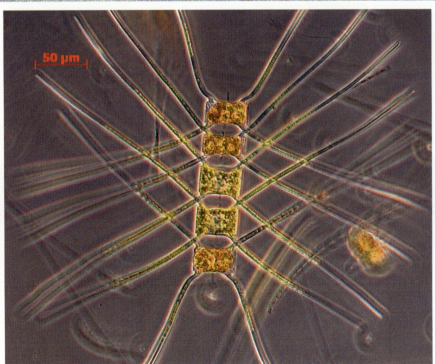

Die Planktonforschung birgt noch einige Rätsel. Bisher ist unklar, warum zum Beispiel Kieselalgen trotz schwerer Glasschale nicht zum Meeresboden absinken.

Die Mächtigkeit der produktiven Oberflächenschicht wird bestimmt durch die Verteilung von Temperatur und Salzgehalt, der Dichte des Wassers. Wir können sie mit speziellen Sonden elektronisch messen, zum Beispiel mit CTD-Sonden, Glidern oder Floats. Etwas wärmeres und leichteres Wasser bildet die sogenannte Deckschicht, die einerseits durch den Wind ständig durchmischt wird, und andererseits durch eine dichte Sprungschicht in etwa 20 bis 100 Metern Wassertiefe von den darunter liegenden kälteren und schwereren Wassermassen abgetrennt ist. In dieser turbulenten Deckschicht gedeiht das Phytoplankton. Einige Algen können mit Hilfe ihrer Geißeln sogar dem Licht „entgegenschwimmen" und damit das Absinken aus der Deckschicht verhindern. Andere Algen, zum Beispiel Kieselalgen, sinken trotz ihrer schweren Glasschale ebenfalls nicht zum Meeresboden ab – eines der bisher ungelösten Rätsel der Planktonforschung.

Die Algen produzieren die Nahrungsgrundlage für fast alle anderen Organismen im Ozean und den für uns lebenswichtigen Sauerstoff. Hierfür benötigt das Phytoplankton nicht nur Sonnenlicht, sondern auch Nährsalze wie Phosphat, Nitrat, Silikat und Spurenstoffe wie Eisen. Diese Nährstoffe können wir in Wasserproben bestimmen, die aus festgelegten Tiefen mit einem Kranzwasserschöpfer genommen werden, oder mit Hilfe von Mikrosonden messen. Um einzelne Arten anzusprechen, wird das Phytoplankton aus den Wasserproben unter dem Mikroskop betrachtet. Der Bestand an Phytoplankton kann auch mit Hilfe von Fluoreszenzsonden ermittelt werden. Sie nutzen die Eigenschaft der Algen aus, einen Teil des aufgenommenen Lichts in einer anderen Wellenlänge wieder abzustrahlen. Ein ähnliches Prinzip wird von Satelliten eingesetzt: Optische Sensoren können das von den Algen zurückgeworfene Lichtspektrum aus dem Weltraum aufschlüsseln und so sogar bestimmte Algenklassen identifizieren. Die Leistungsfähigkeit, also die Produktivität des Phytoplanktons zu messen, ist aufwändiger. Wir messen entweder direkt im Wasser, indem die Algenzellen durch einen wechselnden Beschuss mit Licht unterschiedlicher Wellenlängen im Mikrosekundenbereich angeregt werden und entsprechende Lichtsignale ihrer verschiedenen Photopigmente zurücksenden. Eine andere Methode ist die Inkubation von Wasserproben im Labor, wobei entweder die Sauerstoffproduktion der Algen direkt gemessen wird, oder der Einbau von Kohlenstoffisotopen, der als Maß dafür gilt, wie viel organisches Material die Algen pro Zeiteinheit unter definierten Lichtbedingungen produzieren.

Werden Algen gefressen, wird ein Teil des in ihnen enthaltenen Kohlenstoffs an die anderen Glieder des Nahrungsnetzes weitergegeben. Bis zu 90 Prozent des gefressenen Kohlenstoffes wird dabei als CO_2 wieder veratmet. Auch weitere Elemente wie Phosphor, Stickstoff und Eisen werden ausgeschieden und stehen in diesem Recyclingverfahren den Algen wieder zur Verfügung. Verschlechtern sich die Wachstumsbedingungen der Algen, sterben sie ab und sinken in tiefere Wasserschichten. Auch anderes totes organisches Material wie die Kotprodukte der Tiere reichern diesen Partikelregen an. Wissenschaftler nennen ihn auch „marine snow". Der Partikelregen lässt sich in seiner Zusammensetzung und in der Menge durch sogenannte Sinkstofffallen abschätzen, die wie große Trichter im Ozean verankert, über Jahre hinweg in zeitlich steuerbaren Intervallen das absinkende Gut auffangen.

Zusätzlich zu diesem Export organischer Substanz bis zum Meeresboden tragen auch vertikal wandernde Zooplankter und Fische zu einer Verteilung der Nahrung bis in große Ozeantiefen bei. Es hat sich ein gestuftes Nahrungsgefüge von der Oberfläche bis zum Meeresboden ausgebildet, in dem die jeweils tiefer lebenden Organismen von dem Angebot der darüber liegenden Wasserschichten profitieren. Das Bild verkompliziert sich durch seitlichen Eintrag aus anderen Meeresgebieten, zum Beispiel durch physikalisch nahezu abgeschlossene wandernde Wasserwirbel mit autarkem Biosystemen oder durch das Aufsteigen wandernder Tiere vom Meeresgrund in die Wassersäule hinein.

◩ Kleine Schmuckstücke: Erst unter dem Lichtmikroskop enthüllt **Plankton** seine ganze Schönheit. In der Perlenkette sind die einzelnen zentrischen Kieselalgen durch Plasmafäden verbunden. Millionen dieser und anderer winziger Algen und Tiere „schweben" frei im Ozean. Plankton ist die Nahrungsgrundlage für die meisten Meeresbewohner.

◩ **Antarktischer Krill** gehört zum Zooplankton. Die Kleinkrebse können bis zu 6 Zentimeter lang werden und sind Hauptnahrung vieler Wale, Robben, Pinguine und Vögel im Südozean.

◮ Zerbrechliche Schönheit: Die winterliche Sonne in der Antarktis entfacht ein glitzerndes Farbenspiel auf der nur wenige Zentimeter dünnen Meereisdecke über dem mehr als 4.000 Meter tiefen Ozean.

Vertikal wandernde Zooplankter sind fast nur mit Hilfe von akustischen Messsystemen zu orten. Hierbei werden im Echolotverfahren die reflektierten Schallwellen hinsichtlich ihrer Stärke, Laufzeit und teilweise Frequenzverschiebung analysiert, um über Menge und Art der wandernden Tiere Auskunft zu erlangen. Solche akustischen Methoden geben nur relative Messgrößen und müssen daher durch „handfeste Fänge" geeicht werden. Neben Fischereinetzen kommen hier Zooplanktonnetze mit Maschenweiten unter einem Millimeter zum Einsatz. Es dauert mehrere Stunden, solche Geräte vom Forschungsschiff aus bis in mehrere tausend Meter Wassertiefe abzusenken und langsam wieder zu hieven. Daher wurden sogenannte Multinetze entwickelt, bei denen bis zu neun Netze ferngesteuert nacheinander geöffnet und geschlossen werden können. Die Zooplanktonproduktion wird durch Fraßexperimente in Aquarien ermittelt, wodurch zusätzlich eine Nahrungspräferenz nachgewiesen werden kann. Die Nahrungsquellen der Zooplankter, also ihre Stellung im Nahrungsnetz, lassen sich auch anhand der biochemischen Zusammensetzung oder des Gehalts von Kohlenstoff- und Stickstoffisotopen ermitteln.

Langfristige Entwicklungen in der Erdgeschichte haben also eine Lebensvielfalt im Ozean hervorgebracht, die durch verschiedene Prozesse eng an unser Leben gekoppelt ist. Die Organismen sind, je nach Lebensraum, mehr oder weniger gut an sich ändernde Umweltbedingungen angepasst. Das Ziel unserer Untersuchungen in der biologischen Meereskunde ist einerseits ausgerichtet auf ein Verständnis der Rahmen- und Lebensbedingungen einzelner Organismen in ihren Gemeinschaften. Welchen Beitrag die Arten und Gruppen dabei an globalen Stoffkreisläufen haben, ist ein weiterreichendes Forschungsziel. Andererseits wird zunehmend die Frage bearbeitet, wie bestimmte Arten oder komplexe Lebensgemeinschaften auf sich ändernde Umweltbedingungen reagieren. Steigende Emissionen von Kohlendioxid und anderen Klimagasen aufgrund der intensiven Nutzung fossiler Energieträger durch

> Bisher waren die Weltmeere die großen Puffer im Klimageschehen unseres Planeten. Werden sie diese Funktion auch in Zukunft erfüllen können?

uns Menschen treiben Umweltveränderungen voran, deren Auswirkungen schon heute zu messen und zu sehen sind.

Arktis und Teile der Antarktis sind die vom Klimawandel am stärksten betroffenen Regionen unseres Planeten. Seit 50 Jahren erwärmt sich die Arktis so stark, dass das Meereis immer weiter schwindet und damit ein Lebensraum, von dem viele Organismen abhängig sind. In der Antarktis kommt es durch die Erwärmung unter anderem zu großen Schelfeisabbrüchen. Riesige Eisberge zersplittern in hunderte kleine Eistafeln. Gebiete, die einst unter dem Schelfeis lagen, werden freigelegt, Lebensräume am Meeresgrund gestört und neu besiedelt.

Langzeitstudien zeigen auch: Der Bestand an Krill, Hauptnahrung vieler Wale und Robben im Südozean, ist in den letzten 40 Jahren erheblich zurückgegangen. Eine Ursache: Die winterliche Meereisbedeckung nimmt ab und der antarktische Krill verliert seinen Schutz- und Nahrungsraum. Salpen, das sind im Meerwasser freischwimmende Manteltierchen, übernehmen den Lebensraum des Krills, sind aber aufgrund ihrer Zusammensetzung keine geeignete Ersatznahrung für die Wirbeltiere. Die Grundlage des ausgewogenen Nahrungsnetzes scheint sich hier massiv zu verändern.

Das Treibhausgas Kohlendioxid führt aber nicht nur zu einer globalen Erwärmung, sondern zunehmend auch zu einer Versauerung der Ozeane. Die Weltmeere nehmen jährlich etwa ein Drittel des Kohlendioxids auf, das aus der Verbrennung fossiler Energieträger in die Atmosphäre gelangt. Damit sind sie ein wichtiger Puffer im weltweiten Klimageschehen. Doch wie lange noch? Wenn sich Kohlendioxid im Meerwasser löst, bildet sich Kohlensäure. Der pH-Wert sinkt und das bedeutet, das Wasser wird saurer. Seit Beginn der Industrialisierung haben die Ozeane bereits soviel Kohlendioxid aufgenommen, dass der Säuregrad um 30 Prozent gestiegen ist. Folge: Durch die Säure nimmt die Konzentration von Karbonat im Meerwasser ab. Muscheln, Schnecken, Kalkalgen und Korallen können ihre schützenden Schalen oder stützenden Skelette nicht mehr voll ausbilden. Bei Fischen und Krebsen kommt es aufgrund der Versauerung zu Beeinträchtigungen im Stoffwechsel.

Experimente in sogenannten Mesokosmen, die in geschützten Meeresregionen unter verschiedenen CO_2-Bedingungen durchgeführt wurden, zeigen zum Beispiel aber auch, dass bestimmte Muscheln eine große Anpassungsfähigkeit an ansteigenden CO_2-Konzentrationen aufweisen und erst bei sehr hohen Werten geschädigt werden. Dies widerspricht scheinbar Befunden, dass Flügelschnecken im Plankton und die Kalkalgen Coccolithophoriden schon unter heutigen CO_2-Bedingungen leiden. Um diese Widersprüche aufzuhellen werden ähnliche Experimente in der Ostsee durchgeführt.

Bei all diesen Untersuchungen arbeiten Biologen in internationalen Teams eng vernetzt mit Forschern anderer naturwissenschaftlicher Disziplinen zusammen. Ergebnisse ihrer Arbeit fließen ein in den Klimabericht der Vereinten Nationen und bilden somit die wissenschaftliche Grundlage für auf Nachhaltigkeit ausgerichtete, verantwortungsbewusste politische Entscheidungen. Denn provokant wird heute auch gefragt, ob der Mensch verantwortlich ist für eine weitere große Revolution auf unserer Erde. Noch nie hat eine Spezies

▼ Aus der Tiefe des Meeres: Netze mit Maschenweiten unter einem Millimeter werden in stundenlanger Arbeit bis in mehrere tausend Meter abgesenkt.

so grundlegend in globale Zusammenhänge eingegriffen, und noch nie hat nur eine Art die Erde so gewaltig verändert. Bisher waren die Weltmeere die großen Puffer im Klimageschehen unseres Planeten. Werden sie diese Funktion auch in Zukunft erfüllen können?

Panoptikum der Umweltchemie

Prof. Dr. Gregor Rehder
Leibniz-Institut für Ostseeforschung Warnemünde

In der modernen Meereschemie beschäftigen wir uns vor allem mit den im Meerwasser gelösten Substanzen. Alle chemischen Elemente sind mittels modernster chemischer Analyse im Meerwasser nachzuweisen, auch wenn sie naturgemäß zum Teil nur in sehr niedrigen Konzentrationen vorkommen. Wir untersuchen hauptsächlich, wie sich die im Wasser transportierten oder gebildeten Partikel zusammensetzen. Alle Fragen darzustellen, denen wir in der Meereschemie nachgehen, würde eine Reihe von Büchern füllen. So sollen hier drei unserer Hauptarbeitsfelder skizziert werden.

Tracer-Ozeanographie

Wie schnell breiten sich Wassermassen aus? Wie schnell tauscht der Ozean Gase mit der Atmosphäre aus? Wie groß ist die Menge an Tiefenwasser, die jährlich neu gebildet wird, und wie sind die jährlichen oder dekadischen Schwankungen? Um diese Fragen zu lösen, untersuchen wir das Eindringen und die Ausbreitung von Spurenstoffen, auch Tracer genannt. Die „Mittel zum Zweck", die der Tracer-Ozeanograph hierzu verwendet, lesen sich wie ein Panoptikum der Umweltchemie: Erhöhte Konzentrationen von Radiokohlenstoff (^{14}C) und Tritium (^{3}H), Fluorchlorkohlenwasserstoffe, oder jüngst auch Schwefelhexafluorid aus der Metallherstellung und Elektrotechnik. Hinzu kommen Radionuklide aus lokalen Quellen, zum Beispiel aus der Nuklearanlage im britischen Sellafield, allen voran ^{137}Cs.

Trotz der offensichtlichen Brisanz dieser Stoffe ist die Tracer-Ozeanographie aber nicht an den gemessenen chemischen Substanzen selbst interessiert, sondern nutzt sie zur Klärung physikalisch-ozeanographischer Fragen. Wir spüren Stoffe auf, verfolgen sie und beobachten, wie sie sich im Ozean ausbreiten. So wurde zum Beispiel in den 70er und 80er Jahren die Ausbreitung radioaktiver Stoffe aus der Wiederaufbereitungsanlage von La Hague vermessen. Diese Untersuchungen brachten für die damalige Zeit bahnbrechende Erkenntnisse über die Zirkulation der Nordsee. Der zeitweilige Anstieg an Radiokohlenstoff Mitte der 60er Jahre, verursacht durch Wasserstoffbombentests, wurde unter anderem verwendet, um den globalen Austausch von Kohlenstoff zwischen Atmosphäre und Ozean abzuschätzen.

In jüngerer Zeit finden vor allem Tracer Anwendung, deren Gehalt in der Atmosphäre durch den Menschen beeinflusst werden, sogenannte „transient tracer". So stiegen zwischen 1960 und 1990 die Konzentrationen der Fluorchlorkohlenwasserstoffe (FCKW) in der Atmosphäre an. Während dieser Trend seit Beginn der 90er Jahre aufgrund des Protokolls von Montreal, in dem sich die Unterzeichnerstaaten verpflichteten, Stoffe, die zum Abbau der Ozonschicht beitragen, zu reduzieren oder ganz abzuschaffen, leicht rückläufig ist, steigt die Konzentration von Schwefelhexafluorid seit den frühen 70er Jahren stetig um bis zu 5 Prozent pro Jahr. Das Oberflächenwasser der Ozeane setzt sich mit dieser geänderten Atmosphäre in kurzer Zeit in ein Gleichgewicht, und neu gebildetes Tiefenwasser nimmt die Spuren menschlicher Aktivität mit in das Innere der Ozeane. Mit genauer Kenntnis der Löslichkeit der Spurenstoffe lassen sich Aussagen über die Mengen der Tiefenwasserneubildung treffen. Aus dem Verhältnis der einzelnen Komponenten werden Rückschlüsse über Mischungsprozesse und den Zeitpunkt des letzten Kontakts mit der Atmosphäre getroffen. Die Erfassung von Schwankungen der Tiefenwasserneubildung und möglicher Änderungen infolge geänderter Klimabedingungen ist eines der vorrangigsten

◐ Landschaften wie von einem anderen Stern: **Bakterienmatten** am Meeresboden in der Pazifischen Sauerstoffminimumzone vor Costa Rica in etwa 400 Metern Wassertiefe.

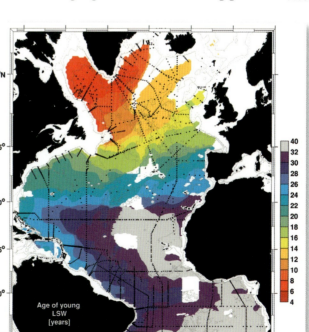

◐ **Ausbreitung des Labradorseewassers (LSW) im Atlantik:** Das LSW ist ein Zwischenwasser, das in der Labradorsee gebildet wird und sich im Atlantik zwischen 1.000 und 2.000 Metern Wassertiefe einschichtet. Bei der „Belüftung" des Ozeans in diesem Tiefenbereich spielt es eine große Rolle. Wissenschaftler messen den Gehalt an Freonen (FCKW) und bestimmen so das „Freonalter", ein Maß für den Zeitpunkt des letzten Kontakts der Wassermasse mit der Atmosphäre.

Themen der Ozeanographie. Die zeitliche Information, die durch die Tracer-Ozeanographie zugänglich ist, ist hierbei von unschätzbarem Wert.

Biogeochemie

Eine der klassischen und zugleich immer noch bedeutendsten Aufgaben in der Meereschemie ist die Quantifizierung der wichtigsten biologisch-chemischen Stoffkreisläufe, allen voran des Kohlenstoffs, Sauerstoffs, Stickstoffs, Phosphors und Schwefels, die eng aneinander gekoppelt sind. Bei der Photosynthese werden die anorganischen Nährstoffe Nitrat, Phosphat und Kohlendioxid von mikroskopisch kleinen Algen zu organischen Verbindungen umgewandelt. Der hierbei produzierte Sauerstoff wird im Wesentlichen an die Atmosphäre abgegeben, da die Photosynthese als lichtbenötigender Prozess in der oberen Schicht des Ozeans stattfindet. Auf bislang sehr unterschiedlichen Wegen wird ein Teil des organischen Materials aber auch in die Tiefsee verfrachtet. Bei der Veratmung dieses Materials in tieferen Schichten des Ozeans, also der Rückführung in die Nährsalze und Kohlendioxid, wird nicht nur Energie frei, sondern auch Sauerstoff verbraucht. Folge: Mit zunehmender Aufnahme und Veratmung des Materials wird das Wasser immer reicher an Nährstoffen und ärmer an Sauerstoff. Dieser meereschemische Zusammenhang führt zu grundlegenden Erkenntnissen über die generelle Zirkulation und die Altersstruktur des tiefen Ozeans, aber auch über lokale Gebiete, die einen erhöhten Sauerstoffbedarf aufweisen.

Eine der Herausforderungen der Meereschemie ist daher die Beobachtung der Folgen globaler Änderungen dieser biogeochemischen Kreisläufe. Die Verarmung an Sauerstoff in Rand- und Küstenmeeren ist ein schon länger beobachtetes weltweites Problem. In diesen Gebieten hat die zusätzliche Zuführung von Nährstoffen zu einer erhöhten biologischen Produktion geführt, deren Veratmung auch den Sauerstoffbedarf in den tieferen Wasserschichten erhöht. Die zunehmende globale Erwärmung führt zudem zu einer Verringerung der Löslichkeit von Sauerstoff im Oberflächenwasser, die den „Startwert" für die Sauerstoffversorgung festlegt. Derzeit scheint jedoch nicht nur in den Randmeeren, sondern auch in weiten Teilen der Ozeane die Gesamtmenge an gelöstem Sauerstoff kleiner zu werden, insbesondere in den sauerstoffärmsten Zonen der Ozeane (Oxygen Minimum Zone, OMZ). Diese Trends verlässlich nachzuweisen stellt neue Anforderungen an die Meereschemie, etwa in der vermehrten Ausrüstung von Messgeräten wie den ARGO-Floats mit modernster, verlässlicher Sauerstoffsensorik. Die potentiellen Folgen der Sauerstoffverarmung sind nicht nur für die Fischerei immens. Die Ausbreitung von sauerstoffarmen oder -freien Zonen führt zu einer erhöhten Produktion der Treibhausgase Methan und Lachgas sowie zu einer Rückführung des Nährstoffs Phosphat aus den Sedimenten. Beide Mechanismen bergen die Gefahr einer selbstverstärkenden Rückkopplung.

Aus chemischer Sicht sind die beiden wichtigsten Kontrollgrößen für den Ablauf chemischer Reaktionen in Wasser der pH-Wert und das Redoxpotential, ein Maß für die Sauerstoffverfügbarkeit. Sie bestimmen, in welcher Form Metalle vorliegen, oder welche Reaktionen an der Grenze zwischen Wasser und Sediment stattfinden. Änderungen des Kohlensäuregleichgewichts (Ozeanversauerung) und des Sauerstoffgehalts greifen daher fundamental in die Basis des chemischen Reaktors Ozean ein. Größe und Auswirkungen dieser Änderungen zu ermitteln, ist eine Kernaufgabe der Meereschemie.

Schadstoffe im Meer

Eines der für den analytisch arbeitenden Meereschemiker vielleicht aufwändigsten Probleme ist die quantitative Bestimmung von organischen und metallischen Schadstoffen und ihrer teils nicht weniger brisanten Abbauprodukte. In den vergangenen Jahrzehnten standen hier vor allem industriell produzierte chlorierte Verbindungen im Vordergrund. Hierzu gehören die teils in großem Umfang eingesetzten Organochlorpestizide, allen voran das DDT (Dichlordiphenyltrichlorethan), polychlorierte Biphenyle (PCBs), die in Elektrotechnik, Kunststoffherstellung und Farbindustrie Einsatz fanden, sowie polyzyklische aromatische Kohlenwasserstoffe (PAK), die teilweise in Erdölfraktionen vorhanden sind. In allen Fällen handelt es sich um chlorierte organische Verbindungen, die größtenteils aufgrund ihrer chemischen Struktur die Eigenschaft haben, sich in hohem Maße in Fettgewebe anzureichern und zudem in der Um-

> Eines der für den analytisch arbeitenden Meereschemiker vielleicht aufwändigsten Probleme ist die quantitative Bestimmung von organischen und metallischen Schadstoffen und ihrer teils nicht weniger brisanten Abbauprodukte.

Mit einem **Kranzwasserschöpfer** können bis zu 24 Proben von je 10 Liter Wasser aus großer Tiefe gewonnen werden. Hier werden die Proben für das Labor abgefüllt.

welt sehr langlebig sind. Eine direkte Folge hiervon ist, dass bei den Endgliedern der marinen Nahrungskette die Gefahr einer extremen Anreicherung besteht. So waren die Ausdünnung der Schalen von Eiern fischliebender Greifvögel oder ein drastischer Rückgang der Fruchtbarkeit bei Robben weitbeachtete Beispiele der Folgen von Schadstoffanreicherungen, die vorübergehend zu einem starken Rückgang der Population führten. Anreicherung und Langlebigkeit sind auch die Gründe dafür, dass ihre Toxizität oft erst nach Jahren der Anwendung umfassend verstanden wurde.

Vor diesem Hintergrund hat die moderne Schadstoffanalytik heute einer besonderen Herausforderung zu begegnen. Denn die Anzahl der teils sehr komplexen neuen industriellen Spurenstoffe ist nahezu unbegrenzt und stetig steigend. Hierzu zählen unter anderem Arzneimittel, Hormone, Sonnenschutzmittel und in jüngster Zeit auch noch Nanopartikel aller Art. Bei einigen dieser Verbindungen, wie etwa Kontrastmitteln, die bei medizinischen Untersuchungen eingesetzt werden, sind ihre gewünschten Eigenschaften genau diejenigen, die sie problematisch machen. Sie enthalten oft seltene und toxische Metalle, die so in Verbindungen eingebaut werden, dass sie nicht mit dem Körper wechselwirken und schnell wieder ausgeschieden werden. Deswegen sind sie schwer aus dem Abwasser zu entfernen und sehr langlebig.

Der Kontakt mit dem Meer mit seinem hohen Gehalt an gelösten Salzen birgt die Möglichkeit, dass Schadstoffe umgewandelt oder in leicht veränderter Form vorliegen. Ein jüngstes, aufsehenerregendes Beispiel war der Nachweis, dass methylierte Quecksilberverbindungen, Auslöser der Minamata Krankheit, in Meerwasser deutlich langlebiger sind und schlechter photochemisch abgebaut werden als in Süßwasser, weil sie mit dem Chlorid des Salzwassers Komplexe eingehen, die auch bei hohen Lichtintensitäten stabil bleiben.

Die Untersuchung der Flut neuer industrieller Spurenstoffe und ihrer langlebigen Zwischenprodukte im Meer, die Anreicherung entlang der marinen Nahrungskette sowie besonderer Reaktionen aufgrund Wechselwirkung mit Salzwasser sind unabdingbar, um Gefahrenpotentiale früh erkennen zu können und gegebenenfalls rechtzeitig durch Umweltrichtlinien Einfluss nehmen zu können.

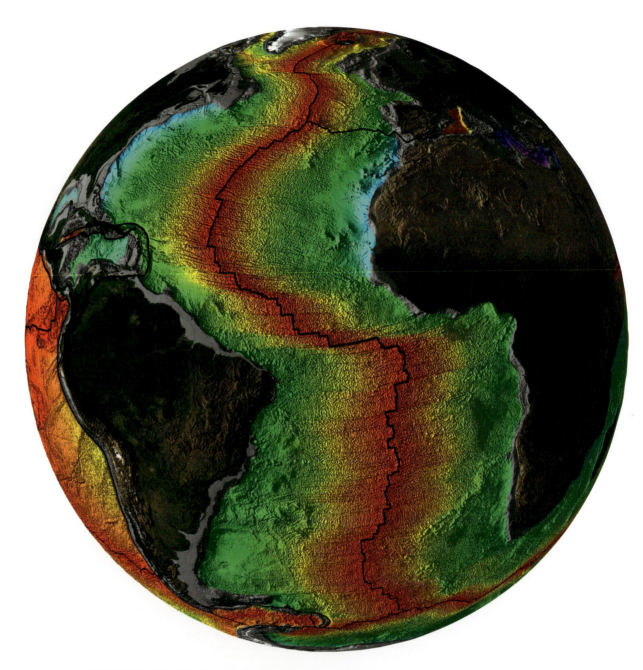

◂ Schöne alte Erde: Vor etwa 170 Millionen Jahren drifteten Afrika und Amerika auseinander – die Geburt des Atlantischen Ozeans. Am **Mittelozeanischen Rücken** (schwarze Linie) quillt bis heute heißes, flüssiges Magma aus dem Erdinneren empor, erstarrt und bildet neuen Meeresboden.

Alter in Millionen Jahren
0 20 40 60 80 100 120 140 160 180 200 220 240 260 280

Geologie der Tiefsee:
Eine Revolution in der Wissenschaft

Prof. Dr. Wolf Berger
Scripps Institution of Oceanography, University of California, San Diego

Prof. Dr. Gerold Wefer
MARUM – Zentrum für Marine Umweltwissenschaften, Universität Bremen

» **Die Geologie der Tiefsee war noch vor einem halben Menschenleben ziemlich unbekannt.** Für den großen Erkenntnisgewinn in den sechziger Jahren ist hauptsächlich die Tiefseeforschung verantwortlich – die Geophysik des Tiefseebodens und die internationalen Bohruntersuchungen durch die Bohrschiffe GLOMAR CHALLENGER und JOIDES Resolution. Neue Erkenntnisse aus der Tiefseegeologie haben das geologische Weltbild grundsätzlich verändert. Neuartige externe Ursachen als Antrieb geologischer Vorgänge wurden anerkannt.

Drei neue Einsichten erschütterten die Welt der Fachleute, die sich jeweils jahrzehntelang gegen die neuen Ansichten sträubten: Krustenverschiebung, Sonneneinfluss auf die Klimageschichte sowie Einschläge aus dem All. Sie hatten eine tiefgreifende Umgestaltung der Geologie zur Folge, eine Umbildung, welche diese Wissenschaft zur Herberge für Geophysik und Klimakunde und selbst großer Teile der Raumforschung machte. Bemerkenswert ist, dass jede der drei großen Revolutionen nicht von herkömmlich ausgebildeten Geologen stammt, sondern von Wissenschaftlern mit zumindest einem Bein in der Physik sowie von physikalisch gesinnten Ingenieuren, die sich für die Erdgeschichte interessierten und sich von Geologen beraten ließen. Vielleicht ist es schwierig, traditionelles Denken zu überwinden, wenn man erst einmal zum lehrbuchfesten Experten geworden ist.

Die Helden der Revolution sind der deutsche Meteorologe Alfred Wegener (1880 – 1930), der serbische Ingenieur und Astronom Milutin Milankovitch (1879 – 1958) und der amerikanische Physiker Luis Alvarez (1911 – 1988).

Wegener führte den Begriff der Kontinentalverschiebung ein (1912) und rekonstruierte einen Ursprungskontinent „Pangaea". Es ist der Kontinent, der am Ende des Paläozoikums alle jetzt existierenden Kontinente vereinte, vor dem großen Aufreißen und Auseinanderdriften. Noch heute, 200 Millionen Jahre später, ist die asymmetrische Verteilung von Land und Ozean als Erbe jener Zeit sichtbar.

Die Hypothese Wegeners zur Kontinentalverschiebung, zusammen mit der Hypothese des „seafloor spreading" (Spreizung des Meeresbodens, zuerst 1961 von Robert Dietz veröffentlicht), wurde zur Basis für die Theorie der Plattentektonik, welche in den siebziger Jahren in die Lehrbücher Einzug hielt. Zu Lebzeiten Wegeners wurde seine Hypothese von vielen Wissenschaftlern angegriffen, weil es keinen Mechanismus für eine Kontinentalverschiebung gäbe.

Inzwischen ist die Plattentektonik Grundlage für alle geologischen Diskussionen, die über lokale Anliegen hinausgehen, also zum Beispiel Fragen der Gebirgsbildung, der Verteilung von Vulkanen und Häufigkeitsmustern von Erdbeben auf der Erde und des Ursprungs der kontinentalen und ozeanischen Krusten. Die Mechanismen sind immer noch weitgehend unbekannt, da wir das Innere der Erde nur unvollständig kennen. Wir sind angewiesen auf seismische Beobachtungen, geochemische Prinzipien und Rechnungen, die auf Erdbeben und Erdmagnetismus basieren.

Eine der großen Entdeckungen in der Geologie war die Erkenntnis, dass noch vor 20.000 Jahren weite Teile der Erde mit Eis bedeckt waren. Die offensichtliche Frage war, wie das geschehen konnte, und warum das Eis danach wegschmolz und einem milderen Klima Platz machte. Bald stellte sich heraus, dass wir es nicht mit einer einzigen Eiszeit zu tun haben, sondern mit mehreren Vereisungen und dazugehörigen Abschmelzungen.

Der deutsche Meteorologe **Alfred Wegener** (1880-1930) lieferte bereits 1912 eine der wichtigsten Grundlagen zur Theorie der Plattentektonik.

◘ Der serbische Ingenieur und Astronom **Milutin Milankovitch** (1879 – 1958) legte die Abfolge von Eiszeitzyklen der letzten 600.000 Jahre fest.

◘ Der amerikanische Physiker **Luis Alvarez** (1911 – 1988) begründete die Einschlaghypothese.

Milankovitch errechnete die saisonale Verteilung der Sonneneinstrahlung in hohen nördlichen Breiten und behauptete 1930, dass der Wechsel in solcher Verteilung (über Tausende von Jahren) für das Kommen und Gehen der Eiszeiten verantwortlich sei. Weil solche Wechsel in berechenbaren zyklischen Rhythmen auftreten, legte er damit die Abfolge von Eiszeitzyklen fest. Er tat dies für die letzten 600.000 Jahre. Seine Hypothese wurde erst in den siebziger Jahren ernstlich geprüft, und zwar mit Hilfe von Resultaten aus der Tiefseegeologie, und sie wurde bald für richtig befunden. Es stellte sich heraus, dass die riesigen Vereisungen auf unserm Planeten praktisch automatisch zu erwarten sind, und zwar dann, wenn die Polgebiete noch kalt genug sind, um Eis abzulagern. Milankovitch rechnete aus, dass warme Sommer das Eis schmelzen, und glaubte, dass kalte Sommer für den Aufbau gewaltiger Eismassen verantwortlich sind. Eine wichtige Komponente seiner Rechnungen ist die Präzession der Erdachse, die, zusammen mit der von Kepler gefundenen Ekliptik der Erdbahn, im hohen Norden sommerliche Warmzeiten mit sommerlichen Kaltzeiten wechseln lässt.

Luis Alvarez studierte mit Mitarbeitern die Häufigkeit von Iridium, ein Element, das auf der Erde selten ist, in Proben aus einer Abfolge von an Land gehobenen Meeresablagerungen in Italien. Die Proben wurden vom Sohn des Luis Alvarez, dem Geophysiker Walter Alvarez, gesammelt, und zwar nach Vorgaben einer paläontologischen Geländeaufnahme. Aufgrund der hohen Iridiumwerte in der Grenzlage – lokal als schwarze Tonschicht zwischen grauen Kalksteinen ausgebildet – schlugen Alvarez und Mitarbeiter bereits 1980 vor, dass die augenfälligen Änderungen im Fossilengehalt an dieser Grenze auf den Einschlag eines riesigen Meteoriten zurückzuführen sind, denn Iridium ist in vielen Meteoriten angereichert.

Die Einschlagshypothese der Alvarez Gruppe hat der Entwicklung des Lebens auf der Erde einen katastrophischen Anstrich gegeben – gewissermaßen im Anklang an alte Vorstellungen in der Geologie, vor Darwin und vor Lyell. Man denke an d'Orbigny und Cuvier, katastrophenbereite Vorreiter der Paläontologie im frühen 19. Jahrhundert. Die Einschlagshypothese wurde in den achtziger Jahren heftig diskutiert und ist heute unverzichtbarer Bestandteil der Lehrbücher. Der Einschlag eines riesigen Meteoriten oder mehrerer, zumindest einer davon auf der Halbinsel Yucatán, wird heute weithin als Erklärung für das Aussterben der Dinosaurier anerkannt.

Wie die Tiefsee auf verschiedene Störungen reagiert, ob nun Meteoriteneinschlag oder globale Abkühlung, wissen wir nicht genau. Sicher ist, dass die Abkühlung an der Erdoberfläche sich auch auf die Tiefsee auswirkt. Dies ist nicht weiter verwunderlich, weil das kalte Bodenwasser aus hohen Breiten stammt. An vielen Stellen ist der Übergang von der Kreide zum Tertiär gestört, wie zu erwarten, da durch den Einschlag des Riesenmeteoriten im Ozean gewaltige Flutwellen entstanden sind. Solche Wellen wirken sich am Tiefseeboden als Erosionsereignisse aus. Außerdem sind große Rutschungen an allen Hanglagen zu erwarten: Der ganze Planet bebte, und dies förderte das Gleiten instabiler Sedimentmassen. Aber auch der Ozean selbst musste reagieren. Große und plötzliche Än-

Das Gedächtnis unserer Erde liegt im Meeresboden. Über Millionen Jahren haben sich dort Schicht für Schicht Sedimente abgelagert. Sie erzählen die Geschichte unseres Planeten.

◁ **Segment eines Bohrkerns aus dem Atlantik.** Er zeigt den Meteoriten-Einschlag vor 65 Millionen Jahren auf der Halbinsel Yucatán (Mexiko), der mitverantwortlich für das Aussterben der Dinosaurier war. Dieser Kernabschnitt (rechts etwa in Originalgröße) stammt aus einer Tiefe von ungefähr 125 Metern unter dem Meeresboden. Er wurde mit dem Bohrschiff JOIDES Resolution innerhalb des Ocean Drilling Programs (ODP) erbohrt. Die Ablagerungen in diesem Sedimentkern beinhalten glasige Asche und Gesteinskügelchen, die auf die Erde „regneten". Die dunkle, etwa 15 Zentimeter dicke Schicht lagerte sich innerhalb weniger Wochen nach dem Einschlag ab. Unter normalen Bedingungen dauert eine solche Ablagerung von Sedimenten im Ozean mehrere Tausend Jahre.

derungen im Oberflächenwasser hatten bestimmt viele noch zu findende Auswirkungen auf die Chemie des tiefen Ozeans. Man denke zum Beispiel an Sauerstoffmangel in der Tiefsee, an den Aufstieg großer Mengen von Methangas in freigelegten Rutschungsgebieten und an assoziierte Freisetzung von Schwefelwasserstoffgas.

Natürlich begannen geologische Beobachtungen auf dem Land. Die Morphologie, geschweige denn der Ursprung der Tiefseeböden in den verschiedenen Ozeanbecken, blieb bis in die Mitte des 20. Jahrhunderts weitgehend unbekannt. Lange bekannt war jedoch, dass aktive Vulkane und diverse Hochgebirge wie aufgereiht in riesigen Ketten vorkommen. Daher auch der Name „Kettengebirge". Dieser Umstand wurde schon im 19. Jahrhundert entdeckt, als reisende Naturforscher ihre Beobachtungen auf geografischen Karten festhielten. Geologen setzten demzufolge weltumspannende Hypothesen in die Welt, zum Beispiel, dass die Erde am Schrumpfen ist und damit auf der Oberfläche Falten aufwirft, wie ein abkühlender heißer Apfel. Später, nach der Entdeckung des endlosen mittelozeanischen Rückens und seiner Erklärung als Produkt des Aufreißens des Meeresbodens („seafloor spreading"; Spreizung), kam eine entgegengesetzte Idee zur Diskussion: die Ausdehnung der Erde. Heutzutage weiß man, dass sowohl Ausdehnung (durch „seafloor spreading") wie auch Schrumpfung (durch „subduction" an den Tiefseegräben) stattfindet, der Erdumfang sich dabei aber nicht ändert.

Tiefseegräben nehmen zwar nicht viel Raum in Anspruch, verglichen mit anderen morphologischen Elementen des Meeresbodens, sie sind aber als sichtbare Vertreter der Verschluckungszonen von größter Bedeutung für das geologische Verständnis von Kettengebirgen, von tiefen Erdbeben und von den in Linien aufgereihten Vulkanen am Ozeanrand (wie zum Beispiel in den Anden Südamerikas). Die Plattendicke kann als etwa 100 Kilometer angenommen werden; die sich bewegenden Platten bestehen hauptsächlich aus oberem festen Mantelmaterial und der darauf aufliegenden basaltischen Kruste (zusammen „Lithosphäre" genannt).

Die Neubildung und Spreizung des Meeresbodens wurde aufgrund von magnetischen Untersu-

vor 220 Millionen Jahren

vor 170 Millionen Jahren

vor 120 Millionen Jahren

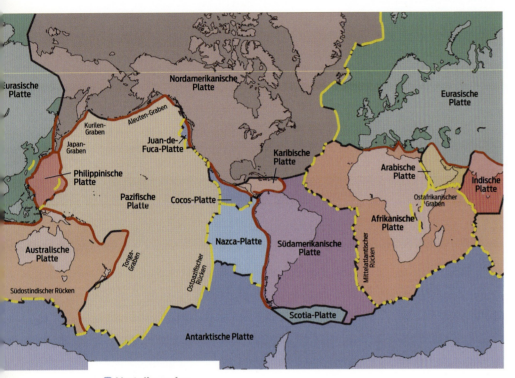

▲ **Verteilung der Platten auf der Oberfläche der Erde: Konvergente Plattengrenzen** (Tiefseegräben, Vulkane, tiefe und starke Erdbeben); **divergente Plattengrenzen** (seafloor spreading, Lava-Ausflüsse, untermeerische Gebirgszüge, heiße Quellen); **andere Plattengrenzen**, fast alles Transform-Verwerfungen (Erdbeben, raue Topographie).

Die Fossilien der ältesten Sedimente bestätigten eine kontinuierliche Bewegung des Meeresbodens für Millionen von Jahren.

chungen 1963 von Fred Vine und seinem Doktorvater Drummond Matthews beschrieben. Das Prinzip ist nicht schwer zu verstehen. Jeder Wanderer weiß, dass die Kompassnadel nach Norden zeigt. Die magnetischen Vorgänge im Innern der Erde können aber auch bewirken, dass sie zeitweise nach Süden zeigt. Von Zeit zu Zeit – auf geologischer Zeitskala – hat sich das Magnetfeld der Erde umgekehrt. Natürlich hat dies niemand gemerkt, außer vielleicht gewisse Zugvögel, da es zur Zeit der letzten Umkehrung des Magnetfeldes noch keine heutigen Menschen gab, schon gar nicht Menschen mit Kompass.

Trotzdem kann der Ablauf der Umkehrungen rekonstruiert werden. Wenn sich aus heißer Schmelze Basaltgestein bildet, halten eisenhaltige Kristalle das magnetische Feld der Umgebung fest. Wenn sich dieses Feld von Zeit zu Zeit umkehrt, wird die magnetische Erdgeschichte in der sich bewegenden basaltischen Kruste gespeichert, wie auf einem Magnetband. Die spiegelbildliche Symmetrie der Magnetfelder zeigt die gleichzeitige Bewegung nach beiden Seiten. Die heutige Orientierung (positiv nach Norden) heißt „normal" und die umgekehrte heißt „revers." Die seit 780.000 Jahren vorherrschende normale Orientierung definiert die „Brunhes magnetische Epoche"; vorher gab es die umgekehrte „Matuyama Epoche" und noch weiter zurück die „Gauss Epoche". Die magnetischen Abfolgen sind überall dieselben, so dass sie zur globalen Korrelierung von Basalten, aber auch Sedimenten mit magnetischer Signatur, geeignet sind. Da die magnetischen Muster typisch und kaum zu verwechseln sind, werden sie zur Altersangabe genutzt.

Die ältesten Sedimente, die auf dem basaltischen Untergrund aufliegen, können natürlich nicht älter sein als der Basalt. Man kann aber erwarten, dass sie das Alter des Basaltes anzeigen, auf dem sie aufliegen, falls keine Störungen vorliegen, also zum Beispiel Wegtransport oder Auflösung des Sediments durch aggressives Bodenwasser. Ein Test der neuen Theorie des Meeresbodenursprungs fand während der dritten Expedition des Bohrschiffs GLOMAR CHALLENGER statt, und zur völligen Zufriedenheit aller Beteiligten wurde die Theorie bestätigt. Die Fossilien der ältesten Sedimente, die im Kontakt mit Basalt in den verschiedenen Bohrlöchern waren, hatten das erwartete Alter und bestätigten zudem eine kontinuierliche Bewegung des Meeresbodens für Millionen von Jahren. Damit waren nun fast alle Zweifel ausgeräumt.

Diese Ergebnisse bestätigten die Annahme Wegeners zur Entstehung des Atlantischen Ozeans durch ein Aufreißen eines Urkontinents und ein Auseinandergehen der einzelnen Teile. Zudem erklärten sie die Ursache des Mittelatlanti-

vor 50 Millionen Jahren

heute

◁ **Vom Superkontinent Pangaea bis heute:** Unsere Erde verändert ständig ihr Gesicht. Unaufhaltsam verschieben sich die riesigen Platten der Erdkruste und verformen mit ihrer Bewegung ganze Kontinente und Ozeane.

schen Rückens. Die Entdeckung des Rückens, zunächst als „Schwelle" verharmlost, geht in das 19. Jahrhundert zurück. Während der grundlegenden Expedition der H.M.S. CHALLENGER (1873 – 1876) zeigten die Messungen, dass die Temperatur des Tiefenwassers im östlichen Teil des Atlantiks von der des westlichen Teils systematisch abwich. Man musste die Existenz einer Barriere annehmen. Später wurde durch akustische Echolotungen während der deutschen Meteor-Expedition (1925 – 1927) gezeigt, dass die „Schwelle" den ungezähmten Charakter einer schroffen Gebirgskette hat. Der Gebirgsrücken als Einheit, wenn auch nicht die Ausbildung im Einzelnen, hat jetzt dank der neuen Theorie eine einfache Erklärung. Da der geologisch junge basaltische Meeresboden noch warm ist und eine geringere Dichte hat als alte und kalte Plattenteile, schwimmt er auf dem weichen und heißen Mantel höher auf. Alter und Tiefe sind also eng verzahnt. Im Atlantik ist der jüngste Meeresboden genau in der Mitte des Ozeans, also liegen die älteren und damit tieferen Becken zwischen diesem Rücken und den Kontinenträndern.

Die Platten, die die Welt bedecken, sind teils riesig (Pazifische, Nordamerikanische, Eurasische, Afrikanische, Australische, Antarktische Platte) oder ziemlich klein (Scotia-, Karibische, Cocos Platte). Einige sind eher winzig (Bismarck-, Salomon, Marianen-Platte) und werden dann mit dem Namen „Mikroplatte" belegt. Die Begrenzungen der Platten sind von dreierlei Art: Divergenz (gelbe Linien auf der Karte), Konvergenz (rote Linien auf der Karte) und Transform (Horizontalverschiebung). Diese drei Möglichkeiten illustrieren die relativen Bewegungen der Platten – sie driften auseinander, bewegen sich aufeinander zu, oder sie reiben sich aneinander ohne viel Divergenz oder Konvergenz. Die bekannteste der Transform-Verwerfungen ist wohl die San Andreas Linie in Kalifornien, ein gefürchteter Erdbebenherd. Wesentlich größere Horizontalverschiebungen begrenzen die Indische Platte, deren Grenze zur Australischen Platte nicht gut definiert ist.

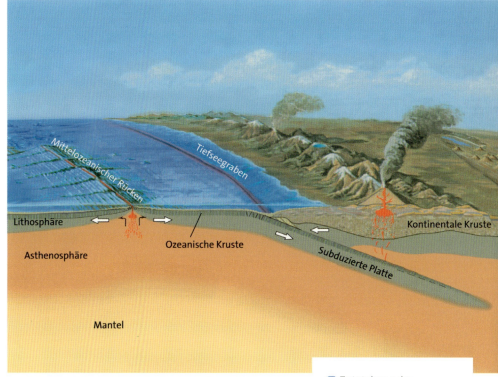

△ Entstehung des **mittelozeanischen Rückens** (durch „seafloor spreading" oder „Spreizung") und der Tiefseegräben (durch Subduktion), schematisch.

◁ **Aufnahme magnetischer Information** durch fortwährend neu gebildete basaltische Kruste am Mittelatlantischen Rücken, schematisch. Die Zone der Magnetisierung ist im Spreizungszentrum, wo heißes Magma austritt und die Magnetisierung zum Zeitpunkt der Abkühlung aufzeichnet. **Grün:** normal magnetisierter Basalt; **Rot:** invers magnetisiert.

◧ Ihre Greifarme werden zum verlängerten Arm, ihre Kameras zu den Augen der Wissenschaftler: Tauchroboter (ROVs – Remotely Operated Vehicles) arbeiten in bis zu 6.000 Metern Tiefe.

Unser Blick in die Tiefsee wäre ohne wissenschaftliche Hightech-Geräte nicht möglich. Mit bemannten Tauchbooten, ferngesteuerten und autonomen Unterwasserfahrzeugen erkunden Wissenschaftler heute die Meere.

Die Entwicklung der Technologie ist rasant vorangeschritten. Tauchroboter senden mit ihren Kameras Bilder in HD-Qualität aus Wassertiefen von bis zu 6.000 Metern. Mit ihren Greifarmen nehmen sie Proben am Meeresboden. Spezielle Messgeräte an Verankerungen zeichnen über lange Zeiträume Daten in den Tiefen des Ozeans auf. Gleiter übertragen Daten aus dem Meer via Satellit über tausende von Kilometern auf die heimischen Rechner der Wissenschaftler. Langzeitobservatorien in der Tiefsee werden ausgebaut, um noch mehr über Regionen zu erfahren, die nur schwer zugänglich sind.

„Alles, was ein Mensch sich heute vorstellen kann, werden andere Menschen einst verwirklichen", schrieb Jules Verne. Gerade Meeresforscher sind mit ihren Visionen unserer Zeit oft einen Schritt voraus. Um immer wieder neue Forschungsfragen lösen zu können, entwickeln sie hochspezialisierte Geräte, mit denen sie den Ozean nicht nur erkunden, sondern uns unseren Planeten manchmal auch so zeigen, wie wir ihn zuvor noch nie gesehen haben.

Hightech
in der Tiefsee

Ferngesteuert
durch die Tiefsee

Dr. Volker Ratmeyer

MARUM – Zentrum für Marine Umweltwissenschaften, Universität Bremen

» **Die Erforschung der Tiefsee gehört heute zu den technisch anspruchsvollsten Herausforderungen in der Wissenschaft.** Bis heute ist es erst ein einziges Mal gelungen, eine bemannte Tauchfahrt hinab an die tiefste Stelle der Ozeane durchzuführen: 1960 erreichten der Schweizer Tiefseepionier Jacques Piccard und der amerikanische Marineleutnant Don Walsh das Challenger-Tief, 10.910 Meter unter der Meeresoberfläche, im Marianengraben. Ihr Tauchfahrzeug – das Bathyscaph TRIESTE – war eine Stahlkugel mit Platz für zwei Personen und einem kleinen Fenster. An einem mit Tausenden Litern Dieseltreibstoff gefüllten, in einer Richtung angetriebenen Auftriebskörper befestigt, quasi ein Zeppelin der Tiefsee, musste die TRIESTE einem Druck von 1.170 bar, also dem 1.155-fachen des mittleren Luftdruckes in Meereshöhe standhalten.

Logistisch war diese Expedition zwar ein äußerst spektakuläres Unterfangen, der wissenschaftliche Wert war jedoch vergleichsweise gering. Piccard hatte allerdings bewiesen, dass mit der grundsätzlichen Konstruktion einer kugelförmigen Druckhülle und einem Auftriebskörper selbst die größten Tiefen erreicht werden können. Erstaunlich ist, dass sich an diesem Prinzip der bemannten Tiefsee-Tauchfahrt bis heute – über 50 Jahre später – nahezu nichts Grundsätzliches geändert hat. Heute gibt es Tauchboote wie das amerikanische ALVIN, die französische NAUTILE, die russischen MIR-Boote oder das jüngst in Dienst gestellte chinesische JIAOLONG, die ausgestattet sind mit einer kugelförmigen Druckhülle, druckfesten Fenstern, Licht, Kameras, Greifarmen und leistungsfähigen Propeller-Antrieben und in Tiefen bis immerhin 6.500 Meter vordringen können. Sie alle haben jedoch – wie Piccards Bathyscaph – einen entscheidenden Nachteil: Ihre Verbindung zur Oberfläche ist äußerst begrenzt. Einmal abgetaucht, sind sie isoliert von der Außenwelt. Die Versorgung mit Atemluft und Energie ist ebenso beschränkt wie die Kommunikation nach außen. In Tiefen jenseits von 1.000 Metern sind nur relativ kurze Tauchfahrten von maximal sechs bis acht Stunden mit höchstens drei Personen möglich. Und was die Besatzung auf ihrer Tauchfahrt durch die Tiefsee sieht, können andere Wissenschaftler erst sehen, wenn das Tauchboot längst wieder an der Oberfläche ist.

◀ Kurz vorm Abtauchen: Noch hängt das ferngesteuerte Unterwasserfahrzeug am Heckgalgen des Forschungsschiffes **METEOR**.

Für einige, klar definierte Spezialaufgaben reichen diese Möglichkeiten aus. In der modernen Tiefseeforschung stoßen wir mit derartigen Einschränkungen jedoch immer häufiger an Grenzen. Taucheinsätze von gerade mal sechs Stunden Bodenzeit sind oft nicht ausreichend, um umfangreiche Beprobungen oder aufwendige technische Installationen durchzuführen. Auch angesichts des enormen sicherheitstechnischen Aufwandes wird die bemannte Tiefseetauchfahrt zunehmend kritisch gesehen. Ein weiterer Aspekt ist, dass meist nicht bekannt ist, was genau die Forscher in der Tiefsee erwartet und es oft notwendig wird, kurzfristig Entscheidungen zur Fortführung der Untersuchungen oder der Arbeiten am Meeresboden zu treffen. Dies wurde erst mit ferngesteuerten unbemannten Tauchrobotern möglich, die den Wissenschaftlern an Bord des Forschungsschiffes live detaillierte Videobilder und Messdaten liefern.

So übernehmen ferngesteuerte, unbemannte Unterwasserfahrzeuge heute in der Tiefseeforschung vielfältige Arbeiten. Zeitlich unbegrenzt, mit ständiger Verbindung zum Trägerschiff, von jedem an Bord zu verfolgen und ohne Risiko für das Leben der Forscher, das jeder Einsatz eines bemannten Tauchbootes birgt. Ihre Greifarme werden zum verlängerten Arm, ihre Kameras zu den Augen der Wissenschaftler, die in einem Kontrollcontainer an Bord des Forschungsschiffes die Arbeiten am Meeresboden steuern. Diese sogenannten ROVs – die Abkürzung steht für die englische Bezeichnung Remotely Operated Vehicle – sind in der Offshore-Ölindustrie seit Jahren im Einsatz und werden ständig weiter entwickelt. Das MARUM-

▲ Bemannte Tauchboote: Die **TRIESTE** des Tiefseepioniers Jacques Piccard, das amerikanische **ALVIN** und die französische **NAUTILE**.

Heute fragt niemand mehr nach dem Mehrgewinn eines ROVs, werden doch ganze Projektanträge und internationale Kooperationen dank dieser Technologie erheblich erleichtert, wenn nicht sogar erst ermöglicht.

▲ Kompaktes System: Der 45 Tonnen schwere Tauchroboter passt in einen Container. Vor jedem Einsatz in der Tiefsee wird bis zur kleinsten Schraube jede Funktion überprüft.

QUEST 4000 des Zentrums für Marine Umweltwissenschaften der Universität Bremen (MARUM) ist eines der ersten industriell gebauten ROVs, das für den Forschungseinsatz in bis zu 4.000 Metern Wassertiefe an die Anforderungen der Wissenschaft angepasst wurde. Denn auch wenn die benötigten Basistechnologien derartiger Fahrzeuge in Industrie und Wissenschaft ähnlich sind, die Anforderungen aufgrund der verschiedenen Arbeitseinsätze sind sehr unterschiedlich. Wissenschaftliche Fahrzeuge wie das QUEST müssen in großer Tiefe hochgenau positionieren können, benötigen eine große Bandbreite an Kommunikationsschnittstellen für unterschiedlichste Datenübertragung und müssen ständig an verschiedene wissenschaftliche Aufgaben angepasst werden.

Um diesen Anforderungen gerecht zu werden, wurde QUEST als erstes sogenanntes „workclass"-ROV in der deutschen Meeresforschung speziell für den Einsatz auf den deutschen Forschungsschiffen konzipiert. Das mit 45 Tonnen Gesamtgewicht im Vergleich zur Industrieversion sehr kompakte System besteht aus dem in den USA hergestellten Fahrzeug, einer Winde mit 5.000 Meter Versorgungskabel, einem Kontrollcontainer mit Steuerstand, einem Aussetzrahmen und einem Werkstattcontainer. Lohnt sich dieser Aufwand? Ist es wirklich notwendig, derartige Installationen im Dienste der Wissenschaft auf Schiffen zu bewegen, ständig auf- und abzubauen, nur um in die Tiefsee zu gelangen? Ich erinnere mich noch genau an eine Sitzung des damaligen Bremer Sonderforschungsbereiches 261 im Jahre 2000, als mein Kollege Gerrit Meinecke und ich die Idee, ein leistungsfähiges ROV zu beantragen, vorstellten und mit der Frage konfrontiert wurden, was damit denn Neues geleistet werden könne.

Die Frage war berechtigt, aber auch nicht schwer zu beantworten. Denn unsere Arbeiten, also Messungen und Probennahmen in der Tiefsee, mussten wir bis zu diesem Zeitpunkt nahezu „blind" durchführen. Geräte und Messsonden wurden vom Schiff aus herabgelassen, ihre Daten später ausgewertet. Direkte Bilder von der Situation am Meeresboden wären für viele wissenschaftliche Fragestellungen hilfreich gewesen.

Ein persönliches Schlüsselerlebnis war deswegen der Einsatz einer ersten improvisierten Unterwasserkamera auf einer Expedition mit dem Forschungsschiff METEOR. Die Idee wurde geboren aus dem Wunsch, endlich einmal die Arbeit unserer Geräte am Meeresboden auf Bildern verfolgen zu können. Diese Kamera baute ich zusammen mit dem Schiffs-Elektroniker Ronnie Heygen an einen Multicorer (MUC), ein recht „dummes", aber effizientes Probennahmegerät, mit dem kurze Sedimentkerne vom Meeresboden gewonnen werden können. Unsere Kamera hatte einen zeitlichen Auslöser, musste also so programmiert werden, dass sie rechtzeitig mit Eintreffen des MUC am Meeresboden in über 5.000 Meter Wassertiefe einschaltete. Das war die erste große Herausforderung, die zweite stellte die absolute Dunkelheit in der Tiefsee dar. Wie konnten wir Licht ins Dunkel bringen? Welche Lampe würde dem hohen Wasserdruck standhalten?

Wir nahmen eine herkömmliche Halogenbirne aus einer Stehlampe, vergossen sie in Kunstharz und versorgten sie mit 24 Volt Batteriespannung. Als das Gerät dann Stunden später nach seinem Einsatz an Deck kam, war die Spannung groß. Tatsächlich hatte die Kamera die Beprobung gefilmt. Noch überraschender aber war der Informationsgewinn, zumindest für mein persönliches Verständnis der Tiefsee: An der Oberfläche der gewonnenen Sedimentkernen sahen wir schwammartige Organismen siedeln. Ohne weitere Informationen hätte man den Eindruck gewinnen können, der ganze Meeresboden sei an dieser Stelle mit Organismen übersät. Die Bilder der Kamera zeigten jedoch, dass lediglich der Zufall es wollte, dass das einzige bewachsene Fleckchen Meeresboden ausgerechnet vom MUC getroffen worden war. Ringsherum waren im gesamten Blickfeld der Kamera keine Organismen zu sehen.

Im Umkehrschluss zeigt dies, wie intensiv Meeresforscher suchen müssen, um tatsächlich die Stellen am Meeresboden der Tiefsee zu finden, an denen wissenschaftlich interessante Besonderheiten auftreten. Immer mehr Schlüsselfragen in der Meeresforschung konzentrieren sich heute auf derartige „Hot Spots" – seien es Gasaustritte, hydrothermale Quellen, Erzablagerungen oder spezielle Organismengesellschaften. Diese zu finden oder zu beproben, sie in ihrer natürlichen Umgebung unter in-situ Bedingungen zu beobachten und zu verstehen, erfordert den Einsatz von Hochtechnologie, allen voran ferngesteuerte Fahrzeuge mit Kameras, Scheinwerfern, Greifarmen und Sensoren. Heute, mehr als zehn Jahre nach besagter Sitzung, fragt niemand mehr nach dem Mehrgewinn eines ROVs, werden doch ganze Projektanträge und internationale Kooperationen dank dieser Technologie erheblich erleichtert, wenn nicht sogar erst ermöglicht.

Das QUEST haben wir nach sehr verschiedenen Gesichtspunkten ausgewählt. Vor allem Gespräche mit dem kalifornischen Institut MBARI, das international Pionierarbeit in der wissenschaftlichen Erschließung der Tiefsee mit den ROVs VENTANA und TIBURON leistete, waren äußerst hilfreich, um die Anforderungen an ein deutsches Tiefsee ROV festzulegen. Maßgeblich waren neben der technischen Ausstattung des Fahrzeugs auch die Planung der notwendigen Peripherie, also das Versorgungskabel, die Winde, der Kontrollstand und logistische Notwendigkeiten wie die Verfügbarkeit von Ersatzteilen. Wichtig war auch, die technischen Möglichkeiten der deutschen Forschungsschiffe zu berücksichtigen, und ohne aufwändige und kostspielige Umbauten ein Tiefsee-ROV auf Schiffen wie METEOR, POLARSTERN oder SONNE einsetzen zu können, denn zunächst waren sie nicht für den Einsatz von kabelgestützten Tiefseefahrzeugen konzipiert worden.

Auf seinem Weg in die Tiefe: Ein 5.000 Meter langes Kabel versorgt das **QUEST** während des Einsatzes mit Energie.

Das „Gehirn" des **QUEST-Systems:** der Kontrollcontainer mit allen Steuereinheiten. Zwei Piloten „fliegen" den Roboter durch die Tiefsee. Auf den Monitoren laufen die Bilder, die die Kameras während des Einsatzes live senden.

> Während der Arbeiten in der Tiefsee ist ständig eine „Live-Schaltung" zum Meeresboden möglich, die auf dem gesamten Schiff verteilt wird und allen Wissenschaftlern an Bord die Teilnahme am Tauchgang ermöglicht.

Heute, acht Jahre nach der Inbetriebnahme im Jahre 2003, hat sich das QUEST als sehr erfolgreiches Werkzeug der internationalen Tiefseeforschung einen Namen gemacht, mit über 300 Tauchgängen auf über 25 Expeditionen an Bord aller großen deutschen Forschungsschiffe. Neben der Beprobung heißer Tiefseequellen am mittelatlantischen Rücken wurden Gasquellen im Schwarzen Meer, Tiefseekorallen vor Irland oder elementare Schwefelaustritte vor Papua Neu-Guinea bearbeitet, um nur einige Beispiele zu nennen. Auch technische Aufgaben wie die Bergung schwerer Geräte, zum Beispiel Temperaturlanzen, Massenspektrometer oder Seismometer, gehören ebenso zum regelmäßigen Aufgabenspektrum wie die Installation von Unterwasser-Observatorien und autonomen Messgeräten am Meeresboden.

Ein derartig vielfältiges Aufgabenspektrum kann nur mit einer ganzen Vielfalt von Technologien realisiert werden, die auf der Plattform ROV vereint sind. So ist QUEST mit einem hochmodernen elektrischen Antrieb ausgestattet, der auf über 3.000 Volt Versorgungsspannung basiert. Neben der Hochspannungstechnik beinhaltet das System hydraulische Pumpen und Aktuatoren, akustische Sonare und Navigationseinheiten, Glasfasertechnik zur Hochgeschwindigkeits-Datenübertragung, verschiedenste Kamera- und Videosysteme und natürlich die entsprechenden Kontrolleinrichtungen wie Pilotenkonsolen und wissenschaftliche Datenschnittstellen an Bord des jeweiligen Forschungsschiffes. So ist während der Arbeiten in der Tiefsee ständig eine „Live-Schaltung" zum Meeresboden möglich, die auf dem gesamten Schiff verteilt wird und allen Wissenschaftlern an Bord die Teilnahme am Tauchgang ermöglicht. Theoretisch ist der Dauereinsatz am Meeresboden kein Problem, praktisch hat sich jedoch ein täglich 12-stündiger Einsatz bewährt, da natürlich auch Proben geborgen und im Labor weiterversorgt werden müssen.

Mit der wachsenden Zahl der Projekte und Fragestellungen, für die ROVs wie das QUEST herangezogen werden, wachsen auch die Anforderungen an die zukünftige Weiterentwicklung. So wird heute überlegt, wie Wissenschaftler auch ohne die direkte Teilnahme an einer Expedition die Tauchgänge „live" verfolgen können. Das Stichwort „Telepräsenz" mit interaktiver Videodatenübertragung aus der Tiefsee beschreibt die Möglichkeiten heutiger Satellitenübertragungen, wie sie zum Beispiel jüngst bei der Deep-Water-Horizon Katastrophe im Golf von Mexiko zum Einsatz kamen. Denkbar ist im wissenschaftlichen Einsatz die Teilnahme einer viel größeren Forschergemeinde als bisher zur unmittelbaren Interpretation der beobachteten Ergebnisse, ohne auf die oft langwierige Rückkehr von Proben und Bildern nach Expeditionsende warten zu müssen. Aber auch die Verbindung der Technologien von ROVs mit denen der AUVs (Autonomous Underwater Vehicles) ist ein Weg, um noch effizienter sowohl großflächig als auch kleinräumig, oder gar mehrere Kilometer weit unter den polaren Eisschilden, arbeiten zu können.

Sicher ist, der Zugriff auf die Tiefsee hat aus wissenschaftlicher Sicht eigentlich gerade erst begonnen, ihre Erforschung, aber auch ihre Nutzung, kommt ohne Fahrzeuge wie ROVs und AUVs nicht mehr aus. Beide werden auch zukünftig in großem Maße von der Entwicklung neuer, innovativer Technologien bestimmt werden.

▸ Arbeit am Meeresboden: In bis zu 4.000 Metern Wassertiefe kann der Tauchroboter Proben nehmen, Messungen durchführen, Geräte bergen oder absetzen. Jede kleinste Bewegung wird von Bord des Forschungsschiffes aus gesteuert.

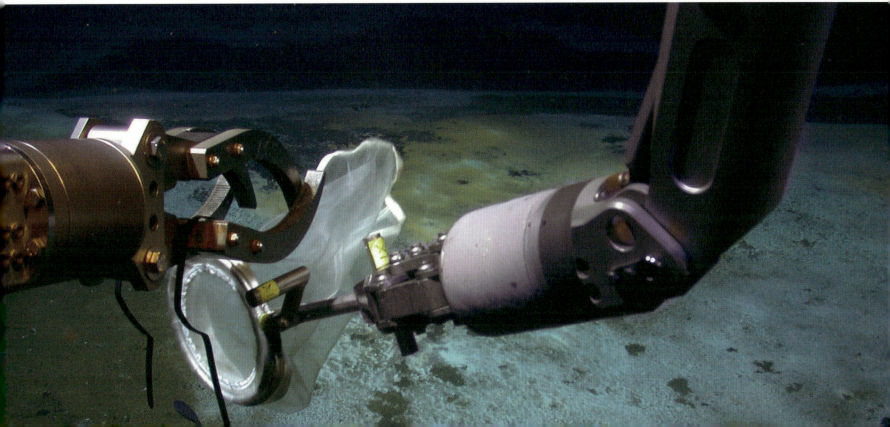

Autonom
aber noch nicht intelligent

Dr. Gerrit Meinecke
MARUM – Zentrum für Marine Umweltwissenschaften, Universität Bremen

Expedition mit dem Forschungsschiff **METEOR** im Schwarzen Meer vor der Küste Georgiens: Das autonome Unterwasserfahrzeug **SEAL** wird auf seine Mission geschickt.

» Auf Expedition im Schwarzen Meer. Letzter „Pre-Dive-Check" vor dem Tauchgang für das autonome Unterwasserfahrzeug MARUM-SEAL. Keine Fehlermeldung. Die Mission kann beginnen. SEAL, in Kanada gebaut und am Zentrum für Marine Umweltwissenschaften (MARUM) im operationellen Hochsee-Einsatz, wird per Kran ausgesetzt. Anspannung in den Gesichtern der Wissenschaftler. Die Crew trennt das 1.350 Kilo schwere Gerät vom Haken. SEAL liegt frei im Ozean – ohne Kabelverbindung zum Schiff. Noch ragt es mit sieben Kilo Restauftrieb etwa fünf Zentimeter aus den Wellen. Per Funkverbindung wird der aktuelle Status geprüft. Alles Okay. Das AUV fährt zu seinem Abtauchpunkt und verschwindet in der Tiefe.

Jetzt kann die Crew nur noch warten. Nach eineinhalb Stunden hat SEAL eine Wassertiefe von über 2.000 Metern erreicht. Bei 100 Metern über Grund geht es mit einer Geschwindigkeit von drei Knoten – das sind 1,5 Meter pro Sekunde – auf seine eigentliche Mission: die Kartierung eines Schlammvulkans. Mit seinem akustischen Fächerecholot tastet das AUV 40 Meter über Grund den Meeresboden ab. Der Morphologie folgend zieht es Bahn für Bahn, im Abstand von jeweils 100 Metern. Nach sieben Stunden sind 50 Kilometer Strecke abgefahren. Der Schlammvulkan ist kartiert und SEAL steigt auf. Die AUV-Crew macht sich gemeinsam mit der Schiffsbesatzung an die Bergung des 5,5 Meter langen Unterwasserfahrzeugs. Langsam wird das AUV an die Schiffsseite geholt und in den Kran eingehängt. Der Kran hievt und SEAL geht wohlbehalten an Deck. Ein schneller Blick auf die Datenaufzeichnung bestätigt: Ja, das Fächerecholot hat super aufgezeichnet. Die Wissenschaftler sind zufrieden. Das Ergebnis: eine sehr genaue Bodenkarte des Schlammvulkans. Sie wird auf dieser Expedition für den nächsten Tauchgang des ferngesteuerten Tauchroboters benötigt, um an den Gasaustritten gezielt Proben nehmen zu können.

Wollen wir uns ein Bild von der Situation in unserem Arbeitsgebiet machen, Proben nehmen und Geräte am Meeresboden absetzen, leisten ferngesteuerte, unbemannte Unterwasserfahrzeuge, die sogenannten ROVs, hervorragende Arbeit. Sie brauchen aber immer ein Versorgungskabel, das sie mit dem Forschungsschiff verbindet. Und Kabel, das wird vermutlich jeder aus seinem täglichen Leben im Umgang mit kabelgebundenen Geräten kennen, können manchmal sehr hinderlich sein, man muss sie hinter sich herziehen, sie sind ständig zu kurz oder verheddern sich. Im Meer bildet ein 5.000 Meter langes Kabel, zusammen mit der großen Frontfläche eines ROVs, einen enorm hohen Wasserwiderstand. ROV und Versorgungsschiff kommen daher nur in Schrittgeschwindigkeit voran – kein Problem bei Arbeiten an klar definierten Punkten am Meeresboden. Die müssen jedoch erst einmal gefunden werden. Sollen längere Strecken abgefahren werden, die Umgebung mit akustischen Sonaren erfasst, also eine sogenannte bathymetrische Kartierung durchgeführt werden, kommen die AUVs zum Einsatz. Im Unterschied zu einem ROV muss das AUV während seiner Tauchfahrt alleine klarkommen. Für die jeweilige wissenschaftliche Mission wird es vorher programmiert und braucht natürlich ausreichend Energie – heute üblicherweise leistungsstarke Lithium-Ionen Batterien.

Weitere notwendige Komponenten auf einem AUV sind der elektrische Antrieb, die Steuerflächen und der eigentliche Fahrzeug-Computer, der die gesamte Ablaufsteuerung übernimmt. Alle Komponenten müssen druck- und wasserdicht verpackt werden, das heißt sie werden entweder in einer massiven Druckhülle eingebaut, in der nur der normale Atmosphärendruck herrscht, oder sie sind in mehreren separaten Druckgehäusen untergebracht. Als Besonderheit können auch Komponenten in druckkompensierten, ölgefüllten Gehäusen eingebaut sein, hier herrscht jedoch immer Umgebungsdruck, so dass die elektronischen Bauteile absolut druckfest sein müssen, um in großer Tiefe zu arbeiten.

Damit ein AUV eigenständig fahren kann, bedarf es einer Reihe weiterer Sensoren: Druckmesser für die Tiefe, akustischer Dopplerlog für die Geschwindigkeit über Grund, Altimeter für die Höhe über Grund, Sonar für die Hindernis-Erkennung vor dem AUV sowie diverse Antennen für Satelliten-Kommunikation und den Empfang von GPS-Positionen. Der wichtigste Fahrzeug-Sensor ist jedoch der Kompass, der in modernen AUVs aus einem sogenannten Inertialen Navigations-System (INS) besteht. Dieser komplizierte Sensor besteht aus Ringlasern oder faseroptischen Spulen und Beschleunigungssensoren für alle drei Bewegungsachsen, also vorwärts, seitwärts und in die Tiefe. In seiner Arbeitsweise ist dieser Sensor mit dem Navigationssystem von Flugzeugen vergleichbar: Das AUV „spürt", wie es sich unter Wasser bewegt, dreht, auf- und absteigt. Ein entscheidender Nachteil gegenüber der Flugzeugnavigation besteht allerdings darin, dass unter Wasser keine GPS Positionen empfangen werden können, sondern nur an der Wasseroberfläche. Das AUV nimmt deshalb beim Abtauchen die letzte gültige GPS-Position mit und berechnet während des Tauchgangs fortwährend seine eigene Position neu, immer wieder zurückrechnend auf den Ausgangswert, basierend auf den Bewegungen, die das INS extrem feinfühlig registriert.

Entwickelt wurden die AUVs für den wissenschaftlichen Einsatz aus dem Wunsch nach einem Streckenfahrzeug, das nicht an ein Versorgungsschiff gebunden ist. Vergleichbare Geräte gab es eigentlich schon lange: stromlinienförmige Torpedos mit allerdings ausschließlich militärischer Nutzung. Bei der Entwicklung der AUVs wurde die Torpedoform übernommen und zunächst eine einfache wissenschaftliche Nutzlast eingebaut, beispielsweise ein CTD-Sensor, der ozeanographische Messwerte wie Temperatur, Leitfähigkeit des Wassers und Wasserdruck während der gesamten Fahrtzeit aufzeichnet. Der wissenschaftliche Anspruch an die Fahrzeuge stieg schnell und komplett neue Entwicklungen wurden notwendig.

Wie funktioniert ein AUV-Tauchgang genau? Einfach abtauchen und selbständig die Tiefsee erkunden ist nicht möglich. Die Fahrzeuge sind zwar autonom, aber noch nicht intelligent. Auf unerwartete Situationen können sie nicht eigenständig, sondern nur vorprogrammiert reagieren. Das Fahrzeug wird auf eine Mission geschickt, die zuvor exakt definiert wurde. Jedes Profil, das ein AUV abarbeiten soll, besteht aus einzelnen Wegstrecken mit klar definierten Koordinaten, Wassertiefen, der Höhe über Grund und einer Geschwindigkeit, die das AUV unter Wasser fahren soll. Es gibt

Der Einsatz eines autonomen Unterwasserfahrzeugs ist immer sehr aufwändig. Nach sieben Stunden in der Tiefsee steht SEAL dann wieder sicher an Bord und wird gewartet (l.). Seine Mission hat das „Gerät" erfolgreich erfüllt, alle Daten wurden aufgezeichnet.

Hightech in der Tiefsee

▶ Weltweit erster Einsatz unter Eis: Nach erfolgreicher Mission in der Arktis musste das **AUV BLUEFIN** des Alfred-Wegener-Instituts mit dem Helikopter geborgen werden. Es kann eine Tauchtiefe von 3.000 Metern erreichen. Das Hauptarbeitsgebiet des **ABYSS** vom Kieler GEOMAR liegt in Tiefen von 2.000 und 6.000 Metern.

gibt Es gibt eine realistisch angenommen Zeitdauer, die es dafür braucht und einen Sicherheitsaufschlag. Wird diese Zeit überschritten, führt das zu einer Fehlermeldung. Standard-AUVs sind aber nicht fehlertolerant, da sie sehr selten über eine intelligente Steuerung verfügen. Ein ROV kann im laufenden Betrieb einen Fehler aufweisen. Der Pilot sieht die Warnmeldungen auf seinen Kontrollkonsolen, wägt das Risiko ab und reagiert entsprechend. Ein AUV funktioniert, oder es funktioniert nicht. Auf dem Kontroll-Rechner von SEAL liegt eine Tabelle mit möglichen Fehlern und vorgegebenen Reaktionen. Tritt innerhalb einer Mission ein Fehler auf, reagiert das AUV entsprechend der Tabelle: Es kann Fehler ignorieren, seine Mission abbrechen und langsam Kreise ziehend nach oben kommen, alles ausschalten und nach oben treiben, oder ein Notabwurfgewicht abwerfen und rasant nach oben schießen.

SEAL hat seit seiner Inbetriebnahme im Jahr 2007 über 45 Tauchgänge absolviert und eine Gesamtstrecke von 600 Kilometern zurückgelegt. Das entspricht einer Tauchzeit von ca. 175 Stunden. In Deutschland stehen mit dem ABYSS am GEOMAR|Helmholtz-Zentrum für Ozeanforschung Kiel und dem BLUEFIN am Alfred-Wegener-Institut für Polar- und Meeresforschung zwei weitere wissenschaftlich genutzte AUVs zur Verfügung. Weltweit arbeiten viele Wissenschaftler an der Weiterentwicklung dieser Geräteklasse, denn AUVs sollen länger und zuverlässiger arbeiten können. Viele Beteiligte teilen dabei eine große Herausforderung mit anderen Robotik-Experten: Wie bringe ich der Technik intelligente Handlungsweisen bei?

Gleiter
Eine Vision wird Wirklichkeit

Dr. Gerd Krahmann

GEOMAR | Helmholtz-Zentrum für Ozeanforschung Kiel

>> Ende der achtziger Jahre beschrieb einer der großen Ozeanographen, Henry Stommel, in einem Aufsatz seine Vision für das Jahr 2021: Hunderte ozeanographische Geräte fahren, oder besser „fliegen", autonom durch die Weltmeere und messen selbstständig Temperaturen, Salzgehalte und andere Parameter. Ozeanographen müssen nicht mehr selber die Meere befahren, sondern steuern die Geräte zu den Stellen, an denen sie neue Messwerte sammeln wollen. Heute, nur 20 Jahre später, ist diese Vision fast in Erfüllung gegangen.

Es sind zwar erst einige dutzend Geräte, die auf Beobachtungsmissionen in die Ozeane geschickt werden, aber die Beschreibung Henry Stommels war erstaunlich genau: Einsatzzeiten bis zu einem Jahr, Laufstrecken von mehreren tausend Kilometern, Datenübertragung via Satellit, Tauchtiefen bis zu mehreren tausend Metern, Messungen diverser ozeanographischer Parameter und das Ganze angetrieben durch eine Batterie oder sogar durch die Temperaturunterschiede im Ozean selber. Ein Zufall? Nein, denn vorausschauende Mitglieder der Forschungseinheit der amerikanischen Marine gaben 1995 den Auftrag an Firmen und Forschungseinrichtungen, Geräte nach Henry Stommels Vision zu entwickeln.

Heute sind wir Ozeanographen deshalb in der glücklichen Lage, zwischen drei Herstellern von autonomen Gleitern, so werden die Geräte heute genannt, entsprechend unserer Bedürfnisse zu wählen.

Das Grundprinzip aller autonomen Gleiter ist dasselbe. Sie bestehen aus einem etwa 1,5 Meter langen, druckfesten Gehäuse, je nach Modell einsetzbar in bis zu 1.500 Metern Wassertiefe. Außer der Batterie sind Sensoren sowie die Elektronik für Steuerung, Sensorik, Datenaufzeichnung, und Kommunikation eingebaut. Durch eine Hochdruckpumpe kann der Gleiter Öl von einem Reservoir im Inneren seines Druckgehäuses in ein äußeres Reservoir und wieder zurück verlagern. Dadurch ist der Gleiter in der Lage, sein Volumen zu vergrößern und zu verkleinern. Sein Gewicht bleibt dabei immer konstant. Dies bewirkt eine Dichteänderung des Gerätes, die bei korrekter Justierung des Gesamtgewichtes dazu führt, dass der Gleiter entweder weniger dicht ist als das umgebende Wasser (Öl im äußeren Reservoir) und er aufsteigt, oder, dass er dichter ist als das umgebende Wasser (Öl im inneren Reservoir) und er absinkt. Wie ein Papierflugzeug gleitet er dann ohne weiteren Antrieb auf zwei kleinen Flügeln ab – und, da er schräg im Wasser steht, gleichzeitig auch vorwärts. Im Unterschied zu einem Papierflugzeug kann er aber selbstständig wieder aufsteigen und somit in einem Sägezahnmuster die Meere durchfahren. Im Mittel verbraucht der Gleiter während seines Einsatzes lediglich die Energie, die eine Fahrradglühbirne benötigt. Mit nur einer Batterieladung kann

△ Auf hoher See wird der Gleiter vom Zodiac aus auf seine Reise geschickt. Mehrere tausend Kilometer legt er in einer Zickzack-Tauchbewegung zurück. Dabei sinkt er auf 1.500 Meter ab, steigt wieder auf und sendet die gesammelten Daten auf die Rechner der Wissenschaftler.

Warten auf den Einsatz: Zwei Gleiter auf dem Arbeitstisch im Labor des Forschungsschiffes METEOR sind startklar für ihre Mission.

er über Zeiträume von bis zu einem Jahr den Ozean vermessen.

Waren Gleiter vor zehn Jahren noch schwierig zu handhabende Einzelstücke, so konnten seitdem die meisten Kinderkrankheiten ausgemerzt werden und die Einsätze wandelten sich von reinen Tests zu regulären Auslegungen mit wissenschaftlichen Zielsetzungen. Bei den Anwendungen der Gleiter kristallisieren sich verschiedene Schwerpunkte heraus: Monitoring-Einsätze befreien Ozeanographen von zeitraubenden Messungen an immer wieder denselben, zum Teil unwirtlichen Orten. Einzelne Gleiter können, mit unterschiedlichsten Sensoren bestückt, als kleines und preiswertes Ersatzforschungsschiff eingesetzt werden. Ganze Schwärme von Gleitern werden in begrenzten Seegebieten ausgelegt, um ozeanographisch interessante Aspekte sowohl räumlich als auch zeitlich besser zu vermessen als es ein einzelnes Forschungsschiff jemals könnte.

Neuerdings werden Gleiter auch zur Datenübertragung benutzt, wobei sie mittels Unterwasserschall in der Tiefsee verankerte Geräte auslesen und deren Daten dann an der Oberfläche per Satellitenkommunikation an die Landstation übertragen.

In unserem Institut nutzen wir insbesondere den Einsatz von Gleiterschwärmen, um die räumlich und zeitlich begrenzten Messungen mit Forschungsschiffen zu ergänzen. In den Jahren 2010 und 2011 wurden zwei Schwärme mit vier und sieben Gleitern ausgelegt. Sie vermaßen jeweils ein 40 mal 40 Kilometer großes Gebiet nahe den Kapverdischen Inseln bzw. eine 3.500 mal 500 Kilometer große Zone im äquatorialen Atlantik. Diese sehr unterschiedlich großen Gebiete lassen schon erahnen, dass die Zielsetzungen der beiden Schwärme verschieden waren. Im ersten Schwarm wurde die Verteilung von Temperatur, Salzgehalt, in Wasser gelöstem Sauerstoff, Chlorophyll und die Trübung über zwei Monate hinweg beobachtet. Dabei interessierte uns vor allem, wie ausgedehnt kleine Veränderungen dieser Parameter sind, und wie sie untereinander und mit externen Einflüssen wie

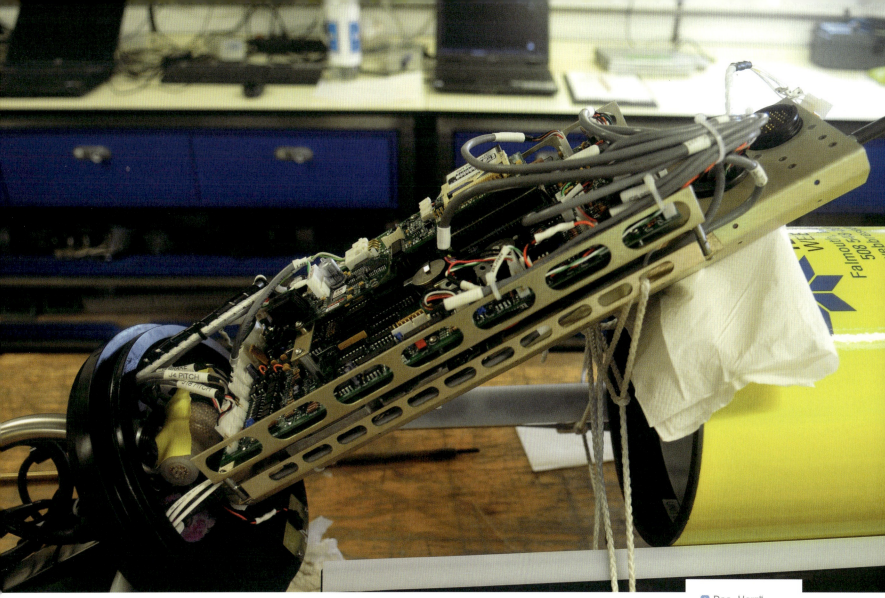

▲ Das „Herz" eines Gleiters: Die hochspezialisierte Elektronik dieser Geräte wurde in den letzten Jahren rasant weiterentwickelt.

Windgeschwindigkeit und Staubeintrag von der Sahara in Zusammenhang stehen.

Der zweite Schwarm diente der Ergänzung von Messungen, die vom Forschungsschiff MARIA S. MERIAN aus gemacht wurden. Neben den vielfältigen Möglichkeiten, die ein modernes Forschungsschiff bietet, sind Schiffsmessungen doch immer auf dessen direkte Umgebung beschränkt. Will man hingegen die großräumige Verteilung von ozeanographischen Größen und ihre zeitliche Veränderung beobachten, so ist man auf zusätzliche Messplattformen wie die autonomen Gleiter angewiesen.

Über die zwei Monate dauernde Auslegung im östlichen äquatorialen Atlantik konnte mit dem Schwarm beobachtet werden, wie sich das oberflächennahe Wasser innerhalb von nur wenigen Wochen um bis zu 6°C abkühlte. Diese großräumige Abkühlung, die durch eine jahreszeitlich bedingte Verstärkung der Winde hervorgerufen wird, variiert von Jahr zu Jahr und beeinflusst den Beginn des Westafrikanischen Monsuns sowie die Regenmenge im nahen Afrika. Ein besseres Verständnis der involvierten Prozesse, zu dem die Messungen mit dem Gleiterschwarm beitragen, könnte es ermöglichen, Vorhersagemodelle zu verbessern und zum Beispiel die jährliche Abkühlung nahe des Äquators und damit dann auch die Regenfälle in Afrika besser vorherzusagen.

Auch wenn autonome Gleiter in den letzten Jahren enorme Fortschritte hinsichtlich ihrer Zuverlässigkeit und der Methodik ihrer Anwendungen gemacht haben, so stehen wir doch noch am Anfang ihrer Karriere in der ozeanographischen Forschung und Beobachtung. Mit jedem Jahr wird die Zahl der einbaubaren Sensoren größer, die Einsatzdauer länger und die Anwendungen vielfältiger. Wir können daher gespannt sein, zu welchen neuen Erkenntnissen diese immer noch neuartigen Geräte und Messungen führen werden. In jedem Fall sind wir auf dem besten Wege, Henry Stommels Vision für das Jahr 2021 zu verwirklichen: Weltmeere, die permanent durch hunderte autonome Gleiter beobachtet werden.

«

In allen Tiefen Daten und Proben sammeln

Dr. Peter Linke

GEOMAR | Helmholtz-Zentrum für Ozeanforschung Kiel

» **Unser Verständnis der physikalischen, chemischen, geologischen und biologischen Prozesse im Meer hat sich im Laufe allein meiner persönlichen Laufbahn als Meeresforscher grundsätzlich gewandelt.** In den achtziger Jahren, zur Zeit meines Studiums der Meeresbiologie, wurde die Tiefsee noch als öde und lebensfeindlich angesehen. Der zunehmende Einsatz moderner Techniken erlaubt dem Menschen einen immer direkteren Zugang zu diesem noch weitgehend unerschlossenen Lebensraum.

Fest verankert

Neben wissenschaftlichen Tauchbooten und Robotern setzen wir sogenannte Lander und Verankerungen für Experimente und Langzeitbeobachtungen in der Tiefsee ein. Gegenüber den aktiv steuerbaren Unterwasserfahrzeugen werden diese Geräte eher stationär betrieben, das heißt durch Gewichte an einem Ort am Meeresboden für eine Zeitlang fixiert oder „verankert", wie wir Meeresforscher sagen. Durch die Länge des Einsatzes ermöglichen Lander und Verankerungen die Erfassung von Zeitserien, die uns Einblicke in die Steuerparameter der verschiedenen Prozesse im Ozean geben.

Die Länge des Einsatzes wird von einer ganzen Reihe von Faktoren bestimmt: Der Verfügbarkeit von Forschungsschiffen zur Bergung der Geräte sowie dem Energieverbrauch, dem verfügbaren Datenspeicher und dem Vorrat von Sammelgefäßen der eingesetzten Geräte. In der Regel wird daher versucht, diese Faktoren optimal aufeinander abzustimmen, denn die teuren Geräte sollen nicht länger als unbedingt nötig der Korrosion und dem Bewuchs im Meerwasser ausgesetzt werden. Deswegen legen wir die zeitliche Auflösung der Messreihen und der Probengewinnung vor dem Einsatz exakt fest und programmieren die Geräte entsprechend. Sind die gewünschten Daten aufgezeichnet und die Proben gesammelt, müssen Lander und Verankerungen natürlich wieder auftauchen. Für die sichere Bergung nach dem Einsatz verfügen sie in der Regel über Auftriebskörper, zum Beispiel druckfeste Glaskugeln oder Hartschaum, sowie akustische Auslöser, die zeitgesteuert oder nach Empfang eines bestimmten Signals von der Oberfläche einen Getriebemotor betätigen, oder durch Anlegen elektrischer Spannung einen Schmelzdraht korrodieren lassen. Dieser Mechanismus löst die Verbindung zwischen Gerät und Gewicht und Lander oder Verankerung können wieder zur Meeresoberfläche aufsteigen. Das Gewicht bleibt am Boden zurück, während die aufgeschwommenen Geräte von der Schiffsbesatzung geborgen werden.

Eine Verankerung besteht aus einer ganzen Reihe wissenschaftlicher Geräte, die mit Auftrieb versehen und durch lange Leinen untereinander verbunden, quasi in der Wassersäule schweben. Meist werden die einzelnen Geräte erst unmittelbar beim Einsatz, also der Auslegung, mit den Leinen verbunden und bei der Bergung wieder voneinander gelöst. Die Auswahl der verankerten Geräte und der zu messenden Parameter wird von der wissenschaftlichen Mission bestimmt. Physikalische Verankerungen tragen Sensoren zur Charakterisierung der verschiedenen Wassermassen. Sie messen Leitfähigkeit, Temperatur, Druck sowie Strömungsrichtung und Geschwindigkeit. Durch

○ Einholen einer Verankerung an Bord des Forschungsschiffes METEOR. Über mehrere Monate haben die installierten Geräte in unterschiedlichen Wassertiefen Daten aufgezeichnet. Die Kopfboje dient dem Auffinden der Verankerung.

△ Bergung eines **Landers** bei stürmischer See. Gelbe und orangene Auftriebskörper sowie Messinstrumente sind bei dieser Art Gerät in einem Gestell aus seewasserbeständigem Aluminium, Edelstahl oder Titan integriert.

die Weiterentwicklung der Sensorik – höhere Empfindlichkeit, niedrigerer Energieverbrauch, größere Langzeitstabilität – werden auch optische und chemische Sensoren, zum Beispiel zur Messung von Trübstoffen, Chlorophyll, Sauerstoff und anderen im Meerwasser gelösten Gasen, eingesetzt. Parallel dazu können in großen Trichtern oder Röhren – den sogenannten Sinkstofffallen – Proben von absinkenden Partikeln wie Algen oder kleine Meeresorganismen gesammelt werden. Andere Verankerungen beherbergen auch biologische Experimente, für die Köder mit Fallen ausgelegt werden, um etwa Räuber-Beute Beziehungen zu erfassen.

Wie auch immer ausgestattet, die meisten Verankerungen besitzen eine Kopfboje, die dem Auffinden der Verankerung dient. Diese kann sich während der Verankerungszeit unter oder an der Meeresoberfläche befinden. So kann die Kopfboje zur Datenübertragung per Satellit genutzt werden. Große Bojen tragen oft auch Systeme zur Energiegewinnung, etwa Solarzellen, Wind- oder gar Dieselgeneratoren. Derartige Bojen, oder die langgestreckte Variante namens Spieren haben oft eigene Sensoren bis zur kompletten Wetterstation. Moderne Verankerungen benutzen kaum noch Leinen zwischen den Komponenten, dort werden die Daten akustisch oder induktiv über einen Draht zur Kopfboje übertragen, die diese Daten sammelt und per Satellit zum Empfänger überträgt. Die neuesten Entwicklungen schließen auch mobile Komponenten ein, etwa Sonden, die am Draht auf und ab steigen.

Raumfähren der Tiefsee

Gegenüber den Verankerungen sind Lander die Raumfähren der Tiefsee. Im freien Fall sinken sie von der Meeresoberfläche ab, oder werden kurz über dem Meeresboden akustisch vom Schiffsdraht abgekoppelt, um dann auf dem Meeresboden zu landen. Für eine „weiche" und gezielte Landung, die möglichst kein feines Sediment aufwirbelt, werden auch Absetzvorrichtungen genutzt, die per Videoverbindung online vom Schiff steuerbar sind. In der Regel sind die Lander von der Bauform kompakter als die Verankerungen in der Wassersäule. Auftriebskörper und wissenschaftliche Nutzlast werden in einem Gestell aus seewasserbeständigem Aluminium, Edelstahl oder Titan integriert. Der Lander steht auch meist auf den Gewichten, die ihn am Boden verankern. Bauform und Ausstattung der Lander richten sich nach der wissenschaftlichen Mission des Einsatzes sowie der Größe der Forschungsschiffe, die zur Verfügung stehen.

Wie bei den Verankerungen tragen die Lander eine Reihe verschiedenster Sensoren und Sammelvorrichtungen, die jedoch auf die Untersuchung bodennaher Prozesse, oder Messungen im Meeresboden abgestimmt sind. Bauform und Eigengewicht des Landers ermöglichen auch den Einsatz von Motoren, um Proben vom Meeresboden zu gewinnen, oder Messgeräte in den Meeresboden einzufahren. Neben einer guten Landung ist dabei aber auch der Effekt des Landers selbst auf den Messvorgang zu berücksichtigen. Dies gilt besonders bei Messungen des bodennahen Strömungsregimes und seismischen Aktivitäten. Die Einsatzziele der Lander sind, wie die der Verankerungen, vielfältig. Sie reichen von geophysikalischen Messungen zur Registrierung seismischer Aktivitäten bis hin zu biologischen Experimenten am Meeresboden. Zeitrafferaufnahmen dokumentieren zum Beispiel das Schicksal von Nahrungspulsen (sedimentierte Planktonblüten, große Fisch- oder Walkadaver) oder die Besiedlung von Hartsubstraten am Meeresboden.

Von besonderer Bedeutung für den Einsatz von Landern ist die Erfassung von Stoffflüssen in der bodennahen Grenzschicht, wie zum Beispiel des Sauerstoffverbrauchs der Sedimente und ihrer Bewohner über die Zeit. Dies erfolgt entweder mit Hilfe von Messkammern, die langsam in den Meeresboden eingefahren werden oder direkt mit haardünnen Mikrosensoren. Während aus den Kammern Wasserproben zur späteren Analyse aus dem überstehenden Bodenwasser über die Einsatzzeit verteilt in Spritzen aufgezogen werden, können mit den Sensoren bereits vor Ort und unter Beibehaltung der natürlichen Umgebungsbedingungen Messungen durchgeführt werden.

Darüber hinaus werden Lander auch als Transportvehikel, quasi als Fahrstuhl, verwendet, um Geräte zum Meeresboden und wieder zurück zur Oberfläche zu transportieren. Am Meeresboden werden die einzelnen Geräte dann mit einem Roboter (ROV) gezielt am Meeresboden platziert. Die neueste Entwicklung geht in Richtung modularer Observatorien, die diese Geräte miteinander kombinieren. Das neue MoLab-Projekt, das wir in unserem Institut entwickelt haben, besteht aus einem Verbund von Gerätemodulen, die flexibel, je nach vorliegenden wissenschaftlichen Anforderungen, zusammengestellt werden können.

Zu den MoLab-Modulen gehören Lander unterschiedlicher Ausstattung und Größe sowie ozeanographische Verankerungen, die eine identische Basis-Sensorik besitzen. Die Besonderheit von MoLab ist die akustische Verbindung der einzelnen Module und Sensorpakete. Neben der zeitlichen Synchronisation der einzelnen Messungen soll auch eine ereignisgesteuerte Probennahme sowie eine intelligente Anpassung der Messwerterfassung an definierte Ereignisse ermöglicht werden. Neben den verankerten Geräten werden kleinere Module mit einem ROV aus einem Fahrstuhl-Lander entnommen und exakt positioniert, um den Einfluss der größeren Geräteträger auf die Messung selbst zu minimieren und der Komplexität des Untersuchungsortes Rechnung zu tragen. Hiermit können Lebensbereiche untersucht werden, die bisher nicht oder nur wenig adäquat beprobt oder instrumentiert werden konnten, zum Beispiel Hartbodengemeinschaften an untermeerischen Hügeln, aktive Schlammvulkane, Hydrothermalquellen und Kalte Quellen am Meeresboden. Gegenüber verkabelten Langzeitobservatorien, die über Dekaden ortsgebunden sind, bietet dieses Konzept ein hohes Maß an Flexibilität. «

▶ Fahrstuhl in die Tiefe: Das Gestell eines Landers bestückt mit drei **benthischen Kammern**. Auf dem Meeresboden abgesetzt, nehmen sie in etwa 1.000 Metern Tiefe Wasser- und Sedimentproben.

Live-Schaltung
in die arktische Tiefsee geplant

Dr. Michael Klages, Dr. Thomas Soltwedel

Alfred-Wegener-Institut für Polar- und Meeresforschung

>> **Leben am Grund der Tiefsee? Unmöglich – dachten Forscher früherer Generationen.** Heute wissen wir: Der Meeresboden der Tiefsee ist ein Lebensraum, dessen Artenvielfalt mit der von tropischen Regenwäldern und Korallenriffen vergleichbar ist. Warum das so ist, wurde über viele Jahre mit teilweise kontroversen Hypothesen erklärt.

Um Licht ins Dunkle der Vermutungen zu bringen, entwickelten wir am Alfred-Wegener-Institut für Polar- und Meeresforschung Ende der 90er Jahre die Idee, eine Tiefseedauerstation im Arktischen Ozean zu errichten. Mit dem Ziel, die vielfältigen Prozesse einer Tiefseeregion, die saisonal unter einer Eisdecke liegt, über längere Zeiträume interdisziplinär beobachten und untersuchen zu können.

In der Framstraße, jener Meerenge zwischen Grönland und Spitzbergen, durch die in den oberen zwei bis dreihundert Metern der Wassersäule westlich von Spitzbergen mit 4°C relativ warmes Oberflächenwasser aus dem Nordatlantik in den zentralen arktischen Ozean strömt, sollten biologische, chemische und physikalische Messwerte erfasst werden. Intern wurde diese Station zunächst HAUSGARTEN genannt – ein Arbeitstitel, der längst zum Synonym für internationale Spitzenforschung in der Tiefsee geworden ist.

Seit 1999 liefert dieses interdisziplinäre Erdsystem-Observatorium im Übergang zwischen Arktis und Nordatlantik wertvolle Erkenntnisse. Aufgrund seiner räumlichen Ausdehnung von etwa 70 mal 150 Kilometern unterscheidet es sich grundlegend von den wenigen anderen Langzeitstationen, die in anderen Bereichen des Weltozeans betrieben werden. Es besteht aus zwei Experimentierfeldern in 2.500 Metern Wassertiefe und insgesamt 17 Einzelstationen entlang eines Tiefentransekts von 1.000 bis 5.500 Metern, sowie aus einem Nord-Süd-Profil entlang der 2.500 Meter Tiefenlinie.

Die Stationen werden seit Beginn der Datenerhebungen mindestens einmal jährlich beprobt. An maximal drei Positionen werden jedes Jahr mehr als zwei Kilometer lange Seile mit tonnenschweren Grundgewichten versehen zum Meeresboden herabgelassen. In diese sogenannten Verankerungen sind in unterschiedlichen Wassertiefen Messinstrumente und Sinkstofffallen integriert. Sie sammeln das ganze Jahr Daten und biologisches Probenmaterial und liefern so auch Informationen über Prozesse in der Wassersäule während eines gesamten Jahreszyklus. Zudem setzen wir Freifallgeräte sowie ferngesteuerte und autonome Unterwasserfahrzeuge ein, um zentimetergenau Proben zu nehmen und Messgeräte gezielt abzusetzen. Die Kameras der Tiefseeroboter liefern uns hochaufgelöste Bilder unseres Forschungsgebietes und wir können die Arbeiten am Meeresboden live verfolgen. Seit seiner Etablierung wird der HAUSGARTEN als autonomes, sogenanntes „stand-alone" Observatorium betrieben. Zahlreiche wissenschaftliche Fragestellungen können auf diese Weise aber nur eingeschränkt oder gar nicht bearbeitet werden. Denn die Energieversorgung von Messgeräten erfolgt über Batterien, die immer nur eine begrenzte Kapazität haben.

Auch können wir auf zufällige und sporadische Ereignisse in unserem Forschungsgebiet nicht direkt reagieren. Die Geräte arbeiten ein Jahr lang allein in der Tiefsee und erst nach ihrer Bergung können wir aus den aufgezeichneten Daten bestimmte Situationen ableiten. Die Aufhebung dieser und vieler anderer Beschränkungen wäre durch eine Kabelanbindung an eine Landstation gegeben. Faseroptische und stromführende Kabel sind bereits in anderen Tiefseeobservatorien vor der nord-amerikanischen Pazifikküste, im Mittelmeer oder auch vor Japan installiert und leisten dort wertvolle wissenschaftliche Dienste.

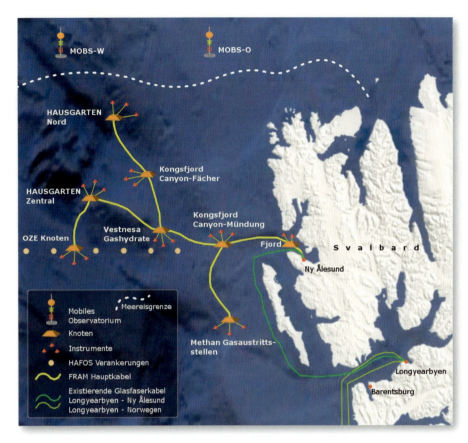

◬ Zukunftsvision: So könnte das verkabelte **FRAM-Tiefseeobservatorium** westlich von Spitzbergen aussehen. Autonome Messsysteme und neue Sensor-Pakete sollen ebenso installiert werden wie ein Satelliten-Kommunikationssystem.

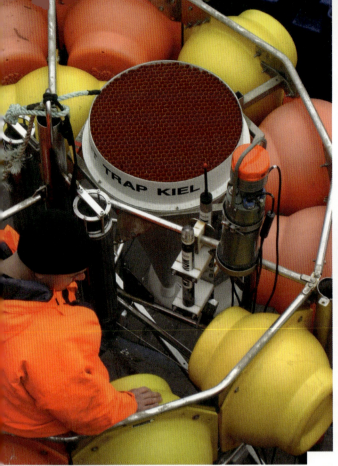

Freifallgeräte und mehr als 2.000 Meter lange Verankerungen mit verschiedenen Messinstrumenten werden von Bord des Forschungseisbrechers POLARSTERN in der Arktis zum Meeresboden herabgelassen.

Die Wissenschaft ist gefordert, mögliche „Kipp-Punkte" des Systems zu identifizieren, um dazu beizutragen, denkbare Anpassungsstrategien erarbeiten zu können.

Im jüngsten Bericht des Weltklimarates (IPCC) wird prognostiziert, dass sich Klimaveränderungen insbesondere in der Arktis ungleich schneller auswirken werden als andernorts. So ist das Interesse, an langfristig konzipierten Forschungsarbeiten an einer besonders empfindlichen Schnittstelle zwischen Nordatlantik und dem zentralen Arktischen Ozean mitzuwirken, international stark gestiegen. Ergebnisse der Zeitserienarbeiten am HAUSGARTEN haben bestätigt, dass mit einer für die nächsten Jahre und Jahrzehnte wichtigen Initiative begonnen wurde.

Selbst am Meeresboden in 2.500 Metern Wassertiefe konnte über die letzten Jahre eine leichte, aber kontinuierliche Temperaturerhöhung aufgezeichnet werden. Darüber hinaus deuten biochemische Untersuchungen von Sedimentproben im Gebiet der Tiefseedauerstation auf einen kontinuierlichen quantitativen und qualitativen Rückgang der Nahrungsverfügbarkeit am Meeresboden hin. Vergleichende Untersuchungen von Tiefseefotos aus den Jahren 2002 und 2004 weisen auf einen deutlichen Rückgang in der Besiedlung durch große, auf dem Sediment lebende Organismen im Bereich der zentralen HAUSGARTEN-Station hin.

Vor diesem Hintergrund wird zurzeit die Erweiterung des HAUSGARTEN-Observatoriums geprüft. Mit dem geplanten FRAM-Observatorium (FRontiers in Arctic marine Monitoring) sollen künftig auch oberflächennah autonome Messsysteme eingesetzt werden, die neu entwickelte biogeochemische Sensorpakete enthalten und die mittels verankerter Windensysteme zwischen einigen Hundert Metern Tiefe und der Ozeanoberfläche profilieren. Ein zeitnaher Datentransfer soll zunächst durch satellitengestützte Kommunikationssysteme realisiert werden.

In einem weiteren Ausbauschritt soll die Anbindung von FRAM an ein geplantes deutsch-norwegisches Kabelnetz vor Spitzbergen erfolgen. Damit wäre Datenerfassung und -transfer in Echtzeit möglich und die Live-Schaltung in die arktische Tiefsee keine Zukunftsvision mehr. Über das Internet könnten Forscher dann interaktiv auf Messinstrumente zugreifen und auf zufällige und periodische Ereignisse, wie zum Beispiel Tiefenwasserbildung, Algenblüten oder Sedimentationsereignisse, direkt reagieren.

Derzeit verwendete Klimamodelle sagen rapide Änderungen in der Arktis voraus. Beobachtungen

◯ Arbeiten in der arktischen Tiefsee: Der Greifarm des Tauchroboters hält einen Schwamm mit einer Garnele. Um die Lebensgemeinschaften im und auf dem Meeresboden zu untersuchen, werden verschiedene Experimente durchgeführt.

stützen diese Vorhersagen. Seit Beginn der satellitengestützten Fernerkundung im Jahr 1979 hat sich die Minimalausdehnung der Meereisbedeckung in der Arktis pro Jahrzehnt um 10 Prozent verringert. Fortschreitende Änderungen in der Meereisbedeckung, Wassertemperatur und Primärproduktion werden erwartet, aber die daraus resultierenden Auswirkungen auf die arktischen Ökosysteme sind noch unklar. Dennoch ist zu erwarten, dass diese Entwicklung zu massiven Veränderungen in arktischen Ökosystemen auf allen Stufen des Nahrungsgefüges führen wird.

Über Millionen Jahre haben sich die Organismen in der Arktis an konstante Temperaturen und stabile Lebensbedingungen angepasst. Kleinste Änderungen dieser Lebensbedingungen, noch dazu in kurzer Zeit, können viele nur schwer, manche vermutlich gar nicht kompensieren. Der fortschreitende Prozess der Erwärmung sowohl des oberflächennahen Wassers als auch der tieferen Wasserkörper der Framstrasse, wird eine Veränderung in der Zusammensetzung der pflanzlichen Primärproduzenten und der algenfressenden großen arktischen Zooplankter hin zu kleineren atlantischen Pflanzenfressern bedingen, die aufgrund der steigenden Wassertemperaturen als Nahrungskonkurrenten neu in der Framstrasse auftauchen. Einige der wissenschaftlichen Fragen zur Zukunft arktischer (mariner) Ökosysteme werden sich demzufolge damit befassen, ob wir beispielsweise in der Lage sind, die empfindlichsten Glieder arktischer Ökosysteme zu identifizieren und gegebenenfalls geeignete Maßnahmen zu ihrem Schutz zu entwickeln. Wichtig wäre in diesem Zusammenhang auch, denkbare Entwicklungslinien ökosystemarer Veränderungen entlang der vom Weltklimarat vorgestellten Szenarien der Klimaveränderung zu bestimmen.

Klimaänderungen hat es in der Erdgeschichte immer gegeben und es wird sie auch in Zukunft geben. Alarmierend an den derzeit beobachteten Veränderungen in der Arktis ist jedoch die Geschwindigkeit mit der sich die Nordpolarregion verändert – vergleichbare Szenarien hat es in der Erdgeschichte noch nie gegeben. Daher ist die Wissenschaft gefordert, mögliche „Kipp-Punkte" des Systems zu identifizieren, um dazu beizutragen, denkbare Anpassungsstrategien erarbeiten zu können.

Tiefer bohren
Der Bohrroboter MeBo

Dr. Tim Freudenthal

MARUM – Zentrum für Marine Umweltwissenschaften, Universität Bremen

◁ Auf Expedition im Schwarzen Meer. Das **Meeresbodenbohrgerät** an Bord des Forschungsschiffes METEOR.

>> **Es ist kurz nach 1:00 Uhr am frühen Morgen des 23. November 2010 im östlichen Pazifik vor der Küste von Chile.** Gebannt erwarten die Wissenschaftler, Techniker und Besatzung an Bord des deutschen Forschungsschiffes SONNE den ferngesteuerten Bohrroboter MeBo zurück an Deck. Insgesamt 36 Stunden hat das Gerät am Meeresboden in 550 Metern Wassertiefe gebohrt und dabei 32 Kernrohre eingesetzt. Über 70 Meter tief hat es dabei gebohrt und damit eine deutlich größere Tiefe erreicht als das an derselben Stelle eingesetzte 6 Meter lange Schwerelot. Aber war das Bohren auch erfolgreich? Die Inspektion der Kernrohre nach dem Bergen des MeBo zeigt: Zur Freude und Erleichterung der Wissenschaftler sind alle Kernrohre komplett gefüllt. Ein hochwertiges Bohrprofil zur Untersuchung der Klimaschwankungen der vergangenen 1.000.000 Jahre konnte mit Hilfe des MeBo gewonnen werden.

MeBo ist der Name eines Bohrgerätes, das einzigartig auf der Welt ist. Mit einer Höhe von über 6 Metern und einem Gewicht von circa 10 Tonnen gehört das MeBo zu den größten und komplexesten Beprobungsgeräten, die derzeit für die Meeresforschung eingesetzt werden. Die Verbesserung der Möglichkeit, hochwertige Proben vom Meeresboden zu bekommen war das Ziel bei der Entwicklung dieses Gerätes. Mit ihm können Kerne in Lockersedimenten und Festgestein bis über 70 Meter Tiefe am Meeresboden erbohrt werden.

Mit klassischen Beprobungstechniken wie dem Schwerelot – einem Stanzrohr, das mit seinem Eigengewicht in den Meeresboden eindringt – können dagegen nur verhältnismäßig kurze Kerne von unverfestigten Sedimenten gewonnen werden. Soll Festgestein erbohrt oder längere Kerne von Lockersedimenten in der Tiefsee gewonnen werden, ist man bislang auf die Nutzung von Bohrschiffen angewiesen. Bohrschiffe sind mit einem Bohrturm versehen und können einen mehrere Kilometer langen Bohrstrang vom Schiff zum Meeresboden aufbauen. So können mit sehr hohem Aufwand Bohrungen bis in mehrere hundert Meter Tiefe im Meeresboden durchgeführt werden.

Das MeBo wurde 2004/2005 von Wissenschaftlern und Technikern des Zentrum für Marine Umweltwissenschaften an der Universität Bremen (MARUM) mit Unterstützung durch unterschiedlichste Firmen für Bohr- und Unterwassertechnik entwickelt, um längere Kerne als mit dem Schwerelot zu gewinnen. Zudem können mit dem MeBo auch Festgesteine erbohrt werden. Gegenüber Bohrschiffen hat das MeBo den Vorteil, dass es deutlich kostengünstiger von den jeweils verfügbaren Forschungsschiffen wie METEOR, POLARSTERN, SONNE und MARIA S. MERIAN eingesetzt werden kann. Dadurch, dass von einer stabilen Plattform am Meeresboden unbeeinflusst von Schiffsbewegungen durch Wellen und Strömung gebohrt wird, ermöglicht das MeBo eine optimale Kontrolle über den Anpressdruck der Bohrkrone, die entscheidend für eine gute Kernqualität auch in schwierigen geologischen Verhältnissen ist.

Mit einem Spezialkabel wird das MeBo vom Schiff zum Meeresboden bis in 2.000 Meter Wassertiefe heruntergefahren. Kurz vor der Landung werden vier Beine mit Fußtellern ausgefahren, damit das Gerät nicht am Meeresboden umkippt, oder im Schlamm versinkt. Ähnlich wie eine Bohranlage, die an Land betrieben wird, hat das MeBo einen Bohrturm mit einem Schlitten, auf dem der Bohrkopf hoch und runter fährt. Mit dem Bohrkopf wird der Bohrstrang rotierend in den Meeresboden getrieben. Über die Hohlspindel des Bohrkopfes wird Meerwasser in den Bohrstrang gespült, um die Bohrkrone zu kühlen und das erbohrte Bohrklein aus dem Bohrloch zu spülen.

Die Anpassung der Bohranlage an die ungewöhnlichen Einsatzbedingungen am Meeresboden war eine der wesentlichen Herausforderungen bei der Entwicklung dieses Bohrroboters. Der Umgebungsdruck nimmt mit jeweils 10 Meter größerer Wassertiefe um 1 bar zu, so dass das MeBo einem Außendruck von bis zu 200 bar Stand halten muss. Elektrische Komponenten müssen vor dem umgebenden Wasser geschützt werden. Das Meerwasser wirkt zudem stark korrosiv, was insbesondere für die tragenden Metallstrukturen, Mechanik und Dichtflächen äußerst problematisch werden kann. Bei der für das Bohren benötigten Leistung scheiden Batterien als Energieträger aus. Da auch Dieselgeneratoren unter Wasser nicht betrieben werden können, ist das MeBo mit einem elektrohydraulischen Antrieb versehen. Das MeBo wird vom Schiff aus über Kupferadern im Spezialkabel mit elektrischer Energie versorgt. Um die Verluste

Mit einer Höhe von über 6 Metern und einem Gewicht von circa 10 Tonnen gehört das MeBo zu den größten und komplexesten Beprobungsgeräten, die derzeit für die Meeresforschung eingesetzt werden.

Die Untersuchung dreidimensionaler Strukturen am Meeresboden, wie zum Beispiel Schlammvulkane und Hangrutschungen erfordert eine Vielzahl von flachen Bohrungen.

▲ Ferngesteuert bohren: Das MeBo steht fest auf dem Meeresboden. Die Bohrarbeiten in der Tiefsee werden von einem Kontrollcontainer aus gesteuert und auf Monitoren überwacht. Der Datentransfer erfolgt über eine Glasfaser im Spezialkabel.

durch die lange Leitung zu minimieren, wird mit Hochspannung von 3.000 Volt gearbeitet. Hiermit werden zwei Elektromotoren betrieben, die wiederum hydraulische Pumpen antreiben.

Da anders als bei Landbohranlagen der Geräteführer nicht am Bohrgerät stehen kann, muss die Anlage ferngesteuert betrieben werden. Über eine Glasfaser im Spezialkabel erfolgt der Datentransfer zwischen Bohrgerät und dem Kontrollstand auf dem Forschungsschiff. Der Bohrprozess wird mit einer Vielzahl von Sensoren und Videokameras überwacht. Auch der Aufbau des Bohrstranges kann nicht durch Handreichungen des Geräteführers unterstützt werden. Das benötigte Bohrgestänge wird auf zwei Magazinen im Bohrgerät gelagert. Mit Hilfe eines Greifarms wird das jeweils benötigte Bohrrohr dem Magazin entnommen. Eine mitrotierende Rohrklemme am Bohrkopf übernimmt das Rohr vom Greifarm und verschraubt es mit dem Bohrstrang, der durch eine weitere Rohrklemme im Bodenbereich der Bohranlage gehalten wird.

Das Seilkernverfahren hat sich als beste Methode erwiesen, hochwertige Kerne am Meeresboden zu gewinnen. Am unteren Ende des Bohrstranges befindet sich die ringförmige Bohrkrone, mit der in den Untergrund gebohrt wird. Dabei bleibt ein zylinderförmiger Kern stehen, der mit zunehmendem Vortrieb des Bohrstranges in das Innenkernrohr im Bohrstrang hineinwandert. Wenn das Innenkernrohr mit dem Kernsegment gefüllt ist, wird der Bohrkopf vom Bohrstrang gelöst und ein Fangapparat am Stahlseil eingeführt, um das Innenkernrohr mitsamt Kern aus dem Bohrstrang zu ziehen. Ein neues, noch leeres Innenkernrohr wird dem Magazin mit Hilfe des Greifarms entnommen und in den Bohrstrang eingeführt. Im durch das Wasser im Bohrstrang gebremsten Fall landet das Innenkernrohr auf der Landeschulter des Bohrrohrs. Nach der Verlängerung des Bohrstranges mit einer zusätzlichen Bohrstange aus dem Magazin und dem Verschrauben des Bohrstranges mit dem Bohrkopf kann der nächste Kern erbohrt werden.

Neben dem Bohrgerät, dem Kontrollstand und dem Spezialkabel mitsamt zugehöriger Winde wird für den Betrieb des Systems noch eine Werkstatt benötigt, um Wartungsarbeiten und eventuell notwendige Reparaturen auch mitten auf dem Ozean fernab von jeglicher Unterstützung von Land durchführen zu können. Auch wird ein Lager für Ersatzteile und zusätzliche Bohrrohre benötigt. Ein Aussetzgestell unterstützt das Aussetzen und Einholen des Bohrgerätes auch bei schwerem Seegang. Da das MeBo weltweit eingesetzt wird, musste es so entwickelt werden, dass es einfach zu transportieren ist. Die wesentlichen Systemkomponenten sind containerisiert. Dies ermöglicht den weltweiten Einsatz des MeBo von unterschiedlichen Forschungsschiffen, da die Rüstzeiten so kurz gehalten werden können und Transporte mit den handelsüblichen Containerfrachtern möglich sind.

Das MeBo findet vielfältige Anwendung in der Erforschung des Meeresbodens. Die Erkundung von Minerallagerstätten, wie zum Beispiel sulfidischer Vererzungen im Bereich hydrothermaler Systeme, erfordert ebenso eine Vielzahl von flachen Bohrungen wie die Erkundung von Methan-

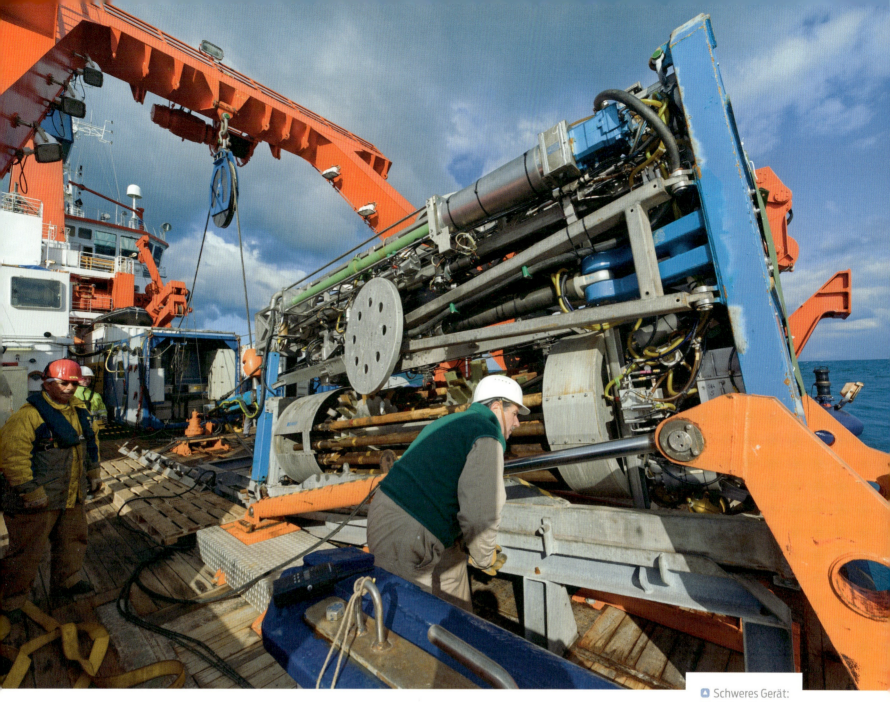

▲ Schweres Gerät: Der Bohrroboter MeBo kurz vor dem Einsatz. In der Tiefe kann er über 70 Meter lange Sedimentkerne aus dem Meeresboden erbohren.

Gashydrat-Vorkommen. Die Paläoklimaforschung profitiert von der Möglichkeit, längere Kerne als zum Beispiel mit Schwereloten zu bekommen, da die Meeressedimente als Archiv für die Rekonstruktion vergangener Umweltbedingungen genutzt werden. Die Untersuchung dreidimensionaler Strukturen am Meeresboden, wie zum Beispiel Schlammvulkane und Hangrutschungen erfordert eine Vielzahl von flachen Bohrungen, die weder mit den konventionellen Methoden von den gängigen Vielzweckforschungsschiffen noch mit Bohrschiffen effektiv durchgeführt werden können.

Derzeit werden zusätzliche Anwendungen für das MeBo entwickelt. Mit einer autonomen Sonde kann das Bohrloch mit unterschiedlichsten Sonden vermessen werden. Mit einem Druckkernrohr kann eine Entgasung der erbohrten Proben in Folge der Druckentlastung beim Bergen des Bohrgerätes vermieden werden. Weiterhin wird eine technische Lösung für die Instrumentierung von MeBo-Bohrlöchern mit Sensoren und Fluidprobennehmern entwickelt. Dies ermöglicht zum Beispiel die Langzeituntersuchung von episodischen Ereignissen wie Erdbeben und Tsunamis. Auch die Erbohrung noch längerer Bohrkerne mit der MeBo-Technologie ist ein wichtiges Ziel für den Fortschritt der Erforschung des Meeresbodens. Wie weit könnten wir zum Beispiel mit einem 200 Meter langen Bohrkern vor Chile in die Vergangenheit zurückschauen, um mehr über die Natur des Klimawandels zu erfahren? Sicher ist, dass auch in Zukunft wissenschaftlicher Fortschritt und technischer Fortschritt in der Erforschung des Meeresbodens Hand in Hand gehen werden.

Forschen auf hoher See

◁ Gearbeitet wird rund um die Uhr: Forschungsschiff **METEOR** während einer Expedition im Atlantik auf dem Weg Richtung Äquator.

Weltweit sind Meeresforscher in internationalen Teams auf Forschungsschiffen unterwegs. Jede Expedition wird monatelang vorbereitet. Harte und äußerst disziplinierte Arbeit bestimmen den Alltag an Bord. Kapitän und Crew arbeiten Hand in Hand mit den Wissenschaftlern.

Auf See verlangt jedes Experiment und jeder Einsatz eines wissenschaftlichen Gerätes ein hohes Maß an Präzision. Gearbeitet wird rund um die Uhr im Schichtbetrieb. Und ein Forschungsschiff ist kein Luxusliner. Es gibt strenge Regeln und Vorschriften, damit das Leben in diesem Mikrokosmos auf engstem Raum funktionieren kann.

Wissensdrang und der Wunsch nach Erkenntnis treiben die Frauen und Männer an Bord an und lassen sie nur allzu oft die Grenzen der menschlichen Belastbarkeit überschreiten. Gemeinsam haben sie ein Ziel: das Wechselspiel der physikalischen, biologischen und chemischen Prozesse in den Ozeanen – von der Meeresoberfläche bis in die Tiefsee – zu ergründen.

Ozeanexpeditionen
Auf allen Weltmeeren unterwegs

Kapitän Niels Jakobi, Prof. Dr. Detlef Quadfasel

Leitstelle Deutsche Forschungsschiffe, Universität Hamburg

» **Die beobachtende oder experimentelle Meeresforschung hat ein weites Themenfeld:** Geologen suchen zum Beispiel nach Methanhydraten im Schwarzen Meer und Asphaltvulkanen im Golf von Mexiko, Ozeanographen vermessen das Absinken schwerer Wassermassen im Polarmeer und die turbulente Vermischung im tropischen Atlantik, Biologen studieren die Ökosysteme im Umfeld heißer Quellen am Meeresboden oder Blaualgen in der Ostsee. Um diese Arbeiten zum Erfolg zu führen, müssen zwei Voraussetzungen erfüllt sein: Die Forscher müssen klug und innovativ sein und genaue Messgeräte und Forschungsplattformen müssen zur Verfügung stehen. Zu den Plattformen gehören seit über hundert Jahren Forschungsschiffe, von denen Deutschland zurzeit mehr als 30 besitzt. Zu den vier großen Schiffen, die weltweit im Einsatz sind und die alle Erfordernisse der weitgefächerten modernen Meeresforschung erfüllen, gehören die Forschungsschiffe METEOR und MARIA S. MERIAN. Ihr Einsatz wird in der Leitstelle Deutsche Forschungsschiffe an der Universität Hamburg koordiniert. Deren Arbeit soll in diesem Beitrag beschrieben werden.

Wie kommen die Wissenschaftler auf die Forschungsschiffe METEOR oder MARIA S. MERIAN? Die Deutsche Forschungsgemeinschaft (DFG) nahm die Meeresforschung im Jahr 1960 in ihr Schwerpunktprogramm auf und gründete die Senatskommission für Ozeanographie. Der Gedanke war, Grundlagenforschung in allen meereswissenschaftlichen Disziplinen zu fördern und so zu einem besseren Verständnis des Meeres, des unbekannten Teils unseres Planeten, beizutragen. Die Kommission entwickelt Forschungsstrategien, fördert die nationale und internationale Zusammenarbeit und sorgt für eine stringente Qualitätskontrolle der Forschungsprojekte. Sie setzt sich aus etwa 20 Wissenschaftlern der unterschiedlichen meereskundlichen Disziplinen sowie Vertretern der finanziellen Förderinstitutionen zusammen. An diese Kommission können Wissenschaftler aus Deutschland Anträge auf Durchführung einer Expedition stellen. Die Kommission begutachtet und bewertet die geplanten Forschungsarbeiten und stellt im Falle einer positiven Entscheidung Schiffszeit und Gelder zur Verfügung. Bei den Bewertungen stehen die wissenschaftliche Qualität des Antrages und der Arbeitsplan zum Erreichen der Ziele im Vordergrund, die natürlich in einer sinnvollen Relation zum beantragten Umfang der Förderung stehen müssen. Da die DFG Grundlagenforschung unterstützt, ist eine wirtschaftliche Nutzung der Ergebnisse kein Kriterium für die Förderung von Expeditionen auf den beiden Schiffen.

Mit der übergeordneten logistischen Organisation der Schiffseinsätze, wie der Fahrtplanung, ist die Leitstelle Deutsche Forschungsschiffe in Hamburg betraut. Eine typische Expeditionsdauer liegt bei vier Wochen; jährlich finden pro Schiff also zehn bis zwölf Reisen statt. Dabei sind die Arbeitsgebiete auf alle Weltmeere verteilt. Lange Transits oder gar Leerfahrten sollen natürlich vermieden werden, deshalb wird versucht, nahe beiei-

○ Das Eisrandforschungsschiff **MARIA S. MERIAN** ist seit 2006 am Leibniz-Institut für Ostseeforschung Warnemünde beheimatet und für den Einsatz im Atlantik bis zum Eisrand, für Nord- und Ostsee, aber auch für Fahrten bis zum Äquator geeignet.

Ein neuer Fahrtabschnitt beginnt: Noch liegt das Forschungsschiff METEOR im Hafen von Mindelo (Kapverden). Auftriebskugeln, wissenschaftliche Geräte und Laborkisten werden an Bord gebracht.

nander liegende Arbeitsgebiete nacheinander abzufahren. Das ist nicht immer ganz einfach, denn es gibt oft eine Reihe von Randbedingungen, die berücksichtigt werden müssen. Manche Untersuchungen sind an Jahreszeiten gebunden, wie zum Beispiel die Erforschung von Planktonblüten, da sie nur im Frühjahr oder Sommer auftreten. Zum anderen gibt es aber auch klimatologische bzw. meteorologische Aspekte. Reisen im Nordatlantik sollten, wenn möglich, im Sommer durchgeführt werden, weil schwere Winterstürme zu Verzögerungen beim Forschungsbetrieb führen und möglicherweise die Schiffssicherheit beeinträchtigen. Die Karibik ist im Sommer und Herbst wegen der auftretenden Hurrikans zu meiden.

Ferner ist zu bedenken, dass Expeditionen oft mit dem Einsatz von Großgeräten, beispielsweise ferngesteuerten Unterwasserfahrzeugen (Remotely Operated Vehicles, ROVs), verbunden sind. Da es nur sehr wenige ROVs in Deutschland gibt, die auf den verschiedenen Schiffen eingesetzt werden und zwischen den Reisen auch zu warten sind, muss dies bei der Planung berücksichtigt werden. Was nützt die Bewilligung einer Reise, wenn das Hauptarbeitsgerät auf einem anderen Schiff eingesetzt wird oder sich noch auf dem Rücktransport aus fernen Gefilden befindet?

Ein weiterer Punkt ist die Hafenlogistik. Hier benötigt man eine geeignete Infrastruktur: Flughäfen für den Austausch der Wissenschaftler und der Besatzungsmitglieder, Containerhäfen mit Linienanbindung für die sichere Verschiffung der Ausrüstungen und des Proviants. Leistungsfähige Kräne müssen verfügbar sein, denn die an Bord eingesetzten Spezialcontainer wiegen pro Stück bis zu 30 Tonnen.

Berücksichtigt werden müssen auch die Sicherheit der Arbeitsgebiete und der anzulaufenden Häfen. Durch die sich ausbreitende Piraterie in manchen Seegebieten ist es oft nicht möglich, dort zu forschen oder einen Hafen anzulaufen. Risiken müssen so gering wie möglich gehalten werden.

Etwa ein halbes Jahr vor Beginn der Expedition müssen bei den jeweilgen Küstenstaaten, in deren Gebieten die Meeresforschung stattfinden soll, Genehmigungen zu deren Durchführung beantragt werden. Dies geschieht in Zusammenarbeit mit dem Auswärtigen Amt und dessen Botschaften. Die Einzelheiten hinsichtlich der Auflagen regelt das Internationale Seerechtsübereinkommen. Gelegentlich muss ein Beobachter des betreffenden Staates mitgenommen werden oder es gibt bereits vorher enge Kooperationen mit Partnern vor Ort. Oft wird erst in letzter Minute die ersehnte Geneh-

Container werden ausgepackt, die Labore mit den speziellen Geräten bestückt, Großgeräte an Deck aufgebaut und vorbereitet. Das Schiff wird mit Brennstoff, Ersatzteilen und Proviant versorgt und ein Teil der Besatzung ausgetauscht.

migung erteilt, selten aber auch nicht. Das ist dann für die Wissenschaftler bitter und Alternativen müssen gesucht werden. Selbst bei europäischen Staaten gibt es teilweise Probleme dieser Art. Der Grenzverlauf auf See ist teilweise strittig, wie zum Beispiel im östlichen Mittelmeer zwischen Griechenland, der Türkei und Zypern. Es ist schon vorgekommen, dass unsere Forschungsschiffe von Marinefahrzeugen abgedrängt und behindert worden sind. Leider nehmen solche grundlagenforschungsfeindlichen Aktivitäten der Küstenstaaten in letzter Zeit zu. Insbesondere in Gebieten jüngst entdeckter Vorkommen fossiler Brennstoffe oder seltener Bodenschätze wird diese Erfahrung gemacht.

Einige Monate vor Beginn der Ausfahrt werden Container mit der wissenschaftlichen Ausrüstung gepackt, die mitreisenden Wissenschaftler und Techniker bestimmt und Flüge gebucht. Der wissenschaftliche Fahrtleiter des Reiseabschnittes, in den letzten Jahren vermehrt auch die Fahrtleiterin, informiert die Schiffsleitung in Form einer Checkliste, welche Geräte zum Einsatz kommen und welche besonderen Anforderungen an das Schiff gestellt werden.

Endlich ist es soweit: Die Teilnehmer der Expedition erreichen die Hafenstadt und kommen an Bord. Container werden ausgepackt, die Labore mit den speziellen Geräten bestückt, Großgeräte an Deck aufgebaut und vorbereitet. Das Schiff wird mit Brennstoff, Ersatzteilen und Proviant versorgt und ein Teil der Besatzung ausgetauscht. Ist das Schiff seeklar, begleitet der Lotse das Schiff aus dem Hafen und mehrere Wochen Forschungszeit liegen vor dem begeisterten Team.

Am Anfang der Reise stehen Einführungsveranstaltung und Sicherheitsbelehrung auf dem Plan. Alle an Bord müssen die Regeln der Arbeits- und Schiffssicherheit und des Bordlebens sowie das Verhalten in einer außergewöhnlichen Situation beherrschen.

Die Wissenschaftler erläutern der Schiffsführung, welche Geräte zum Einsatz kommen sollen. Es gibt viele Standardgeräte der Meeresforschung, die sich seit hundert Jahren kaum verändert haben. Hinzugekommen sind aber immer ausgeklügeltere Systeme, die für viele Beteiligten hinsichtlich der Bedienung und des Einsatzes Neuland sind. Noch bevor die erste Station angesteuert wird, sind alle Labore fertig ausgerüstet. Alle gesammelten Proben können sofort fachgerecht bearbeitet werden.

In der kommenden Zeit wird Tag und Nacht gearbeitet: Geräte gefahren, Proben gesammelt, sortiert, präpariert und ausgewertet, Ergebnisse diskutiert. Genau wie die Besatzung arbeiten die Wissenschaftler in Schichten, an Bord „Wachen" genannt. Nur so kann die wertvolle Schiffszeit wirklich optimal genutzt werden. Kaum hat die Forschungsroutine begonnen, informiert der Bordmeteorologe über das aktuelle Wetter, zum Beispiel ein nahendes Sturmtief. Kapitän und Fahrtleiter erörtern die Möglichkeiten, die Auswirkungen auf das Programm so gering wie möglich zu halten. Solange noch brauchbare Seegangsverhältnisse herrschen, kommen erst einmal die sensiblen Großgeräte zum Einsatz. Nehmen Wind und Seegang zu, kann

Proviant

>> Für eine vierwöchige Reise werden für 32 Besatzungsmitglieder und 30 Wissenschaftler der METEOR unter anderem jede Menge Proviant und Kantinenwaren benötigt: 2.200 Eier, 250 kg Mehl, 550 kg Fleisch, 250 kg Fisch, 100 kg Käse und Wurst, 280 kg Frischgemüse und Obst, 30 kg Konserven, 250 kg Kartoffeln, 200 kg Zwiebeln, 120 kg Nudeln und Reis, 3.600 Liter Getränke aller Art. All das muss bei der Übernahme geprüft und dann fachgerecht gestaut werden. Jeden Tag wird dreimal warm gekocht – Voraussetzung für den Arbeitseinsatz aller Expeditionsteilnehmer rund um die Uhr.

Während bei einem Frachtschiff der nächste Hafen das Ziel ist, so steht bei einem Forschungsschiff der Weg mit seinen unzähligen Stopps zum Sammeln der Proben im Vordergrund.

noch eine Zeit der robustere Kranzwasserschöpfer – ein häufig eingesetztes Gerät der Ozeanographen und Biologen – Wasserproben sammeln. Wenn die Wellen jedoch so hoch sind, dass ein sicheres Arbeiten für Wissenschaftler und Besatzung nicht mehr möglich ist, werden die Stationsarbeiten unterbrochen. Kaum bessert sich das Wetter und die See wird etwas ruhiger, geht es wieder richtig los: Eine wissenschaftliche Station folgt der nächsten.

Forschungszeit ist kostbar und ein Forschungsschiff ist teuer, da ist Qualität gefragt. Die Leitstelle Deutsche Forschungsschiffe an der Universität Hamburg betreut die Forschungsschiffe METEOR und MARIA S. MERIAN und repräsentiert auch ihre Auftraggeber. Dies sind das Bundesministerium für Bildung und Forschung und die Deutsche Forschungsgemeinschaft. Beide finanzieren den Betrieb der Schiffe in einer jährlichen Höhe von etwa 20 Millionen Euro im Verhältnis 30 zu 70. Dazu kommt die Investition für den Bau eines Schiffes, die heute über 100 Millionen Euro betragen kann und meist anteilig vom Bund und den Küstenländern finanziert wird. Die Lebens- oder Einsatzdauer von Forschungsschiffen liegt in der Größenordnung von 30 Jahren.

Früher wurden die Forschungsschiffe durch die Marine oder durch staatliche Institutionen bereedert. Seit den 70er Jahren des 20. Jahrhunderts wechselte diese Aufgabe zu privatwirtschaftlichen Reedereien. Diese beteiligen sich an den alle sechs bis zehn Jahren stattfindenden Ausschreibungen. Bei einem Zuschlag stellen diese Reedereien dann die Schiffsbesatzungen und organisieren das nautische und technische Management. In ihrer Arbeit sind sie der Leitstelle gegenüber rechenschaftspflichtig.

Eine weitere Aufgabe der Leitstelle ist die Aufstellung der Wirtschaftspläne. Die Betriebskosten und die Mittel für Reparaturen und Erneuerungen für die einzelnen Schiffe werden kalkuliert und dem jeweils zuständigen Beirat, einer Art Aufsichtsrat mit Vertretern der beteiligten Interessengruppen, vorgestellt. Nach Diskussion und Aktualisierung wird das Geld dann ganz oder teilweise von den Finanziers freigegeben. Die Kosten enthalten auch die Heuer für die Besatzung, den Brennstoff, die Hafenkosten, die Transporte für wissenschaftliche Ausrüstung sowie die Werftzeiten. Damit die Schiffe auf einem hohen technischen Stand bleiben und den steigenden Anforderungen der Wissenschaftler genügen, müssen sie ständig modernisiert und angepasst werden. Diese Planungen erfolgen in enger Zusammenarbeit zwischen der Leitstelle, den Fachgremien und der Reederei. Die Umsetzung ist höchst erfolgreich: So zählt das bereits 25 Jahre alte FS METEOR immer noch zu den leistungsfähigsten Forschungsschiffen der Welt. Personell besetzt ist die Leitstelle durch forschungsschiffserfahrene Kollegen: einem Professor für Ozeanographie, einem Kapitän, einer Wirtschaftsjuristin und zwei maritim versierten Sekretärinnen. Letztendlich wichtig für den Erfolg der Forschungsreisen ist aber eine gute Zusammenarbeit an Bord während der Expedition zwischen den Wissenschaftlern, der Schiffsführung und der Besatzung.

Endlich auf See. Für die Besatzungsmitglieder ist die Arbeit auf einem Forschungsschiff im Vergleich zur Frachtschifffahrt etwas Besonderes. Schon während der Hafenliegezeit wird eng mit den Wissenschaftlern und Technikern zusammengearbeitet. Kisten und Kasten mit wissenschaftlicher Ausrüstung kommen an Bord, High-Tech-Geräte werden auf dem Arbeitsdeck zusammengebaut und für den baldigen Einsatz kurz nach dem Auslaufen vorbereitet. Alle sind involviert: nautische Offiziere, Schiffsmechaniker, Elektroniker und Ingenieure. Oft muss noch schnell eine Halterung für ein Messgerät aus Edelstahl gefertigt werden.

Arbeiten an Deck: Wissenschaftler und Mitglieder der Schiffsbesatzung arbeiten bei jeder Expedition Hand in Hand. Hier werden gerade Geräte nach dem Einholen gesäubert.

▲ Forschungsschiff MARIA S. MERIAN während einer Expedition vor Grönland. Mit dem Gerät namens Multicorer sollen aus den obersten Sedimentschichten des Meeresbodens Proben genommen werden.

Ist das Schiff dann auf See, geht es weiter: Während bei einem Frachtschiff der nächste Hafen das Ziel ist, so steht bei einem Forschungsschiff der Weg mit seinen unzähligen Stopps zum Sammeln der Proben im Vordergrund. Das Schiff muss sorgfältig positioniert werden – also eine zuvor festgelegte Stelle gehalten werden. Aufwändige Geräte werden zu Wasser gelassen, die auf die unterschiedlichste Weise Proben in der Wassersäule oder am Meeresboden sammeln sowie Messungen durchführen. Mit Hilfe von Tauchrobotern werden per hochauflösender Kamerasysteme im Kontrollraum an Bord des Schiffes live Lebensgemeinschaften der Tiefsee beobachtet, mit Hilfe der Robotor-Greifarme gezielt Proben gesammelt und sogar vor Ort Versuche durchgeführt. Das sind für die Besatzung an Bord große Herausforderungen und egal ob Kapitän, Schiffsmechaniker oder Koch: Jeder ist ein wichtiges Zahnrad im System.

Ein Forschungsschiff ist wie eine kleine Stadt, die sich obendrein noch bewegt: Strom und Frischwasser müssen erzeugt werden, Müll und Abwasser müssen bearbeitet bzw. gereinigt werden, alle Räume sollen klimatisiert, Proviant und Proben gekühlt werden. Vieles ist fast wie zu Hause an Land, hier aber ist man an allem dichter dran und erkennt auch, wie aufwändig zum Beispiel der Umgang mit Müll ist. Nichts geht ins Meer, alles wird sortiert, bearbeitet und dann im nächsten Hafen entsorgt. In dieser kleinen Stadt werden auch die Brötchen gebacken und einen Arzt gibt es auch. Das einzige was eigentlich an Bord fehlt ist ein Friseur oder ein Blumenladen. Auch während einer Expedition hören die Aufgaben der Leitstelle nicht auf. Bei Problemen im Wissenschaftsbetrieb müssen, falls nicht an Bord vorhanden, Ersatzteile eingeflogen werden. Bei politischen Unruhen in den Küstenstaaten werden alternative Hafenanläufe organisiert und schließlich müssen die wissenschaftlichen und technischen Berichte rechtzeitig eingeholt und veröffentlicht werden.

Der Forschungsbetrieb ist ein interessantes und vielfältiges Räderwerk. An einem Ende steht der Bürger, der mit seinen Steuergeldern alles finanziert und damit diese Arbeiten ermöglicht. Am anderen Ende stehen die Ergebnisse der wissenschaftlichen Arbeiten, die auf lange Sicht zu einer Verbesserung unserer Lebensqualität beitragen, sei es mit Erkenntnissen zur Klimavariabilität, zu Umweltfragen oder zur Bildung und Ausbildung von jungen Leuten. Dazwischen stehen viele Menschen, die diesen Transfer im Bereich der Meeresforschung ermöglichen: Wissenschaftler, Administratoren in den Förderungsinstitutionen, Diplomaten, Inspekteure in den Reedereien, private Dienstleister, Seeleute und auch die Mitarbeiter der Leitstelle. Für diese können die Autoren dieses Artikels sagen, dass das Räderwerk deshalb so erfolgreich ist, weil alle Zahnräder mit Freude und Engagement an dem gemeinsamen Ziel arbeiten. Das macht Spaß und hilft über manch stressige Situation hinweg.

Die Dynamik des Ozeans
Auf Expedition im tropischen Atlantik

Prof. Dr. Peter Brandt

GEOMAR | Helmholtz-Zentrum für Ozeanforschung Kiel

» **Die tropischen Ozeane spielen eine Schlüsselrolle bei weltweiten Klimaschwankungen.** Die bekannteste ist sicherlich El Niño im Pazifik. Dabei werden im mehrjährigen Rhythmus die Warmwassermassen im oberflächennahen Ozean von Osten nach Westen und wieder zurück verfrachtet. Diese Prozesse, die durch eine dynamische Wechselwirkung zwischen Ozean und Atmosphäre hervorgerufen werden, beeinflussen das Klima nicht nur in den direkt angrenzenden Gebieten Südostasiens und Südamerikas, sondern auch in weit entfernten Gebieten. Während der El Niño Phase ist der Westpazifik anomal kalt und der Ostpazifik anomal warm. Das führt unter anderem zu stark abgeschwächten Niederschlägen über Südostasien, die während des Jahrhundert-El Niños 1997/98 mit verheerenden Waldbränden in diesen Gebieten verbunden waren.

Ähnliche Phänomene gibt es in verschiedener Ausprägung auch in den anderen tropischen Ozeanen. Bisher wurde bei der Erklärung von tropischen Klimaschwankungen aber überwiegend nach oben, insbesondere in die Atmosphäre, geschaut. Wie wichtig es ist, unseren Blick auch in die Tiefen des Ozeans zu lenken, zeigen unter anderem unsere Untersuchungen im Rahmen des internationalen Forschungsprogramms „Tropical Atlantic Climate Experiment" (TACE). Während verschiedener Forschungsfahrten haben wir Ursachen, Wirkungen und eventuelle Regelmäßigkeiten von Klimaschwankungen im tropischen Atlantik untersucht. Unsere jetzt gewonnenen Messergebnisse deuten darauf hin, dass mehrjährige Klimaschwankungen auch ihre Ursache in den Tiefenströmungen des äquatorialen Atlantiks selbst haben können.

Grüße aus den Tropen

Rückblick. Notizen von der Expedition M 80/1. Mindelo, Kapverdische Inseln am Wochenende und sieben Container voll mit Expeditionsausrüstung sind die ersten Herausforderungen auf der Forschungsfahrt mit der Meteor. Nicht nur, dass alle schweren Güter wie Anker, massenweise Auftriebskugeln und etwa 40 Kilometer Draht an Bord genommen werden müssen, auch Messgeräte, Probenbehälter und Computer müssen in den Laboren aufgebaut und angeschlossen werden.

◯ Auf dem Arbeitsdeck der METEOR: Eine **Verankerung mit Kopfboje** kurz vor ihrem Einsatz – und der geht nie spurlos an Geräten und Bojen vorbei. Nach anderthalb Jahren im Meer sind sie meist stark mit Algen bewachsen.

Bereits wenige Stunden nach dem Auslaufen beginnt die Bergung einer interdisziplinären Verankerung etwas nördlich von Sao Vicente in 3.600 Meter Wassertiefe. Das sogenannte kapverdische Ozeanobservatorium befindet sich in einer Region, die stark vom Nord-Ost-Passat und dem damit verbundenen regelmäßigen Staubeintrag vom afrikanischen Festland beeinflusst wird. Mit dem Staub gelangen Nährstoffe in das ansonsten nährstoffarme Wasser. Deswegen ist dieses Gebiet besonders interessant für die Untersuchung der Wechselwirkungen zwischen Klima und Biogeochemie. Die Verankerung mit einer Vielzahl von Instrumenten, darunter Temperatur-, Salzgehalts- und Sauerstoffsensoren, Strömungsmesser und Sedimentfallen, wird seit mehreren Jahren genutzt, um kontinuierliche Zeitserien von physikalischen und biogeochemischen Größen zu gewinnen. Seit Oktober 2008 wird die Station monatlich vom kapverdischen Forschungsschiff Islandia unseres Partnerinstituts INDP (Instituto Nacional de Desenvolvimento das Pescas) angefahren. Dabei werden Wasserproben aus den oberen 500 Metern genommen, um Nährstoffe, Sauerstoff, gelösten organischen und anorganischen Kohlenstoff, Alkalinität, Chlorophyll und DNA-Proben zu untersuchen. Da die Islandia gerade defekt in der Werft liegt, ist eine Beprobung während unserer Expedition umso wichtiger.

Gute Stimmung an Bord

Nach einer neunwöchigen Messfahrt konnten wir einen unserer autonomen Gleiter bei etwa 8°N, 23°W erfolgreich wieder aufnehmen. Der Gleiter wurde lange vor unserer Expedition südlich von Mindelo auf den Kapverden ausgelegt und hat ins-

◐ Letzte Vorbereitungen für die Auslegung des **Profilers**. Er fährt motorgetrieben den Verankerungsdraht auf und ab und misst dabei Temperatur, Salzgehalt, Druck und Strömungsgeschwindigkeit in bis zu 3.500 Metern Tiefe.

gesamt 1.300 Kilometer zurückgelegt. Während seiner Reise durch die Kapverden und weiter Richtung Süden tauchte er alle 5 Kilometer auf 1.000 Meter Tiefe ab und sammelte dabei Messwerte für Temperatur, Salzgehalt, Sauerstoffgehalt, Chlorophyllkonzentration und Trübung. Diese Messfahrt ist die bisher längste, die ein Gleiter unseres Instituts durchführen konnte.

Die Stimmung an Bord ist trotz der hohen Arbeitsintensität gleich zu Beginn der Reise sehr gut und die Zusammenarbeit mit Kapitän Walter Baschek und seiner Crew klappt hervorragend. Beim Passieren der PIRATA Boje bei 11.5°N, 23°W konnten auch schon reichlich Fische gefangen werden, die – vom Koch erstklassig zubereitet – unseren Speiseplan bereicherten.

Entlang des 23°W-Längengrades

Südlich der kapverdischen Inseln konzentrieren sich unsere Untersuchungen auf das sauerstoffarme Gebiet im tropischen Nordatlantik. Die Untersuchungen sind Bestandteil des DFG Sonderforschungsbereichs 754 „Klima-Biogeochemische Wechselwirkungen im tropischen Ozean". Im Bereich zwischen den Kapverden und etwa 5°N, in Tiefen zwischen 300 und 700 Metern befindet sich die sogenannte Sauerstoffminimumzone. Diese Zone entsteht aufgrund geringer Sauerstoffzufuhr mit den eher schwachen Strömungen, bei gleichzeitig hohem Sauerstoffverbrauch durch den Abbau von biologischem Material, das aus der lichtdurchfluteten Schicht in die Tiefe sinkt. Die Sauerstoffminimumzone wird im Süden durch das äquatoriale Stromsystem begrenzt, das sauerstoffreiches Wasser vom westlichen Rand des Atlantiks in den Ostatlantik transportiert. Für uns geht es bei dieser Reise insbesondere darum, die Rolle verschiedener Prozesse bei der Belüftung der Sauerstoffminimumzone zu verstehen. Zu diesen Prozessen zählen die vertikale und horizontale Vermischung sowie sauerstoffreiche Strömungen. Durch die Untersuchung des Zusammenspiels von Belüftung und Sauerstoffverbrauch wollen wir herausfinden, warum der Sauerstoffgehalt in dieser Region in den letzten Jahrzehnten abgenommen hat. Dafür setzen wir verschiedene Beobachtungssysteme ein. Die CTD-Sonde mit dem Kranzwasserschöpfer liefert hochgenaue Messungen an Stationen im Abstand von etwa 50 Kilometern und erlaubt gleichzeitig eine Untersuchung der dabei gewonnenen Wasserproben hinsichtlich verschiedener biologischer und chemischer Parameter.

Neben der mittleren Sauerstoffkonzentration in großen Meeresgebieten, die entscheidend für die dort lebenden Organsimen, aber auch für verschiedene chemische Prozesse ist, interessiert uns auch die Variabilität des Sauerstoffs auf sehr viel kleineren Skalen. Um die Sauerstoffschwankungen im Bereich von wenigen Kilometern auflösen zu können, werden zum Beispiel Gleiter eingesetzt. Sie erreichen einen typischen Abstand zwischen 2 Profilen von 4 bis 5 Kilometern und lösen damit die den Ozean durchziehende Filamente aus sauerstoffreichem Wasser auf. Neben Gleitermessungen kann man solche Filamente auch sehr gut mit verankerten Instrumenten vermessen. Dazu wurden bereits im März 2008 bei 5°N und 8°N zwei Verankerungen ausgebracht, die mit modernsten CTD Profilern ausgerüstet waren. Solche Profiler fahren motorgetrieben den Verankerungsdraht herauf und herunter und messen dabei Salzgehalt, Temperatur, Tiefe, Sauerstoff und Strömungsgeschwindigkeit. Leider hatten wir unsere Rechnung ohne die hiesigen Fischer gemacht. Ihre Langleinen verfingen sich in den Verankerungen und verhinderten schon nach kurzer Zeit (4 Monate bzw. wenige Tage) ein weiteres Auf- und Abfahren der Profiler. In der Zwischenzeit haben wir das Design dieser Verankerungen vollständig umgestellt und messen jetzt mit an unserem Institut entwickelten Sauerstoffsonden, mit verankerten CTDs und mit Strömungsmessern – alle in Käfigen montiert und somit gut geschützt vor Langleinen.

Am Äquator angelangt

Wissenschaftlich gesehen ist der Äquator von besonderem Interesse. Zum Beispiel gibt es hier sehr starke Strömungen, der stärkste unter ihnen ist der Äquatoriale Unterstrom mit einer Strömungsgeschwindigkeit von nahezu einem Meter pro Sekunde und einem Transport vergleichbar mit dem des Floridastroms. Dieser Transport ist etwa 100-mal stärker als die Wasserführung des Amazonas. Unterhalb der westwärts gerichteten Oberflächenströmung transportiert dieser Strom in etwa 100 Meter Tiefe salzreiches Wasser vom westlichen Rand des Atlantiks bis zum afrikanischen Kontinent. Auf seinem Weg nach Osten steigt das Wasser langsam auf und kühlt, wenn es die Oberfläche im Ostatlantik erreicht, die Oberflächentempera-

> Wir hatten unsere Rechnung ohne die hiesigen Fischer gemacht. Ihre Langleinen verfingen sich in den Verankerungen und blockierten unsere Profiler.

◂ Ausrangierte Eisenbahnräder dienen als Gewicht, um eine Verankerung mit Messinstrumenten in die Tiefe zu ziehen. Auftriebskörper halten die Verankerung in der Wassersäule.

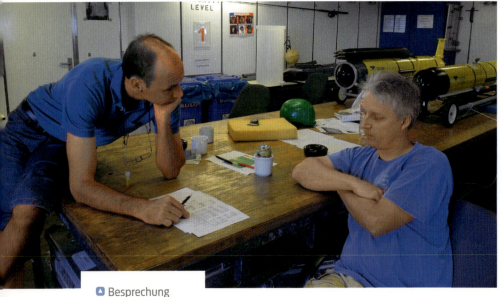

Besprechung im Labor des Forschungsschiffes METEOR: Fahrtleiter **Peter Brandt** (l.) und Gleiter-Experte **Gerd Krahmann** planen die nächste wissenschaftliche Mission der Gleiter.

> Der zu vermessende Tiefenbereich wird durch „Deep Jets" dominiert. Das sind Tiefenströmungen in bis zu 3.000 Metern mit Geschwindigkeiten von 10 bis 20 Zentimetern pro Sekunde.

tur beträchtlich ab. Jahreszeitlich sind die kältesten Temperaturen am Äquator im August zu erwarten mit bis zu 22°C. Auf unserem Kurs lag die Oberflächentemperatur zwischenzeitlich noch unter 25°C bei ansonsten 28 – 29°C im Bereich der Tropen. Jahreszeitliche und mehrjährige Änderungen des Äquatorialen Unterstroms werden im Rahmen des BMBF Verbundprojekts „Nordatlantik" mit Hilfe eines Arrays von verankerten Strömungsmessern untersucht. Dieses Array besteht aus fünf Verankerungen, die entlang des 23°W-Längenkreises zwischen 2°N und 2°S ausliegen. Hauptarbeit der letzten Woche war die Aufnahme und Wiederauslegung dieser Verankerungen. Zusammen mit den Verankerungsarbeiten bei 5°N haben wir innerhalb von sieben Tagen neun Verankerungsbewegungen vollbracht – fünf Aufnahmen und vier Auslagen. Damit sind bisher alle Verankerungen erfolgreich geborgen. Nahezu alle Instrumente haben die 20 Monate seit der letzten Auslegung hervorragend gearbeitet und nun wartet eine große Datenmenge auf eine detaillierte Analyse bezüglich des Einflusses der beobachteten Strömungen auf Oberflächentemperatur und Klima im atlantischen Raum.

Tiefenzirkulation

In Zusammenarbeit mit dem Woods Hole Oceanographic Institution (WHOI) in den USA werden bei der jetzigen Wiederauslegung des Verankerungsarrays die zuvor genannten Profiler zur Vermessung des tiefen Ozeans eingesetzt. In Einsatztiefen zwischen 1.000 Metern und 3.500 Metern Wassertiefe können diese motorgetriebenen Instrumente ungefährdet von der Langleinenfischerei operieren. Während ihrer anderthalbjährigen Verankerungszeit laufen sie etwa 150-mal den Verankerungsdraht herauf und herunter und legen insgesamt eine Strecke von 750 Kilometern zurück. Dabei messen sie Temperatur, Salzgehalt und Strömungen und erlauben damit einen detaillierten Einblick in das äquatoriale Tiefenstromsystem.

Der zu vermessende Tiefenbereich wird durch die sogenannten „Deep Jets" dominiert. Das sind Tiefenströmungen in Tiefen bis 3.000 Meter mit Geschwindigkeiten von 10 bis 20 Zentimetern pro Sekunde in Ost-West-Richtung. Sie erstrecken sich entlang des Äquators quer durch den gesamten Atlantik. Ihre Richtung kehrt sich mit der Tiefe alle paar hundert Meter um. Interessanterweise werden diese Tiefenströmungen im tiefen Ozean erzeugt und ihre Energie wird offenbar durch die Wasserschichten nach oben weitergereicht, wo Oberflächenströmung und -temperatur beeinflusst werden. Mit den jetzt ausgelegten Verankerungen versuchen wir die langperiodischen Schwankungen der Deep Jets, aber auch ihre Erzeugungsmechanismen zu verstehen.

Rendezvous am Äquator

Direkt am Äquator bei 23°W geographischer Länge trafen wir mit unserer Meteor auf die Polarstern. Für beide Schiffe ist es der Mittelpunkt ihrer Mission zur Erforschung des Klimas im tropischen Atlantik. Und es ist ein besonders geschichtsträchtiger Ort: Hier in diesem Gebiet hatte bereits während der Deutschen Atlantischen Expedition von 1925 bis 1927 das Vermessungsschiff Meteor, also die erste Meteor, die Hydrographie des tropischen Atlantik detailliert erforscht. Bereits damals konnte hier am Äquator ein Maximum in der Sauerstoffkonzentration, das die Sauerstoffminimumzonen der nördlichen und südlichen Tropen voneinander trennt, durch Messungen nachgewiesen werden (Wattenberg 1938). Die komplexe Ozeandynamik am Äquator mit ihren starken und zeitlich variierenden Strömungen als mögliche Ursache des Sauerstoffmaximums hat allerdings bis heute verhindert, dass dieses Sauerstoffmaximum mit modernsten Ozeanmodellen wiedergegeben werden kann.

Auch heute steht der Äquator und gerade der 23°W Längengrad im Focus einer internationalen Forschungsinitiative, dem Tropischen Atlanti-

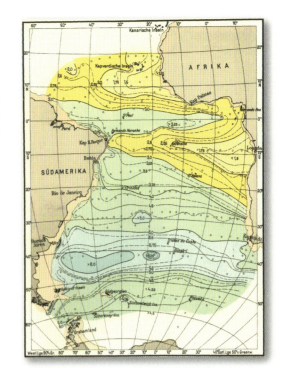

Gleiches Fahrtgebiet: Bereits während der **Deutschen Atlantischen Expedition** (1925 – 1927) konnte ein Sauerstoffmaximum am Äquator nachgewiesen werden. Es trennt die Sauerstoffminimumzonen der nördlichen und südlichen Tropen.

schen Klimaexperiment auch kurz TACE genannt. In diesem Programm, das im Jahr 2006 begann und 2011 beendet wurde, konnte die Möglichkeit von Klimavorhersagen im tropischen Atlantik untersucht werden. Der 23°W Meridian ist ein bevorzugter Wiederholungsschnitt, der auch von Forschungsschiffen aus den USA und Frankreich abgefahren und entlang dessen Wassermasseneigenschaften und Strömungen vermessen werden. Gerade die Intensität der Niederschläge über Teilen von Afrika und Südamerika ist eng mit den Vorgängen im und über dem Ozean verbunden. Sowohl die Polarstern als auch die Meteor leisten ihren Beitrag zur Erforschung des tropischen Klimas. Während sich die Polarstern auf die Atmosphäre und dabei insbesondere auf Strahlung, Wolken und den Eintrag von Saharastaub in den Ozean konzentriert, befasst sich das Forschungsprogramm der Meteor mit dem Ozean, mit den Strömungen, dem Wärmebudget sowie dem Sauerstoff- und Kohlenstoffkreislauf.

Während unseres Rendezvous am Äquator ließen wir die Schlauchboote zu Wasser und wissenschaftliche Besatzungen und Mannschaften besuchten sich gegenseitig. Forschungsergebnisse wurden ausgetauscht und Vorteile und Besonderheiten der Schiffe im Arbeitsalltag diskutiert. Gegen 12 Uhr war das Treffen beendet und beide Schiffe konzentrierten sich wieder auf die Forschung. Während Meteor die Auslegung einer Strömungsmesserverankerung am Äquator begann, dampfte Polarstern langsam Richtung Südpol davon.

Zurück vom südlichsten Punkt unserer Reise bei 6°S durchquerten wir auf unserem Weg nach Norden ein zweites Mal das äquatoriale Stromsystem. Dabei konnten die Arbeiten im Rahmen des BMBF Verbundvorhabens „Nordatlantik" zu den jahreszeitlichen und mehrjährigen Änderungen des Äquatorialen Unterstroms abgeschlossen werden und die verbliebenen Langzeitverankerungen des äquatorialen Arrays erfolgreich geborgen und wieder ausgelegt werden.

Strömungen

Während der verschiedenen Arbeiten in Äquatornähe wurden kontinuierlich Strömungen des oberen Ozeans erfasst. Dafür benutzen wir im Schiff eingebaute Strömungsmessgeräte, die mittels Akustik die Ozeangeschwindigkeiten messen, sogenannte „Ocean Surveyor" ADCP's. Auf Meteor gibt es zwei solcher Geräte, die wahlweise eingesetzt werden. Eines arbeitet mit einer Frequenz

Mit dem Zodiak zu den Kollegen. Während des „Gipfeltreffens auf See" tauschten Wissenschaftler und Crew von METEOR und POLARSTERN Erfahrungen aus.

Die Datensätze von Gleiter, Mikrostruktursonde und Verankerung geben ein detailliertes Bild der Vermischungsprozesse am Äquator während unserer Forschungsfahrt.

▼ Eine seltene Begegnung auf See: METEOR und POLARSTERN trafen sich im tropischen Atlantik direkt am Äquator.

von 75kHz für eine bessere Auflösung und höhere Messgenauigkeit bei geringer Reichweite von circa 600 Metern und eines mit 38kHz für Reichweiten bis über 1.000 Meter Wassertiefe.

Die Strömungsmessungen stellen einen detaillierten Schnappschuss der Strömungen im äquatorialen Atlantik dar und sind wichtiger Bestandteil der wissenschaftlichen Analysen. Aber auch bei unserer täglichen Arbeit an Bord sind sie von zentraler Bedeutung. So muss die langsame Fahrt mit dem Schiff bei den Verankerungsauslegungen immer unter Einbeziehung der Strömungen geplant werden, um am Ende die Verankerung auch auf der im Voraus gewählten Position absetzen zu können. Natürlich sind solch starke Strömungen auch für die Kontrolle unserer Gleiter von Bedeutung, die selbst mit nur etwa 25 Zentimetern pro Sekunde durchs Wasser gleiten.

Der Einsatz unserer drei Gleiter an Bord ist mit unterschiedlichem Erfolg abgeschlossen. Nach der erfolgreichen Mission des ersten Gleiters, der südlich von Mindelo, Kapverden ausgelegt wurde und der etwa 1.300 Kilometer bis 8°N zurückgelegt hatte, konnte auch der zweite Gleiter seine Mission am Äquator erfolgreich beenden. Er umrundete, mit einer Mikrostruktursonde im Huckepack, unsere äquatoriale Verankerung mehrfach. Während der achttägigen Gleitermission hat der MicroRider 256 Mikrostrukturprofile aus den oberen 350 Metern der Wassersäule aufgezeichnet. Darüber hinaus konnte eine oberflächennahe Kurzzeitverankerung, die auf unserer äquatorialen Verankerung angebracht war, erfolgreich geborgen werden. An der Kurzzeitverankerung war ein 1.200 kHz ADCP angebracht, das Strömungsgeschwindigkeiten mit einer sehr hohen vertikalen und zeitlichen Auflösung aufzeichnete. Die Datensätze von Gleiter, Mikrostruktursonde und Verankerung geben ein detailliertes Bild der Vermischungsprozesse am Äquator während unserer Forschungsfahrt. Sie vervollständigen die beträchtliche Datenbasis aus dem äquatorialen Atlantik, die im Rahmen eines DFG-Emmy Noether Programms während vieler vorangegangener Forschungsfahrten gelegt wurde.

Der dritte Gleiter, der vom Äquator nach Norden geschickt werden sollte, hat uns sehr viel mehr Kopfzerbrechen bereitet. Bei seiner ersten Auslegung meldete er eine undichte Stelle. Diese konnte trotz intensiver Bemühungen sowie dem Auswechseln verschiedener Bauteile letztlich nicht lokalisiert werden. Anstatt seiner geplanten Mission zu folgen, tritt dieser Gleiter nun seinen Weg nach Norden mit uns auf dem Schiff an. «

Klimaforschung
im tropischen Atlantik
Prof. Dr. Peter Brandt

>> **Die Klimaforschung im tropischen Atlantik versucht Antworten zu finden auf verschiedene drängende Fragen von großer gesellschaftlicher, ökonomischer und ökologischer Relevanz.** Was sind die dominanten Klimaschwankungen der Tropen, welche Mechanismen treiben sie an und welche Prozesse sind verantwortlich? Ist eine Vorhersage möglich und welche Prozesse müssen dafür in den Vorhersagemodellen korrekt wiedergegeben oder parametrisiert werden? Welche Auswirkungen haben Klimaschwankungen auf Biogeochemie und Lebewesen im Ozean? Neben diesen Fragen, die auch bei rein natürlichen Klimaschwankungen von großem Interesse sind, stellen sich gerade in den Tropen die Fragen nach den lokalen Auswirkungen des anthropogenen Klimawandels: Welche lokalen Auswirkungen haben globale Erwärmung und Ozeanversauerung auf Klimavariabilität, Biogeochemie und natürliche Ressourcen im Ozean? Welche Wechselwirkungen zwischen Klimaänderung und Biogeochemie müssen bei der Analyse künftiger Klimaszenarien berücksichtigt werden?

Die Physik der Ozeane spielt bei all diesen Fragen eine zentrale Rolle. Sie umfasst Prozesse auf allen Raum- und Zeitskalen, von den ozeanweiten wind- und dichtegetriebene Strömungen über planetare Wellen bis hin zur kleinräumigen Vermischung durch interne Wellen und Turbulenzen. Sie schließt den Austausch von Wärme, Frischwasser und Impuls zwischen Ozean und Atmosphäre mit ein. Die grundlegenden Gleichungen der Thermodynamik und der Hydrodynamik sind bekannt und man könnte meinen, dass ein Modell, dem diese Gleichungen zugrunde liegen, sehr realitätsnah sein sollte. In der Tat wird es aber auch in naher Zukunft kein Modell geben, dass es ermöglicht alle relevanten Prozesse gleichermaßen richtig wiederzugeben und vorherzusagen. Das liegt zum einen an der immensen Rechnerkapazität, die für eine gleichzeitige Simulation von kleinsten Bewegungen mit ihrer Relevanz für die Vermischung bis hin zur globalen Zirkulation erforderlich wäre, zum anderen am nichtlinearen Charakter der Gleichungen, die, wie wir seit den bahnbrechenden Arbeiten von Edward N. Lorenz (1963) wissen, nur begrenzte Vorhersagemöglichkeiten bieten. Die Beobachtung des Ozeans und die Vermessung von relevanten Zustandsgrößen ist und bleibt somit sowohl für die Identifizierung und das Verständnis physikalischer Prozesse und ihrer Relevanz im Klimasystem als auch für die permanente Überprüfung und Verbesserung von Modellvorhersagen wichtig.

Die Forschungsschwerpunkte der physikalischen Ozeanographie am GEOMAR | Helmholtz-Zentrum für Ozeanforschung Kiel befassen sich in den letzten Jahren sowohl mit den Ursachen von Oberflächentemperaturschwankungen im äquatorialen Atlantik als auch mit der Sauerstoffversorgung der östlichen tropischen Ozeane. Dazu setzen wir eine Vielzahl von Messmethoden ein. Neben autonomen Geräten, wie Oberflächendriftern, in großer Tiefe treibenden Floats und Gleitern, sind Forschungsfahrten mit den deutschen Forschungsschiffen METEOR, MARIA S. MERIAN, POLARSTERN oder POSEIDON unverzichtbar. Diese Forschungsschiffe sind mit modernster Technik und hervorragend ausgestatteten Laboratorien ausgerüstet. Sie erlauben uns kontinuierliche

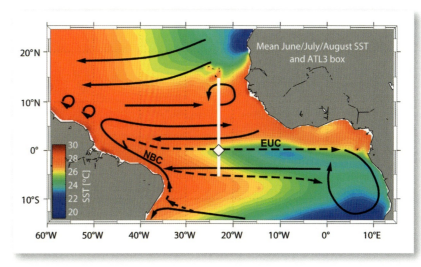

◌ **Mittlere Oberflächentemperatur** im Nordsommer (Juni/Juli/August) mit den wesentlichen Strömungen an der Oberfläche und in Oberflächennähe (gestrichelte Pfeile). Die weiße Linie markiert die 23°W Fahrtroute. Die weiße Raute zeigt die Verankerungsposition am Äquator.

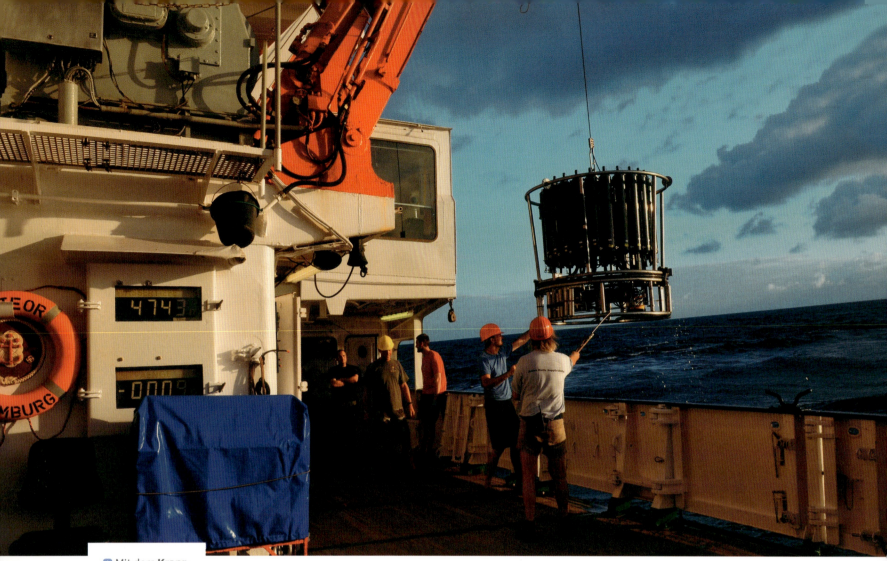

▲ Mit dem **Kranzwasserschöpfer** werden Proben in unterschiedlichen Wassertiefen genommen. Eine zusätzliche Sonde misst unter anderem Temperatur, Salz- und Sauerstoffgehalt.

Messungen von Temperatur, Salzgehalt und Spurenstoffen im oberflächennahen Ozean, von Strömungen bis in Tiefen über 1.000 Meter, sowie meteorologischer Parameter. Verschiedenste Instrumente können vom Schiff ausgebracht, bis zum Meeresboden gefiert oder am Kabel geschleppt werden. Sie ermöglichen eine direkte hochgenaue Erfassung der verschiedenen physikalischen und biogeochemischen Parameter oder auch das Schöpfen von Wasserproben für eine spätere Analyse im Schiffslabor oder zu Hause. Ein weiterer Schwerpunkt unserer Forschung besteht in der Gewinnung von Zeitserien aus dem tiefen Ozean. Dazu setzen wir Verankerungen mit einer Vielzahl von Instrumenten darunter Temperatur-, Salzgehalts- und Sauerstoffsensoren, Strömungsmesser, Sedimentfallen ein.

Das dominante Klimaphänomen im Atlantik ist eine Nordsüdbewegung des tropischen Regenbandes, das sich im Mittel vom äquatorialen Südamerika über den Atlantik bis zum südlichen Teil Westafrikas erstreckt. Dieses Regenband, das aufgrund des Zusammentreffens von Nordost- und Südostpassat auch Intertropische Konvergenzzone genannt wird, bewegt sich mit der Sonne im nordhemisphärischen Frühsommer nach Norden, erreicht seine nördlichste Position im August, um sich danach wieder mit der Sonne nach Süden zu bewegen. Dabei werden die Regengebiete nicht nur über dem Ozean verschoben, sondern insbesondere auch über Kontinentalafrika. Hier sprechen wir vom Afrikanischen Monsun. Er ist gekennzeichnet durch eine zweimalige Richtungsumkehr der Winde im Jahresgang und führt zur Entstehung von Regen- und Trockenzeiten. Trotz der Dominanz des Jahresganges im Atlantik treten im Afrika südlich der Sahara (Subsahara) starke mehrjährige bis multidekadische Klimaschwankungen auf mit großen Auswirkungen auf Wasserversorgung, Landwirtschaft, Tropenkrankheiten oder auch die Infrastruktur der betroffenen Länder. Der Ozean spielt bei all diesen Schwankungen eine entscheidende Rolle.

Während langfristige, dekadische bis multidekadische Schwankungen mit dem generellen Temperaturunterschied zwischen Nord- und Südatlantik, zum Beispiel aufgrund einer sich ändernden thermohalinen Zirkulation, in Verbindung gebracht werden, hängen Schwankungen von Jahr zu Jahr eher mit der Oberflächentemperatur der

Die für Veränderung der Oberflächentemperatur verantwortlichen Prozesse sind noch nicht so verstanden, dass sie in Modellen korrekt implementiert werden und eine Vorhersage des Afrikanischen Monsuns ermöglichen könnten.

angrenzenden Meere zusammen. Eine Vorhersage von Niederschlägen der nächsten Regenzeit, ihr Beginn und ihre Stärke, oder der nächsten Jahre mit dem damit verbundenen gewaltigen Nutzen für die dort lebende Bevölkerung wäre – bei entsprechender Vorhersage der Meeresoberflächentemperatur – daher grundsätzlich möglich. Die für die Veränderung der Oberflächentemperatur verantwortlichen Prozesse in der Atmosphäre und im Ozean sind allerdings bei weitem noch nicht so gut verstanden, dass sie in Modellen korrekt implementiert werden können und damit eine Vorhersage des Afrikanischen Monsuns ermöglichen. Und es werden immer wieder gänzlich neue Prozesse mit ihren Auswirkungen auf das Klima entdeckt. Ein Beispiel sind die äquatorialen Deep Jets, die, wie wir mit unseren Verankerungsdaten zeigen konnten, zur Oberfläche propagieren und einen 4,5-Jahres-Zyklus der Oberflächentemperatur auslösen (Brandt et al. 2011). Ihre Berücksichtigung in Klimamodellen kann Vorhersagen künftig deutlich zuverlässiger machen.

Neben seiner Rolle für das Klima ist der Ozean auch eine wesentliche Nahrungsquelle für die Bevölkerung in Küstenstaaten. Die Auftriebsgebiete vor Westafrika zählen dabei zu den produktivsten und fischreichsten Gebieten im Weltozean. Das Zusammenspiel von Wind und Erdrotation führt dazu, dass der küstenparallele Nordostpassat vor Westafrika das Wasser an der Oberfläche nach Westen, von der Küste weg treibt. Das an der Schelfkante von unten nachströmende Wasser versorgt dann die Planktonblüte mit Nährstoffen und ermöglicht den Aufbau der gesamten Nahrungskette vom Phytoplankton bis hin zu den großen Jägern der tropischen Ozeane, wie zum Beispiel Thunfisch und Schwertfisch. Die hohe Produktion in den Auftriebsgebieten hat im Zusammenspiel mit der generell nur schwachen Zirkulation in den östlichen tropischen Ozeanen aber auch gravierende Auswirkungen auf den Sauerstoffgehalt im Meer. Durch verstärkte Sauerstoffzehrung beim Abbau sinkenden biologischen Materials und gleichzeitig geringer Sauerstoffversorgung durch Strömungen und Vermischung entstehen unterhalb der Deckschicht ausgedehnte Sauerstoffminimumzonen in den östlichen tropischen Ozeanen. Da ein Großteil der Sauerstoffversorgung durch ostwärtige Strömungen vom westlichen Rand erfolgt, spielt auch hier der Pazifik die Extremrolle mit ausgedehnten sauerstofffreien Gebieten. Die Sauerstoffversorgungspfade im Atlantik sind dagegen deutlich kürzer und damit effektiver; die Sauerstoffsättigung sinkt hier kaum unter 10 Prozent. Es gibt also keine sauerstofffreien Regionen. In den letzten Jahren konnte allerdings eine Ausdehnung dieser Sauerstoffminimumzonen der tropischen Ozeane weltweit nachgewiesen werden (Stramma et al. 2008). Dabei sinken die absoluten Sauerstoffkonzentrationen, und die Grenzen der Sauerstoffminimumzonen verschieben sich und vergrößern somit das Volumen von sauerstoffarmem Wasser im Ozean.

Für sauerstoffliebende Lebewesen im oberflächennahen Ozean bedeutet diese Ausdehnung eine Verkleinerung ihres Lebensraums (Stramma et al. 2012); in Schelfgebieten kann sie zur Entstehung oder Ausdehnung von Todeszonen am Meeresboden führen. Die Gründe für diese Veränderung sind weitestgehend unbekannt: globale Erwärmung mit ihrer Auswirkung auf Schichtung und Stabilität im Ozean, Ozeanversauerung durch einen erhöhter CO_2-Gehalt im Ozean oder auch Zirkulationsschwankungen könnten hier eine wesentliche Rolle spielen. «

Wertvolles Wasser aus der Tiefe: Für weitere Analysen im Labor werden die Proben aus den 24 Flaschen des Kranzwasserschöpfers umgefüllt.

Weltpremiere für ein neues Turbulenzmesssystem

Dr. Marcus Dengler
GEOMAR | Helmholtz-Zentrum für Ozeanforschung Kiel

» **Ein Hauptantrieb der weltumspannenden Meerwasserzirkulation, die als eine Art globales Förderband die Ozeane durchzieht, sind sehr kleine wirbelförmige Bewegungen.** Diese Wirbel, unter dem Begriff Turbulenz zusammengefasst, sind in der Regel kaum größer als wenige Zentimeter bis Meter. Ihr alleiniges Bestreben besteht darin Wassermassen mit unterschiedlicher Dichte zu vermischen. Dabei bringen sie Wärme aus den oberen Schichten der Meere in die Tiefe, was dort zum Aufsteigen von kaltem Wasser führt.

Turbulenz lässt sich in fast allen Regionen der Meere aufspüren, die Stärke der Wirbel aber variiert in Zeit und Raum. Direkte Messungen der Bewegungen von turbulenten Wirbeln haben gezeigt, dass deren Energie häufig tausendfach, sehr selten aber auch einhundert millionenfach erhöht sein kann. Zum Leid der Turbulenzforscher sind es gerade diese sehr seltenen Ereignisse, die fast ausschließlich für die Vermischung und dem damit verbundenen Wärmetransport in die Tiefe verantwortlich sind. Das stellt die Beobachtung und Erforschung von ozeanischen Vermischungsprozessen, mit der sich weltweit ca. 300 Wissenschaftler beschäftigen, vor große Herausforderungen.

Für Turbulenzmessungen werden sehr schnelle Sensoren und hohe Datenraten benötigt. Die von der Turbulenz erzeugten Strömungs- und Temperaturänderungen im Ozean werden im Millimeterbereich aufgezeichnet. Wichtig dabei ist auch, dass das Messsystem selbst frei von hochfrequenten Bewegungen ist, da diese von den Sensoren als Wasserwirbel wahrgenommen werden würden.

Die am häufigsten für Turbulenzmessungen eingesetzten Geräte sind frei fallende Sonden, sogenannte Turbulenzprofiler, die von Forschungsschiffen ausgesetzt werden und langsam absinken. Haben sie ihre Zieltiefe erreicht, werden sie an einem nachgeworfenen Kabel wieder an Bord geholt oder steigen nach Abwurf eines Gewichtes wieder auf. Um genaue Aussagen über die mittlere Stärke der Turbulenz an einem Ort zu machen, müssen die Messungen häufig wiederholt werden, damit neben den häufigen schwachen auch die sehr seltenen energetischen Vermischungsereignisse erfasst werden können. Die Messungen erfordern daher viele Schiffzeit, was nur mit hohem finanziellen Aufwand erfüllt werden kann.

Auf dem ersten Fahrtabschnitt der 80. FS METEOR Reise haben wir erfolgreich ein neu entwickeltes autonomes Turbulenzmesssystem eingesetzt. Das System besteht aus einer selbstregistrierenden Turbulenzsonde, die auf einem Gleiter angebracht wurde. Ein Gleiter, der vor einigen Jahren selbst eine Revolution in der messenden Ozeanographie darstellte, ist in der Lage sich durch Änderung seines Volumens im Wasser selbstständig fortzubewegen, um vorgegebene Positionen im Ozean anzusteuern. Durch die Verringerung seines Volumens an der Meeresoberfläche wird er schwerer als das ihn umgebende Wasser und er fängt an, abzusinken. Sein langgezogener Rumpf mit kleinen Tragflächen erlaubt es ihm, sich während des Absinkens auch in horizontaler Richtung fortzubewegen. In seiner Zieltiefe angekommen, vergrößert er sein Volumen und beginnt mit dem Aufstieg, wobei er sich weiter in Richtung Zielposition bewegt. Während des Gleitens durch das Wasser zeichnet die aufgesetzte selbstregistrierende Turbulenzsonde 500 Strömungs- Temperatur- und Salzgehaltswerte pro Sekunde auf, anhand derer die Energie der kleinen turbulenten Wirbel bestimmt werden kann. Zusätzlich werden die hochfrequenten Eigenbewegungen des Gleiters durch Beschleunigungssensoren erfasst.

Dieses auf unserer Forschungsfahrt weltweit zum ersten Mal eingesetzte Turbulenzmesssystem kann über einen Zeitraum von bis zu einem Monat kontinuierlich die Energie der Turbulenz in der Wassersäule beproben, ohne dass dabei zusätzliche Schiffzeit beansprucht wird. Anhand dieser Langzeitdatensätze werden wir eine sehr detaillierte Vorstellung von turbulenten Vermischungsprozessen erhalten und die sehr seltenen energetischen Vermischungsereignisse, die einen starken Einfluss auf die Ozeanzirkulation und damit auf unserer Klima haben, besser verstehen können. «

◨ Hightech pur: Erstmals wurde eine **Turbulenzsonde** auf einem Gleiter montiert. So konnten im Ozean Strömungs- und Temperaturänderungen im Millimeterbereich aufgezeichnet werden.

◧ Turbulenzforscher **Marcus Dengler** fährt mit dem Zodiak raus, um den Gleiter auf seine Mission zu schicken.

Auf Tiefsee-Expedition in der Arktis

Christopher von Deylen
Komponist und Musiker

Noch ist Land in Sicht: Ein letzter Blick auf die beeindruckende, in einem leichten Dunstschleier getauchte Landschaft von **Spitzbergen** nachdem wir unsere Position vor Longyearbyen verlassen haben.

Seesack packen. Was braucht man, wenn man fast vier Wochen auf einem Forschungsschiff unterwegs ist? Studiere die Anweisungen der Fahrtleitung noch einmal genau. Alle Papiere sind ausgefüllt und eingereicht, die Ausrüstung per Container in Richtung Spitzbergen unterwegs. Vier Wochen werde ich im QUEST-Team von Dr. Volker Ratmeyer an Bord des Forschungseisbrechers POLARSTERN mitarbeiten. Er ist Projektleiter für ferngesteuerte und autonome Unterwasserfahrzeuge am Bremer Zentrum für Marine Umweltwissenschaften, kurz MARUM. Wäre er Musiker, ich würde ihn mit auf Tournee nehmen. Volker Ratmeyer aber ist Meeresforscher, studierter Geologe, mittlerweile ein Allrounder in Sachen Meerestechnik.

Der beste Roboter ist jedoch nichts ohne Menschen, die ihn bedienen. Ein hoch spezialisiertes Experten-Team kümmert sich fast rund um die Uhr um dieses Wunderwerk der Technik. Als Musiker in diesem Team während einer Expedition mitarbeiten zu dürfen, ist natürlich keine Selbstverständlichkeit und erforderte eine gründliche Vorbereitung und Schulung. Beim allerersten Training mit dem Greifarm an der Übungsstation an Land hieß es für mich Nerven bewahren. Hut ab vor den Piloten, die das QUEST durch die Tiefsee fliegen. Meine erste Übung: eine Sprudelkiste mit dem Roboterarm anheben und versetzen, danach einen Karabinerhaken befestigen. Nicht leicht, aber Volker Ratmeyer sah recht zufrieden aus und sein erstes leises Lob für die Ruhe bei der Bewältigung dieser kleinen Aufgabe lässt mich zuversichtlich an Bord gehen.

An Bord der POLARSTERN
Kaum auf dem Schiff, beginnen die verschiedenen Wissenschaftlerteams mit ihren Vorbereitungen. Container werden geöffnet, Kisten herausgerollt, Labore eingerichtet. Der Tauchroboter wird von einem der Bordkräne vorsichtig aus seinem Container gehoben und auf dem Arbeitsdeck platziert, ebenso die stattlich dimensionierte Seilwinde mit 5.000 Meter Spezialkabel, das den Roboter in der Tiefsee mit Energie versorgt.

Der erste Abend – ein Traum mit blauem Himmel und strahlendem Sonnenschein. Wir verlassen unsere Position vor Longyearbyen. Am Horizont sehen wir noch für lange Zeit die beeindruckende, in einen leichten Dunstschleier getauchte Landschaft von Spitzbergen. Der nächste Tag beginnt früh. Immer noch schönstes Sonnenlicht, aber winterliche Temperaturen. Ich ziehe meine Arbeitskleidung an: eine Kombination aus einer extrem isolierenden, windabweisenden Jacke und Hose mit Neoprenfutter. Das Material hat Auftriebseigenschaften, wirkt also wie eine Schwimmweste – im Falle eines Falles, gut zu wissen. Dazu rutschfeste Arbeitsschuhe mit Stahlkappen für die Arbeit an Deck.

Die ersten Eisschollen. Ihre Dichte nimmt zu und die Eisbrecher-Qualitäten der POLARSTERN sind gefragt. Scheinbar mühelos schiebt sie sich auf das meterdicke Eis und bricht sich ihren Weg frei. Letzte Vorbereitungen für den ersten Tauchgang. Das Team geht die lange „Pre-Dive-Checkliste" durch.

Hochspannung. Um das QUEST in der Tiefsee mit ausreichend Energie versorgen zu können, muss an Bord mit Hochspannung gearbeitet werden. Ein Transformator erzeugt eine Spannung in Höhe von 3.300 Volt. Der hintere Bereich des Schiffes, in dem die MARUM-Container platziert sind, wird aus Sicherheitsgründen abgesperrt, sobald die Hochspannung eingeschaltet ist. Nur wer direkt mit dem QUEST zu tun hat, darf sich dann noch dort aufhalten. Die Gesichter sind angespannt, aber auch voller Vorfreude auf die kommende lange Tauchnacht.

Ein letzter Rundgang um das QUEST, ein letztes Mal die Verankerung des Kabels geprüft. Ein Moment der Ruhe, die Mannschaft steht bereit und wartet auf das Zeichen zum Launch. Anh aus

> Scheinbar mühelos schiebt sich die POLARSTERN durch das meterdicke Eis und bricht sich ihren Weg frei.

◀ Die MARUM-Container und das QUEST an Bord. Im **"Van"**, dem Kontrollcontainer, sitzen die Piloten, die das ROV ferngesteuert durch die Tiefsee fliegen.

Vietnam bedient die Seilwinde und achtet darauf, dass immer genug Kabel nachgegeben wird. In der Heckposition verharrt das QUEST für kurze Zeit und scheint vor dem Tauchgang noch einen letzten Blick auf die Meeresoberfläche zu werfen. Ein Schwarm Eissturmvögel verfolgt das Manöver. Die Hydraulikpumpen der POLARSTERN fangen zu arbeiten an, die Seilwinde wird aktiviert, das QUEST ins Wasser gesetzt. Die horizontalen Thruster-Motoren werden gestartet und langsam bewegt sich der Tauchroboter vom Schiff weg. Dann werden die drei vertikalen Thruster-Motoren aktiviert und in einer Fontäne aus Schaum und Gischt verschwindet das QUEST in Richtung Tiefe.

2.500 Meter unter dem Meer

Es ist dunkel. Man spürt nur das Vibrieren der Schiffsmotoren, hört das monotone Rauschen der Klimaanlage. Ab und zu ein leises ‚beep', wenn der Computer eine Eingabe quittiert. Bildschirme leuchten auf und tauchen den Innenraum unseres Containers in ein fahles Licht. Die Szenerie erinnert mich an einen Weltraumfilm. Wir sitzen jedoch nicht in der Kommandozentrale eines Raumschiffes, sondern im Kontroll-Container des QUEST, dem sogenannten „Van".

Der „Van" beherbergt das „Gehirn" des ROV-Systems. Die Abkürzung ROV steht für „Remotely Operated Vehicle", so die englische Bezeichnung des ferngesteuerten Unterwasserfahrzeugs. Vom „Van" aus wird es gesteuert. Der Kontrollcontainer ist mit der POLARSTERN vernetzt, diverse Daten werden ausgetauscht. Es besteht eine direkte Sprechverbindung zur Brücke, da die Navigation der beiden Fahrzeuge aufeinander abgestimmt werden muss. Über das sogenannte „Posidonia" kann die aktuelle Position des QUEST bestimmt werden. Dazu wird es mittels Spezialantennen im Schiffsrumpf angepeilt. Die ausgemachte relative Position zum Schiff wird dann mithilfe der GPS-Position der POLARSTERN zur absoluten Position des QUEST interpoliert. Da GPS-Systeme unter Wasser nicht funktionieren, ist dieses komplizierte Verfahren der einzige Weg, den Tauchroboter zu orten. Auf den diversen Tauchgängen müssen exakte Positionen („Statio-

△ **Dr. Volker Ratmeyer** (l.) im Kontrollcontainer des QUEST. Der ROV-Experte schulte sein neues „Team-Mitglied" **Christopher von Deylen** schon vor der Expedition intensiv an der Übungsstation an Land.

nen") angefahren werden, darum ist eine genaue Standortbestimmung entscheidend. Einer der vielen Bildschirme im „Van" zeigt auf einem Koordinatensystem die Positionen von QUEST, POLARSTERN und den einzelnen Stationen.

Auf Station

Der Tiefenmesser zeigt 2.448 Meter. Insgesamt acht Kameras geben uns ein umfassendes Bild von der Situation am Meeresgrund. Einige von ihnen sind via Joystick dreh- und schwenkbar. Für die Benutzung eines der beiden Greifarme gibt es ein komplexes Eingabegerät, den sogenannten „Master-Arm". Es ist eine Miniaturversion des Roboterarmes, mit dem die ausgewachsene Version am QUEST millimetergenau gesteuert wird – und das über eine Entfernung von bis zu 5.000 Metern. Wir haben ein diffiziles Programm vor uns. Mehrere Stationen auf dem Meeresgrund müssen „angeflogen" werden. An den Stationen warten Instrumente und Geräte auf ihren Einsatz. Sie sind zu einem früheren Zeitpunkt abgesetzt worden. Das QUEST ist bei den Arbeiten in der Tiefsee nun der verlängerte Arm der Wissenschaftler.

Das Anfliegen der einzelnen Stationen gestaltet sich mitunter recht komplex. Da die Sichtweite in der Tiefsee, trotz der Scheinwerfer des ROV, teilweise nicht viel mehr als fünf Meter beträgt, ist eine genaue Positionsbestimmung der Ziele notwendig. Diese kann unter anderem durch Peilverfahren oder mittels Sonar erfolgen. Alle im Container anwesenden Wissenschaftler starren gebannt auf den Sonar-Bildschirm mit dem charakteristischen orangefarbenen Fächer. Oft verbirgt sich hinter einem verheißungsvollen Signal nur ein großer Stein, dann geht die Suche weiter. Diese Prozedur kann zur echten Herausforderung werden. Viel Geduld und Konzentration sind gefragt. Wenn sich auf dem High-Definition Flatscreen im Dunkelblau der Tiefe die Schemen einer Zielstation abzeichnen, geht ein deutlich vernehmbares Aufatmen durch den „Van". Es ist kurz vor drei Uhr morgens. Ich gehe kurz in „Messe 2" auf dem C-Deck, um eine frische Ladung Kaffee zu holen. Volker und Patrick fliegen das QUEST.

Flug um Vier

Gegen vier Uhr bin ich dran. Ich setze mich neben Volker an den rechten Pilotenplatz. Wir sind immer noch in 2.500 Meter Tiefe. Meine Team-Kollegen Anh und Christian sind draußen an der Kabelwinde. Sie halten „Windenwache". Von Zeit zu Zeit muss die Kabellänge korrigiert werden, daher ist diese Position durchgehend besetzt. Ein Bildschirm am Windenstand gibt Aufschluss über den Fortgang der Unterwasser-Operation, die Verständigung zum „Van" funktioniert via Sprechfunk.

Ich lege meine rechte Hand an den „Puck" und fliege das QUEST in 2 Meter Höhe über den Meeresgrund. Mit der linken Hand berühre ich ab und zu den Touchscreen, über den die Geschwindigkeit der Thruster-Motoren geregelt wird. Ein leises „beep" ertönt. Dann richte ich die Augen auf den Bildschirm-Kompass, der die Flugrichtung anzeigt. Langsam gewöhne ich mich an die Reaktionszeiten des QUEST. Die Steuerung ist sehr sensibel, da wechselnde Strömungen die Lenkbewegungen beeinflussen. Eine gewisse Trägheit muss beachtet

> Da die Sichtweite in der Tiefsee trotz der Scheinwerfer des ROV teilweise nicht viel mehr als fünf Meter beträgt, ist eine genaue Positionsbestimmung der Ziele notwendig.

Die „Nabelschnur" des Tauchroboters: Das 5.000 Meter lange Spezialkabel auf der Winde versorgt das QUEST unter Wasser mit der nötigen Energie und garantiert den Datentransfer.

werden. Man muss aufpassen, dass man beim Fliegen das Kabel nicht zu weit verdreht. Zum Glück gibt eine Anzeige Aufschluss über den Grad der Drehung.

Es muss kurz nach fünf sein, die Brücke meldet sich. Der wachhabende Offizier teilt uns mit, dass ein Eisfeld auf die POLARSTERN zutreibt. Wir können unsere Position nicht mehr schnell genug ändern, so dass wir nur eine Alternative haben: Hoffen, dass es nicht zur Kollision der Eisschollen mit unserem Kabel kommt. Deswegen wird der ‚A-Rahmen', über den das Kabel in die Tiefe geht, etwas steiler gestellt. Mehr kann man im Moment nicht tun. Die Brücke schickt einen Matrosen zur Beobachtung ans Heck, Christian geht ebenfalls auf Position und überwacht die Lage.

Fahrstuhl in die Tiefe

Der Zeitpunkt zum Auftauchen rückt näher, nur noch eine Station muss angeflogen werden. Der sogenannte „Fahrstuhl" des Max-Planck-Instituts für Marine Mikrobiologie Bremen. Ein zwei Tonnen schweres Gerät, das passenderweise auf den Namen COLOSSUS hört. In seinem Transportkäfig werden diverse Messinstrumente und Sedimentproben verstaut. Der „Fahrstuhl" muss sicher lokalisiert werden, bevor er „ausgelöst" wird. Dazu wird über ein Hydrophon ein akustisches Signal in einer bestimmten Frequenz übertragen. Der Empfänger am „Fahrstuhl" registriert dieses Signal und löst die Verankerung. Die angebrachten Auftriebskörper bringen das Gerät nach oben. Über das bereits erwähnte Posidonia-System kann es dann vom Schiff geortet und mit einem der Kräne an Bord gehievt werden.

Ich fliege in Richtung der letzten ausgemachten Position des „Fahrstuhls" und nähere mich ihm bis auf etwa 40 Meter. Das Sonar zeigt nun eindeutig die Umrisse von Colossus, so dass der Impuls zum Auslösen gegeben werden kann. Kurze Zeit später verschwindet der Schatten auf unserem Sonar. Eindeutiger Beleg dafür, dass der Auslöse-Vorgang funktioniert hat. Das Eisfeld haben wir inzwischen hinter uns gelassen. Laut Christian hat eine besonders große Eisscholle das ROV-Kabel nur knapp verfehlt. Glück gehabt.

Kurz nach sechs Uhr in der Früh ist die heutige Mission beendet, fertig machen zum Auftauchen. Der Abstand zur POLARSTERN wird geringer. Ich versuche während des Auftauchens eine Position 50 Meter hinter dem Schiffsheck zu halten. Eine starke Strömung macht häufige Korrekturen nötig. Wir lehnen das QUEST gegen die Strömung, um nicht abzudriften. Volker koordiniert die Win-

> Teamchef Volker Ratmeyer ist in ständigem Kontakt mit dem Fahrtleiter Michael Klages und der Schiffsführung, gemeinsam arbeiten sie daran, das wissenschaftliche Programm möglichst in vollem Umfang umzusetzen.

dengeschwindigkeit mit unserem Auftauchmanöver, zurzeit hievt die Winde mit 28 Metern pro Minute. Er sieht müde, aber zufrieden aus, als er der Brücke Bescheid gibt, dass das QUEST in einer guten Stunde an Bord geholt werden soll. Die Mannschaft versammelt sich am Heckgalgen. Gegen halb acht steht der Tauchroboter wieder an seinem Platz auf dem Arbeitsdeck, ein paar müde und hungrige Gestalten machen sich auf den Weg in die „Messe 1" auf dem D-Deck. Ich frage Moni, die First Stewardess, nach einer Extraportion Spiegeleier hochkant, also von beiden Seiten gebraten. Sie sieht mich an, ahnt die lange Nacht und lächelt.

Unruhige See
Tag 10 auf See. Nach längerer Fahrt befindet sich die POLARSTERN nun in Höhe des 72. Breitengrades, immer noch nördlich des Polarkreises. Wir haben die Eisfelder hinter uns gelassen, die Außentemperatur beträgt vergleichsweise milde 5°C. Die nächste große Station ist der Unterwasser-Schlammvulkan Hakon Mosby. Hier wartet ein komplexes Programm auf die Wissenschaftler. Es sind etliche Tauchgänge geplant, diverse Messinstrumente und wissenschaftliche Geräte sollen auf dem Meeresboden platziert werden. Im Rahmen des Projektes LOOME (Longterm Observations On Mudvolcano Eruptions) sollen mehr Daten und Informationen über die Aktivitäten dieses Schlammvulkans erhoben werden.

Obwohl der Wind nachgelassen hat, ist die See noch sehr unruhig. Die Wellen sind recht hoch und die POLARSTERN schaukelt trotz ihres Tiefgangs von fast elf Metern spürbar. Dies verhindert ein sicheres Aussetzen des QUEST. Der ursprünglich für heute Abend vorgesehene Tauchgang muss verschoben werden. Das Risiko für Mannschaft und Gerät wäre zu groß. Teamchef Volker Ratmeyer ist in ständigem Kontakt mit dem Fahrtleiter Michael Klages und der Schiffsführung, gemeinsam arbeiten sie daran, das wissenschaftliche Programm möglichst in vollem Umfang umzusetzen. Unsere „Wetterfrösche" an Bord, Christian und Hartmut vom Deutschen Wetterdienst, prognostizieren glücklicherweise eine abnehmende Dünung.

Zwischendurch gehe ich immer mal wieder auf die Brücke. Hier oben kann man heute den Wellengang noch deutlicher spüren als weiter unten auf dem Arbeitsdeck. Lutz, Zweiter Offizier, steuert das Schiff. Kurze Absprache mit Kapitän Schwarze für ein Unterwasser-Experiment, Photonenmessung am Hakon Mosby. Dafür muss die POLARSTERN heute Abend exakt auf Position gehalten werden. Bei diesem Wellengang nicht einfach, aber machbar.

◀ Probennahme am Schlammvulkan **Hakon Mosby**. Er erhebt sich etwa 12 Meter über den Meeresboden und hat einen Durchmesser von circa 950 Metern. Jährlich setzt er mehrere hundert Tonnen des Treibhausgases Methan frei.

*Wir tauchen ab, alles verläuft nach Plan.
Nachdem in der letzten Nacht eine heftige Strömung an Fahrzeug
und Kabel gerüttelt hat, ist es heute vergleichsweise ruhig.*

Hakon Mosby

Seit fünf Tagen befinden wir uns nun über dem Unterwasser-Schlammvulkan Hakon Mosby. Täglich gegen 18 Uhr beginnt ein neuer Tauchgang. Gegen 10 Uhr des Folgetages steht das QUEST wieder sicher auf dem Arbeitsdeck. Nach kleineren Wartungsarbeiten und dem ausgedehnten „Pre-Dive-Check" ist das ROV bereit für den nächsten Tauchgang. Das Wetter ist durchwachsen. Regen, dichter Nebel und strahlend blauer Himmel wechseln sich ab. Die Temperaturen bewegen sich über dem Gefrierpunkt.

Um unser Pensum bewältigen zu können, werden die Missionen im Schichtbetrieb „gefahren". Ich bin zusammen mit Patrick und Volker im Team A. Meine Schichten beginnen um 8 Uhr und um 20 Uhr. Wenn ich dann um Mitternacht noch voller Anspannung aus dem abgedunkelten Kontroll-Container ins grelle Sonnenlicht der polaren Sommernacht falle, ist an Bettruhe jedoch erst einmal nicht zu denken. Sitze noch für eine Weile bei dem Nachfolgeteam in unserem provisorischen Winden-Kontrollraum, bevor ich mich in meine Koje lege. Um sieben Uhr klingelt der Wecker, eine halbe Stunde später gibt es Frühstück. Chief-Stewardess Moni fragt: „Wie immer?" – „Ja, wie immer. Zwei Spiegeleier hochkant." Dazu ein Becher heißer Tee. Um acht Uhr ist Schichtbeginn.

▼ Vier Wochen harte Arbeit im ROV-Team: Christopher von Deylen steuerte das QUEST sicher durch die Tiefsee. In den Pausen konnte er die eisigen Welten der Arktis genießen.

Hochaufgelöst am Meeresboden

Die High-Definition Kamera des QUEST liefert wirklich beeindruckende Bilder. Auf dem Flachbildschirm im „Van" kann man in Postergröße und höchster Auflösung Seesterne und Tiefseegarnelen bewundern, die in Natura nur wenige Zentimeter groß sind. Mit der sensiblen Zoom- und Schärfenregelung versuche ich, ein möglichst klares Bild zu bekommen. Bei starken Zoom-Einstellungen und großer Blende beträgt die Tiefenschärfe nur wenige Millimeter. Vor allem bei leichten Bewegungen muss die Schärfe permanent nachgeregelt werden. Trotzdem gelingt es uns, kleinste Methangasblasen zu filmen, die hier am Hakon Mosby aus dem Meeresboden austreten.

Am Samstag konnte ich das QUEST beim Missionsbeginn fliegen. Nach dem Launch gehe ich mit Volker in den Container, Patrick ist an der Winde. In der Ladebucht (‚porch') des QUEST ist eine Unterwasserkamera des Wissenschaftlerteams aus Frankreich verstaut. Sie soll am Hakon Mosby über den Zeitraum von einem Jahr das Wachstum von Bakterien am Boden, sogenannte Bakterienmatten, dokumentieren. Die für die Installation vorgesehene Position am Kraterrand des Schlammvulkans wurde beim letzten Tauchgang ausgekundschaftet und mit einem Marker gekennzeichnet. Er besteht aus einer kleinen Box mit einem Fähnchen. Zusätzlich wurden die Koordinaten auf der digitalen Posidoniakarte vermerkt, um das Auffinden zu erleichtern. Beim heutigen Tauchgang soll diese Position angeflogen werden, um die automatische Kamera abzusetzen und zu aktivieren. Über eine drahtlose Modem-Verbindung zum ROV können die Wissenschaftler im Container dann sehen, ob die Kamera richtig funktioniert und der Bildausschnitt ihren Vorstellungen entspricht.

Wir tauchen ab, alles verläuft nach Plan. Nachdem in der letzten Nacht eine heftige Strömung an Fahrzeug und Kabel gerüttelt hat, ist es heute vergleichsweise ruhig. Der Tiefenmesser zeigt 1.250 Meter, während der letzten 150 Meter verlangsame ich die Tauchgeschwindigkeit. Das Fier-Tempo der Winde wird ebenfalls angepasst. Das „Doppler Velocity Log", eine Art akustischer Geschwindigkeitsmesser, reagiert ab einer Höhe von 25 Metern über dem Meeresboden und gibt die Höhe des QUEST über Grund an. Spätestens jetzt muss man das Fahrzeug behände abfangen, damit man nicht auf dem Grund aufschlägt. In einer Höhe von 2 Metern stoppe ich das Fahrzeug. Ich aktiviere die ‚auto-altitude'-Funktion. Nun wird die Flughöhe via Automatik zentimetergenau gehalten.

Zum Glück befinden wir uns bereits in unmittelbarer Nähe zu unserer gestern markierten Zielposition, wir erreichen sie nach wenigen Minuten. Für das Aussetzen der Kamera muss ich das QUEST auf

Sonne in der Nacht über dem arktischen Ozean. Nach vier Wochen auf See heißt es Abschied nehmen.

dem Meeresboden „landen". Dazu schalte ich auto-altitude wieder aus und setze ganz langsam, Zentimeter für Zentimeter auf dem Grund auf. Da das Fahrzeug durch seinen leuchtend roten Auftriebskörper immer nach oben gezogen wird, müssen die horizontalen Thruster-Propeller auch nach der Landung weiterarbeiten. Sonst würde das QUEST automatisch aufsteigen. Ich atme auf, als mir eine „weiche Landung" gelingt. Der Meeresgrund besteht nicht aus einer harten Oberfläche, sondern aus feinsten Sedimentablagerungen. Eine zu forsche Landung würde dieses Sediment aufwirbeln und für kostbare Minuten die Sicht trüben.

Der letzte Tauchgang
Heute Abend beginnt der letzte Tauchgang auf dieser Expedition. Die letzte Vorstellung. Bei traumhaftem Sonnenschein haben wir QUEST mit einem Bilderbuchstart für ein paar Stunden dem Meer übergeben. Ein letztes Mal hat es sich unter aufschäumender Gischt auf den Weg in die Tiefe gemacht, ein letztes Mal verfolge ich auf dem Monitor die 1.200 Meter bis zum Meeresgrund. Ein letztes Mal taucht QUEST auf. Ein letztes Mal versammelt sich die Mannschaft am Heck der POLARSTERN, um ihm an Bord zu helfen. Eigentlich ein ganz normaler Vorgang. In den letzten Tagen und Wochen gehörte so ein Tauchgang zum täglichen Leben wie die Sonne in der Nacht und das „Spiegelei hochkant" am Morgen – und doch ist etwas anders. Morgen Abend wird nicht getaucht. Stattdessen wird der Tauchroboter für seinen Transport vorbereitet, demontiert und in Container verpackt. Es ist jetzt kurz nach Mitternacht, meine letzte Schicht ist beendet. Versuche, die Gedanken an Kofferpacken und Rückreise zu verdrängen und schaue noch ein wenig in die Sonne, die sich in der ruhigen See spiegelt.

Unterwegs zu den
Quellen des Lebens

Prof. Dr. Wolfgang Bach, Dr. Niels Jöns
MARUM – Zentrum für Marine Umweltwissenschaften, Universität Bremen

△ Schwarze Raucher im Manus-Becken (Pazifik): In 1.780 Metern Wassertiefe strömen metall- und sulfidreiche heiße Lösungen aus den Schloten. Im Kontakt mit dem kühlen Meerwasser entstehen Sulfidminerale, die als „Rauch" sichtbar werden.

》 **Townsville, Australien. Das deutsche Forschungsschiff SONNE liegt im Hafen und wartet auf Wissenschaftler und Expeditionsausrüstung.** Der Inhalt von sieben Containern muss verladen und der Tauchroboter MARUM-QUEST an Bord gebracht werden. 25 Geologen, Biologen und Techniker machen sich bereit für ihre Fahrt in das östliche Manusbecken von Papua-Neuguinea. Unser Ziel: die heißen Quellen am Meeresboden. Dort bauen sich gewaltige Schlote auf, aus denen bis zu 360°C heißes, mineralreiches Wasser strömt und als Rauch sichtbar wird – je nach Zusammensetzung schwarz oder weiß. Black Smoker (Schwarze Raucher) oder White Smoker (Weiße Raucher) werden diese submarinen Hydrothermalquellen deswegen auch genannt.

Seit ihrer Entdeckung 1977 liegen sie im Fokus der Meeresforschung. Zunächst interessierten sich vor allem Geowissenschaftler für die Zusammensetzungen der Gesteine, die insbesondere auch aus rohstoffkundlicher Sicht von Interesse sind. Durch die im Laufe der Jahre verbesserte Technik zur Beobachtung und Beprobung in der Tiefsee können wir mittlerweile gezielt Proben nehmen und direkt

◬ Forschen vor imposanter Kulisse: Gewaltige Vulkane säumen die nahe Küste Papua-Neuguineas.

▶ Erstarrter Schwefel verwandelt auch den Meeresboden in grüne Hügel.

vor Ort die chemische Zusammensetzung der Fluide, die das Gestein am Meeresboden durchströmen, untersuchen. So ist inzwischen ein weiterer Aspekt in das Blickfeld der Forscher gerückt: die Biologie. Die heißen Quellen gelten als Oasen der Tiefsee. In den aufgrund erhöhter Schwermetall- und Schwefelgehalte unwirtlich erscheinenden Hydrothermallösungen wimmelt es bei genauerem Hinsehen von Leben. In der dunklen Tiefsee, die an anderer Stelle eher spärlich besiedelt ist, haben die Bewohner der heißen Quellen eine besondere Art des Stoffwechsels erfunden: Ihre Energie beziehen sie nicht aus dem Licht der Sonne, sondern aus chemischen Substanzen. Forscher vermuten, dass das Leben auf unserer Erde vor Milliarden von Jahren an Orten entstanden sein könnte, die den heutigen submarinen Hydrothermalsystemen ähnelten. Diese finden sich überwiegend im Bereich mittelozeanischer Rücken, großer Gebirgszüge am Meeresboden, an denen neuer Meeresboden aus erstarrender Gesteinsschmelze des Erdmantels gebildet wird. Die Stellen, an denen die gealterte Ozeankruste wieder in den Erdmantel zurückgeführt wird, bezeichnen wir als Subduktionszonen. In diesen Bereichen konnte die Zirkulation heißer wässriger Lösungen durch die Ozeankruste ebenfalls beobachtet werden.

Unterwegs ins Arbeitsgebiet. Die Hydrothermalquellen im östlichen Manusbecken von Papua-Neuguinea sind seit Jahren bekannt. Sowohl Gesteine als auch Fluide des oberhalb einer Subduktionszone liegenden Meeresbeckens wurden in der Vergangenheit bereits untersucht. Die Vielfalt des Lebens allerdings nicht. Um zu verstehen, wie das Auftreten von Makroorganismen und den mit ihnen assoziierten Mikroorganismen an die physiko-chemischen Umweltbedingungen gebunden ist, schicken wir erstmalig den Tauchroboter QUEST zu den Quellen am Grund des Manusbeckens.

1.500 Seemeilen Fahrt liegen noch vor uns. Die Zeit des Transfers nutzen wir für die Einrichtung der Labore und bereiten alles vor, um später geologische und biologische Proben schnell bearbeiten zu können. Nach etwa dreieinhalb Tagen Fahrt erreichen wir unser Arbeitsgebiet. Die imposanten Vulkane, die hier die nahe gelegene Küste säumen, zeugen von magmatischer Aktivität im Untergrund, der auch die heißen Quellen am Meeresboden ihre Existenz verdanken. Im Vorfeld der Expedition wurden bereits geeignete Stellen am Meeresboden bestimmt, an denen eine möglichst große chemische und biologische Vielfalt zu erwarten ist.

Die ersten Tauchgänge des ferngesteuerten QUEST haben Untersuchungen am submarinen Vulkan North Su zum Ziel. North Su besteht aus einem circa 500 Meter hohen Vulkankegel, dessen Spitze sich in einer Wassertiefe von 1.150 Metern befindet. Der Vulkan ist sehr aktiv – sowohl magmatisch als auch hydrothermal. Hunderte von hei-

▲ Man findet erstarrenden flüssigen Schwefel und aufsteigende Blasen von Kohlendioxid im Bereich der Weißen Raucher am Meeresboden.

ßen Quellen sind an seinen Flanken zu finden, und die Erscheinungsform der Quellen ist sehr vielfältig. Es gibt beispielsweise warme Quellen, an denen viele Muscheln und Schnecken leben. Diese Muscheln und Schnecken finden hier ideale Lebensbedingungen, da sie eine Symbiose mit schwefelwasserstoffoxidierenden Bakterien eingehen, und die warmen Quellen enthalten große Mengen Schwefelwasserstoff als Nahrung für die Bakterien. Dies unterstreicht, wie eng das Leben in diesem Bereich der Tiefsee an Quellaustritte gebunden ist. Andernorts findet man aber auch deutlich heißere Fluide, die beim Austreten aus dem Meeresboden kochen. Aufgrund des in dieser Wassertiefe herrschenden Drucks kochen die Fluide erst bei einer Temperatur von ungefähr 325°C. Diese Temperatur konnten wir mit Hilfe von Temperatursensoren auch tatsächlich messen. Das Kochen der austretenden Fluide lässt sich in den in Echtzeit auf das Schiff übertragenen Videoaufnahmen erkennen: Die Dampfblasen reflektieren das Scheinwerferlicht und es sieht aus, als würden in dem schwarzen Rauch Lichter brennen.

In diesen ersten Tauchgängen zeigt sich, dass Schwarze Raucher eine sehr häufig auftretende Erscheinungsform des Hydrothermalismus sind. Die gesamte Gipfelregion des North Su-Vulkans ist übersät mit bis zu mehrere Meter hohen natürlichen Schornsteinen, aus denen über 300°C heiße metall- und sulfidreiche Lösungen austreten. Sobald sich diese heißen Lösungen mit dem deutlich kälteren Meerwasser mischen, bilden sich Sulfidminerale, die einerseits die Schwarzen Raucher weiter wachsen lassen und andererseits in der Um-

Die aus Sulfidmineralen aufgebauten natürlichen Schornsteine werden von Schnecken besiedelt.

gebung der Hydrothermalquellen am Meeresboden abgelagert werden. Bereits in unmittelbarer Nähe zu diesen sehr heißen Quellaustritten finden wir wieder Leben in der Tiefsee: Der Meeresboden ist überzogen von einem Teppich aus feinen weißen Filamenten, die wahrscheinlich von Mikroorganismen gebildet werden. Diese Filamente werden beprobt, und detaillierte Untersuchungen im Labor werden zeigen müssen, ob tatsächlich Mikroorganismen bei der Bildung eine Rolle spielen.

Nach einiger Zeit der Suche stößt der Tauchroboter dann noch auf besonders schwefelreiche Quellen. Sie ähneln zwar den Schwarzen Rauchern, allerdings sind die bei der Abkühlung der Hydrothermallösungen ausfallenden Minerale nicht schwarz. In Analogie spricht man hier von Weißen Rauchern, die wir ebenfalls beproben. Wie extrem schwefelreich einige Bereiche des Vulkans sind, zeigt sich, als wir mit Hilfe des QUEST beobachten können, wie heißer, flüssiger Schwefel am Meeresboden austritt und zu bizarren kerzenförmigen Gebilden erstarrt. Die schwefelreichen Quellen stellen eine auf den ersten Blick lebensfeindliche Umwelt dar: Weißer Rauch, Gasblasen und saure Fluide steigen überall aus dem Meeresboden auf. Dem Geschick der Piloten des Tauchroboters ist es zu verdanken, dass wir selbst hier Proben nehmen können, deren spätere Untersuchung zeigen wird, ob nicht dennoch mikrobielles Leben unter solch extremen Bedingungen möglich ist.

Da auch der Tauchroboter und seine Piloten Pausen benötigen, wird die Zeit zwischen den Tauchgängen für andere Untersuchungen genutzt. Während der Nächte fahren wir das gesamte östliche

Text weiter auf Seite 106

▶ Schaurig schön: Krabben auf erkalteter Lava elementaren Schwefels in Ascheablagerungen in 1.250 Metern Wassertiefe.

▶ Manche mögen's warm: Schnecken und Muscheln leben in Symbiose mit Bakterien bei 30°C im Umfeld der Black Smoker. Die Raucherfluide selbst sind über 300°C heiß.

◂ Besiedlungsexperiment am Meeresboden: Die Zusammensetzung der Wässer wird mit einem Massenspektrometer bestimmt.

◂ Lebensgemeinschaft an einer heißen Quelle: Schnecken und weiße Krabben in einer Bartwurmkolonie.

Der TV-Greifer wird ins Wasser gelassen, um Gesteinsproben aus der Tiefe heraufzuholen.

Manusbecken systematisch mit dem Schiff ab und erstellen mit Hilfe des auf dem Forschungsschiff SONNE installierten Fächerecholots eine detaillierte bathymetrische Karte des Meeresbodens. An einigen Stellen im Arbeitsgebiet wird zudem ein TV-Greifer zur geologischen Beprobung des Meeresbodens verwendet. Mit dieser ferngesteuerten sowie mit Scheinwerfern und Kameras ausgestatteten Baggerschaufel können wir große Probenmengen aus der Tiefe auf das Deck des Schiffes befördern. Einen Kranzwasserschöpfer setzen wir ein, um zusätzlich Meerwasserproben aus verschiedenen Wassertiefen zu nehmen.

Im Anschluss an die Erkundung und Beprobung des North Su-Vulkans setzen wir den Tauchroboter in den ungefähr 50 Kilometer weiter westlich gelegenen heißen Quellen des Pacmanus Hydrothermalfeldes ein. Diese Hydrothermalsysteme befinden sich im Bereich eines submarinen Höhenzugs, der durch vulkanische Aktivität gebildet wurde. Schon nach kurzer Zeit der Suche treffen wir wieder auf Schwarze Raucher. Ihr Rauch ist hier allerdings nur schwach zu erkennen. Umso häufiger finden wir Bereiche des Meeresbodens, in denen warme Wässer flächenhaft austreten. In solchen Bereichen fühlen sich Schnecken, Muscheln und Röhrenwürmer wohl und besiedeln in großer Zahl den Boden. Hier beproben die Ökologen des Forscherteams die vorhandene Fauna, um sie anschließend im Labor einer detaillierten Untersuchung zu unterziehen.

Ein weiterer Forschungsansatz ist das Aussetzen von Besiedlungsexperimenten im Bereich der Quellaustritte: Die Experimente werden für einige Tage am Meeresboden liegen gelassen, später wieder eingesammelt und auf Mikroorganismen untersucht, die während der Zeit des Experiments hier siedeln konnten.

Die Bereiche, in denen flächenhaft warme Wässer aus dem Boden strömen, sind bei den hier lebenden Organismen zumeist sehr beliebt. Um herauszufinden, weshalb die hier ausströmenden Fluide den Organismen offenbar sehr gute Lebensbedingungen bieten, setzen wir ein Massenspektrometer ein, das zusammen mit dem Tauchroboter hinabtaucht. Dieses Gerät liefert in Echtzeit Informationen über die Zusammensetzung

Die Proben werden sofort in den Laboren auf dem Forschungsschiff untersucht, aber viele moderne Untersuchungsmethoden sind zu aufwändig, um sie direkt während der Fahrt durchzuführen.

der Wässer, beispielsweise über deren pH-Wert sowie über die Menge der gelösten Gase. Zusammen mit den Ergebnissen der später im Labor durchzuführenden detaillierten Messungen wird es uns in Zukunft möglich sein, zu verstehen, welche chemischen Umweltbedingungen das Auftreten bestimmter Organismenarten fördern und welche Bedingungen für die Besiedlung des Meeresbodens eher hinderlich sind.

Bei einem Tauchgang in der Nähe eines auf „Satanic Mills" getauften Hydrothermalfeldes machen wir schließlich eine weitere spannende Beobachtung: An einer Stelle unterscheiden sich die beprobten heißen Fluide hinsichtlich ihrer chemischen Zusammensetzung stark von andernorts auftretenden Fluiden. Sie sind deutlich ärmer an gelösten Salzen, sind 345°C heiß und sieden beim Austreten aus dem Meeresboden. Darüber hinaus haben sie große Mengen von Kohlendioxid gelöst. Wie beim Öffnen einer Sprudelflasche tritt das Kohlendioxid aus den aufsteigenden Hydrothermallösungen aus und steigt aus den Rauchern auf. Da unter den Druck- und Temperaturbedingungen, die hier am Meeresboden herrschen, Kohlendioxid nicht als Gas vorliegen kann, nehmen wir an, dass es zunächst als sogenanntes überkritisches Fluid vorliegt und sich bei der Abkühlung dann verflüssigt. Dies erklärt auch das beobachtete langsame Aufsteigen der Kohlendioxidblasen.

▷ Nachdem der Tauchroboter wieder an Deck ist, begutachten die Forscher die Gesteinsproben. Hier unten sieht man die mit goldglänzenden Sulfidmineralen ausgekleideten Fluidförderkanäle.

Im weiteren Verlauf der Forschungsfahrt im östlichen Manusbecken machen die teilnehmenden Wissenschaftler noch viele interessante Beobachtungen und nehmen eine Vielzahl an Proben von Gesteinen, Fluiden und Lebewesen, die im Bereich der submarinen Hydrothermalquellen vorkommen. Zwar konnten einige Untersuchungen bereits in den Laboren auf dem Forschungsschiff durchgeführt werden, aber viele moderne Untersuchungsmethoden sind zu aufwändig, um sie direkt während der Fahrt durchzuführen. Somit erwartet die beteiligten Wissenschaftler womöglich noch die eine oder andere Entdeckung, wenn sie in ihren heimischen Laboren den Vorgängen in den submarinen Hydrothermalquellen auf die Spur kommen wollen.

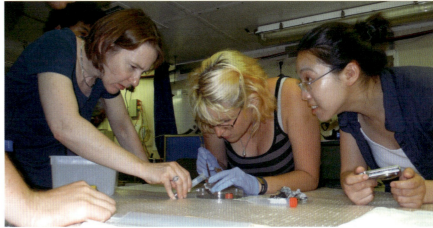

◀ Schimmernd schön: Diese **Glaskrake** wurde während einer Antarktis-Expedition aufgenommen. Sie ist fast durchsichtig – in der Tiefsee eine gute Tarnung vor Feinden.

Urzeitliche Korallen, fluoreszierende Fische, majestätische Quallen oder gigantische Riesenkraken – die Tiefsee ist der größte Lebensraum unseres Planeten, eine kalte, dunkle, aber auch einzigartige und wunderschöne Welt. Bisher ist aber nur etwa ein Prozent der Tiefsee erforscht.

„Entweder wir kennen alle Spielarten von Lebewesen, die unseren Planeten bevölkern, oder wir kennen sie nicht. Wenn wir sie aber nicht alle kennen, wenn die Natur, was ihren Reichtum an Fischarten betrifft, noch Geheimnisse für uns bereithält, was liegt dann näher als die Annahme, dass es noch neue Arten oder Gattungen von Fischen oder Walen geben muss, die in tiefen, keiner Sonde zugänglichen Regionen unterhalb der Wasseroberfläche leben und die in ihren Eigenschaften in besonderer Weise den dort vorherrschenden extremen Umweltbedingungen angepasst sind", so Professor Aronax in Jules Vernes Roman „20.000 Meilen unter dem Meer", der 1869 veröffentlicht wurde.

Heute sind etwa 10.000 Arten beschrieben, bis zu zehn Millionen Arten werden in den Tiefen der Ozeane vermutet.

Dunkelkammer des Lebens

Leben unter Druck
Organismen in der Tiefsee

Prof. Dr. Angelika Brandt
Biozentrum Grindel und Zoologisches Museum, Universität Hamburg

◁ Ein Flohkrebs namens **„Roter Ritter"** *(Epimeria rubrieques)*. Er lebt als Räuber und Aasfresser im Weddelmeer. Dieses Exemplar wurde in 600 Metern Wassertiefe gefangen.

Die Lebensbedingungen in der Tiefsee sind extrem. Es ist kalt, dunkel und es herrscht ein enormer Wasserdruck. Mangels Licht gibt es keine Pflanzen und auch das Nahrungsangebot ist knapp. Tiefseebewohner sind aber gut an diesen Lebensraum angepasst. Bisher ist allerdings erst ungefähr ein Prozent der gesamten Tiefsee erforscht. Etwa 10.000 Arten sind beschrieben, bis zu zehn Millionen Arten werden in den Tiefen der Ozeane vermutet. Bereits in den frühen 60er Jahren stellten Wissenschaftler durch feinmaschige Schleppnetzfänge fest, dass die Dichte (Individuenzahl) und Biomasse (Bestandsgewicht) der Organismen mit der Tiefe abnimmt, die Artenvielfalt aber steigt. In der Folge wurden die Muster der Verteilung der Tiefseeorganismen zu Hauptzielen der biologischen Tiefseeforschung.

So wurde zum Beispiel herausgefunden, dass in vielen Tiergruppen, unter anderem bei Krebsen, Weichtieren und Meeresborstenwürmern, die Artenzahlen bis circa 3.000 Meter Tiefe erst zunehmen, sich durch die Nahrungsarmut, den hohen Druck und möglicherweise auch die geringe Temperatur die Zahl der Bodenbewohner verringert. Schwämme, vor allem Glasschwämme *(Hexactinellida)*, sind bis circa 2.500 Meter sehr häufig, ab dieser Tiefe dominieren meist Stachelhäuter wie Seegurken, Seesterne und Schlangensterne. Kleine Organismen von wenigen Millimetern Größe wie Borstenwürmer, Sternwürmer, Weichtiere und Krebse zeigen keine klare Tiefenpräferenz und existieren in fast allen Tiefen. Hohe Artenzahlen finden sich bei 3.000 Metern.

Wer lebt wo?

Im Ozean produziert das Phytoplankton, mikroskopisch kleine Algen, mittels Photosynthese die Nahrungsgrundlage für alle anderen Bewohner der Ozeane – vom kleinen Ruderfußkrebs bis zum 30 Meter langen Blauwal. Obwohl winzig, nehmen die „Pflanzen des Ozeans" so viel Kohlendioxid auf und produzieren auch so viel Sauerstoff, wie alle Landpflanzen zusammen. Für diese sogenannte Primärproduktion brauchen sie Licht und Nährsalze. Beides gibt es nur in der lichtdurchfluteten Oberflächenschicht des Ozeans. Fast alle Bewohner der darunter liegenden Wasserschichten ernähren sich direkt oder indirekt von den Partikeln, die von oben nach unten sinken. Doch nur ein kleiner Teil des organischen Materials der Phytoplankton-Produktion erreicht den Meeresboden, sei es direkt durch Sedimentation, über die Nahrungskette oder in Form von Detritus (lat.: *detritus* = Abfall). Viele Organismen nutzen den am Meeresboden akkumulierenden „Fluff", u.a. organisches Material, Aggregate aus verklebten Tiergehäusen, abgestorbene Kieselalgen, die auf dem langen Weg zum Meeresboden bereits in der Wassersäule durch die mikrobielle Schleife („microbial loop") ab und umgebaut werden. Auch Kadaver, zum Beispiel von Fischen oder Walen, dienen als Futter. Weil der Tiefseeboden aber insgesamt sehr arm an Nahrungsressourcen ist und diese auch nicht gleichmäßig verteilt sind, kommen die dort lebenden Organismen oft fleckenhaft oder geklumpt am Meeresgrund vor.

▽ Gut erforscht: Eine typische Lebensgemeinschaft der antarktischen Schelfregion mit **Seeanemone** und **Haarstern** auf **Moostierchen** sowie **Glasschwamm** und **Hornkorallen**. Von der südpolaren Tiefseefauna mit sehr viel kleineren Organismen ist dagegen nur ein Bruchteil bekannt. So konnten während des ANDEEP-Projektes nur 130.000 von den etwa 28 Millionen Quadratkilometern Tiefseeboden des Südpolarmeeres beprobt werden.

▶ *Text weiter auf Seite 116*

◘ Auf vielen Stacheln unterwegs: Ein Seeigel in einem Kaltwasser-Korallenriff nahe der Azoren am Mittelatlantischen Rücken in 870 Metern Wassertiefe.

◯ Verschiedene Arten von **Glasschwämmen** besiedeln stellenweise den Meeresboden in großer Dichte, hier in 290 Metern Tiefe im Weddellmeer. In tieferen Regionen der Ozeane ist der Meeresboden dünner besiedelt, oft sind nur wenige Organismen zu sehen oder nur ihre **Kriechspuren**.

An den Schwarzen und Weißen Rauchern sind spezielle Lebensformen entdeckt worden: Organismen, die ihre Energie allein aus chemischen Substanzen, die aus dem Erdinneren kommen, gewinnen. So leben an hydrothermalen Quellen zum Beispiel Bakterien in Symbiose mit Bartwürmern oder Muscheln, von denen sich wiederum andere Tiere ernähren können.

Organismen am Tiefseeboden

Zu den häufigsten Meeresbodenbewohnern der großen Tiefen (Benthos) gehören Faden- und Igelwürmer, Meeresborstenwürmer, Krebstiere, Weichtiere und Stachelhäuter.

Mehr als 3.500 verschiedene Fischarten können bis zum Tiefseeboden hinab schwimmen oder leben dort ständig. Zu ihnen gehören Schwimmer, wie viele Grenadierfische oder die sogenannten „Rattenschwänze" *(Coryphaenoides armatus)* und Lauergänger oder Stelzer wie Rochen, Haie oder Vertreter der häufigen Familie Liparidae (Scheibenbäuche). Der tiefste Fund eines Fisches, ein Aal *(Abyssobrotula galatheae)*, stammt aus dem Puerto Rico Graben aus 8.368 Metern Wassertiefe.

Die meisten Lebewesen des Tiefseebodens sind jedoch aufgrund der Nahrungsarmut viel kleiner als Fische und brauchen daher auch nicht viel zum Leben. Oft wird angenommen, der Meeresboden in fünf Kilometern Tiefe sei eintönig und bestehe aus langweiligem, braunem und schlickigem Grund. Mittlerweile wissen wir jedoch, dass diese Verallgemeinerung nicht zutrifft, denn der Tiefseeboden

ist alles andere als eintönig. Wir finden hier vereinzelt oder in Gruppen Vertiefungen von bis zu 30 bis 40 Zentimetern Tiefe oder 5 bis 10 Zentimeter hohe Hügelchen, Kriechspuren verschiedener Arten, sternförmig, schlängelnd, gerade oder gewunden: Lebensspuren, die von den Bewohnern dieser Tiefenzonen zeugen, auf der Suche nach Futter oder Geschlechtspartnern. Vertiefungen oder Erhöhungen stammen zum Beispiel von Igel- oder Meeresborstenwürmern, die ihre Körper aus den Höhlen in die Wassersäule strecken, um Nahrung besser zu erreichen. Löcher werden aber auch durch Muscheln oder Schnecken, Krebse oder sogar Seesterne und Schlangensterne erzeugt, wie Reifenspuren aussehende Kriechspuren durch Seegurken oder Seeigel. Da die Seegurken die Oberflächenschicht des Schlicks durchseihen, das organische Material verdauen und die unverdaulichen Bestandteile wieder ausscheiden, hinterlässt jede Art eine spezifische Spur mit Kotschnüren. Gesunkenes Holz kann von Meeresasseln (Limnoria lignorum) oder von Muscheln (Teredo navalis, Schiffsbohrwurm) eingebohrt werden.

Lebensformtypen

Sessile, festsitzende Organismen ragen teilweise nur wenige Zentimeter über den Grund und warten geduldig auf Nahrung, wie kleine organische Partikel. Dazu gehören zum Beispiel Schwämme, Nesseltiere wie Hydroidpolypen, Seefedern, Zylinderrosen, aber auch Röhrenwürmer, Seepocken oder gestielte Haarsterne. Hemisessile Seesterne,

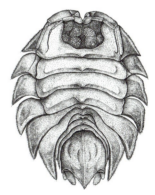

Gut gepanzert: Die antarktische **Meeresassel** *Frontoserolis abyssalis*.

Das Kommunikations- oder das Fortpflanzungssystem der Tiefseebodenbewohner ist noch weitestgehend unbekannt. Wie finden sie auf mehr als 300 Millionen Quadratkilometern einen Partner?

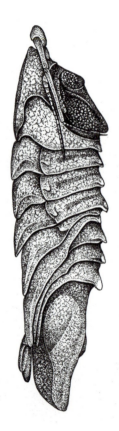

△ Viele Arten, die in der Tiefe entdeckt werden, sind noch unbekannt und werden von den Wissenschaftlern gezeichnet. Hier die Seitenansicht von **Serolis arntzi**, Holotyp Weibchen.

zum Beispiel *Freyella elegans* im Nordatlantik, verharren über längere Zeiträume still am Boden und halten ihre verzweigten Arme wie einen Becher in die Wassersäule, um vorbeidriftende Nahrungspartikel zu erbeuten. Viele dieser Organismen haben spezielle Fangapparate, die sie so hoch wie möglich über den Boden in die Wassersäule halten. Sie filtrieren ihre Nahrung aus dem bodennahen Wasser.

Es gibt aber auch Organismen, die sich bewegen und dabei über den Boden kriechen (Epifauna = auf dem Sediment). Dazu gehören Fische, Krebse und Stachelhäuter, dominiert vor allem durch Schlangensterne und Seegurken. Zu diesen Epifaunaorganismen gehören auch die riesigen Einzeller namens *Xenophyophoriden*. Ihr scheiben- oder kugelförmiger Körper kann mehrere Zentimeter groß werden. Sie sind verwandt mit den beschalten Amöben und wurden bisher nur unterhalb von 1.000 Metern, mit bis zu zehn Individuen pro Quadratmeter, nachgewiesen. Charakteristisch für die Tiefsee sind auch Glasschwämme, die sich mit Silikatnadeln im Tiefseeboden verankern. Von Tieren der Endofauna (griechisch: *endon* = innen) sieht man häufig nur die Löcher ihrer Höhlen im Meeresboden oder die von ihnen gebildeten Sedimenthaufen am Höhleneingang. Igelwürmer (*Echiuriden*) lutschen mit ihren Mundlappen den Tiefseeboden in einem weiten Umkreis von bis zu einem Meter ihrer Wohnhöhle ab und hinterlassen dabei eine sternförmige Spur.

Je kleiner Organismen sind, desto häufiger, aber auch desto unbekannter und unerforschter sind sie. Zu den häufigsten Makrofaunaorganismen, 0,3 bis mehrere Zentimeter groß, gehören wurmartige Vertreter wie Spritzwürmer (*Sipunculiden*), Schnurwürmer (*Nemertini*), die in der Tiefsee sehr häufigen Ringelwürmer (*Annelida, Polychaeten*), Muscheln (*Bivalvia*) und Schnecken (*Gastropoda*) sowie kleine Ranzenkrebse (*Peracarida*), zu denen zum Beispiel Flohkrebse (*Amphipoda*), Asseln (*Isopoda*), Schlickgarnelen (*Cumacea*) oder Scherenasseln (*Tanaidaceen*) gehören. Die schwimmfähigen Organismen erheben sich in die bodennahe Trübezone, um dort zu filtrieren. Man nimmt an, dass viele der Kleinstlebewesen Detritus fressen.

Meiofaunaorganismen (griechisch: *meion* = kleiner) sind Winzlinge von 0,3 oder weniger Millimetern Größe. Ein kleiner Löffel voll Schlick vom Meeresboden enthält zum Beispiel Fadenwürmer (*Nematoden*), Ruderfußkrebse der Harpaticioda (*Copepoden*) oder Tiere mit einem beweglichen Rüssel (*Kinorhynchen*), die in dem Bodenwasser zwischen den kleinen Sedimentpartikeln leben oder auch in die bodennahe Trübezone aufschwimmen, um über dem Grund nach Nahrung zu suchen. Die noch kleinere Nanofauna (griechisch: *nanos* = Zwerg) wird erst jetzt in Tiefseesedimenten untersucht.

Partnersuche in der Tiefe

Wie das Kommunikations- oder das Fortpflanzungssystem der Tiefseebodenbewohner funktioniert ist noch weitestgehend unbekannt. Wie finden sie auf mehr als 300 Millionen Quadratkilometern einen Partner? Die Männchen vieler festsitzender Organismen geben ihre Spermien ins freie Wasser ab. Wie aber erreichen diese Spermien die Weibchen der gleichen Art, ohne vorher zusammen mit anderen Partikeln in der bodennahen Trübezone gefressen zu werden? Überleben die Spermien hier länger als im flachen Wasser? Und wie finden zum Beispiel Meeresasseln einen Geschlechtspartner? Sie können selten schwimmen, sind klein und daher „nicht gut zu Fuß" und kommen teilweise nur mit wenigen Individuen pro Quadratkilometer vor. Über welche Distanzen wirken Pheromone? Wie alt werden die Tiere in der Tiefsee?

Es gibt noch viele offene Fragen, die im Lebensraum Tiefsee auf ihre Erforschung warten. Die Faszination des Unbekannten zeigt sich auch heute noch oft in Filmen oder Romanen, in denen unter anderem fiktive Tiefseegeschöpfe der menschlichen Intelligenz weit überlegen sind, zum Beispiel in James Camerons Unterwasser-Thriller „Abyss – Abgrund des Todes" oder in dem Science Fiction-Roman „Der Schwarm" von Frank Schätzing.

Unbekannte Regionen

Foto- und Videotechniken, bemannte und unbemannte Tauchfahrzeuge mit Sammel-, Foto- und Sensoreinheiten sowie Landersysteme haben in den letzten zwei Jahrzehnten die Erforschung des Tiefseebodens und seiner Lebensgemeinschaften vorangetrieben. Es gibt allerdings noch viele unbekannte Regionen.

◁ Kriechen alle in dieselbe Richtung: **Tiefseeseegurken** auf dem Meeresboden im Larsen B Schelfeisgebiet in der Antarktis vermutlich auf der Suche nach Nahrung.

◁ Manchmal werden auch zunächst unbekannte Tiefseebewohner gesichtet: Dieser fünf Meter lange „Wurm" näherte sich im Pazifik dem ROV-Greifarm. Später stellte er sich als **„Feuerwalze"** (Pyrosoma) heraus, eine Tierkolonie, die aus mehreren tausend Einzeltieren bestehen kann.

So ist zum Beispiel die Tiefsee des Südpolarmeeres eine der am wenigsten untersuchten Regionen der Weltmeere. Bis heute wissen wir nur wenig über die bodenlebende Tierwelt dort. Die biologische Polarforschung konzentrierte sich bisher weitestgehend auf die Schelfregion. Über die Zusammensetzung der südpolaren Tiefseefauna war vor der Durchführung des ANDEEP Projektes (ANtarctic benthic DEEP-sea biodiversity: colonisation history and recent community patterns) an Bord des deutschen Forschungseisbrechers POLARSTERN nur wenig bekannt. An den Expeditionen nahmen mehr als 80 Wissenschaftler aus 13 Nationen teil. Die Tiefseeprobennahmen wurden im Weddellmeer und in angrenzenden Meeresgebieten durchgeführt. Während der drei Expeditionen in 2002 und 2005 wurden insgesamt 41 Stationen zwischen 748 und 6.348 Metern Wassertiefe mit einer Vielzahl unterschiedlicher Geräte beprobt. Dennoch wurde nur ein Bruchteil der südpolaren Tiefsee untersucht, denn von den circa 28 Millionen Quadratkilometern Tiefseeboden des Südpolarmeeres konnten nur insgesamt 130.000 Quadratmeter beprobt werden. Um ein möglichst umfassendes Bild der Fauna des Meeresbodens zu erhalten, wurden im ANDEEP-Projekt sehr kleine Organismen bis zu einer Größe eines Viertel Millimeters (Meiofauna) sowie Organismen größer als ein Viertel Millimeter bis zu einigen Zentimetern untersucht.

Während des Forschungsprojektes sind mehr als 1.400 Arten identifiziert worden, 700 davon waren für die Wissenschaft neu. Der Artenreichtum war in vielen Tiergruppen sehr hoch: 674 Meeresassel-Arten wurden aus den 13.046 gesammelten Individuen dokumentiert, davon 585 neu.

Das Larsen Eisschelf existierte über Millionen von Jahren, doch in der letzten Dekade sind dort 10.000 Quadratkilometer Schelfeis zerfallen. Sie haben den kontinentalen Schelf frei gelegt. Dadurch hatte ein internationales Forscherteam erstmals die Möglichkeit, diese Region zu untersuchen. Die Proben haben völlig neue Einblicke in ein unbekanntes Ökosystem gegeben, neue Arten zu Tage gebracht und Heere von Seegurken auf Nahrungssuche, Felder räuberischer Seescheiden sowie Tiefseearten auf dem kontinentalen Schelf nachgewiesen (Gutt et al., 2011).

Zwei verschiedene Arten von Seegurken fanden sich unter den Proben: Tiefseeforscherin **Angelika Brandt** während einer Expedition mit dem Forschungsschiff POLARSTERN. Die **Meeresassel** oben *Frontoserolis abyssalis* wurde von der Biologin gezeichnet.

Meeresschutz

In ihrem Buch „Der Kampf um die Tiefsee - Wettlauf um die Rohstoffe der Erde" beschreibt Sarah Zieruhl, dass sich durch die moderne Technik das Forschungspotential in der Tiefsee sehr verbessert hat. Wir können heute, auch wenn die Probenahme lange dauert und teuer ist, das Leben am Meeresboden untersuchen, wir können medizinische oder pharmazeutische Substanzen aus den Organismen gewinnen und große Mengen an Rohstoffen, wie Öl, Gas, Gold, Silber oder Manganknollen im Tiefseemeeresboden finden.

Die Tiefsee ist hinsichtlich dieser Rohstoffe die größte Schatzkammer. Aufgrund der Knappheit dieser Ressourcen an Land sind viele Länder an Tiefseebergbau interessiert und planen die Tiefsee auszubeuten. Die Tiefseefauna kommt dadurch unter anthropogenen Druck. Wie oben dargelegt, wissen wir aber immer noch sehr wenig über die Bewohner dieses riesigen Lebensraumes, über ihre Biologie und ihre speziellen Ansprüche und Anpassungen an das Leben unter Druck. Die weitergehende Erforschung der Biologie der Tiefseeorganismen ist notwendig, um gezielt Schutzmaßnahmen für das Leben am Meeresboden ergreifen zu können, zum Beispiel auch in Form speziell geschützter Regionen.

Das kalte Leuchten

Prof. Dr. Angelika Brandt

>> **Über die Biologie der meisten Arten wissen wir heute immer noch wenig.** Wie und was sie fressen, ist nur für wenige Organismen erforscht. Wie finden Tiefseebewohner ihre Beute, wie den Geschlechtspartner? Bereits in der Vergangenheit haben Seeleute häufig über das "kalte Leuchten des Meeres" berichtet. Diese faszinierende Erscheinung bezeichnen wir heute als Biolumineszenz, ein Vorgang, der von Enzymen gesteuert wird. Bei diesem chemischen Prozess oxidiert die phosphorhaltige Verbindung Luciferin mit Sauerstoff und dem Enzym Luciferase zu Oxyluciferin, dabei wird Energie in Form von Licht frei. Die meisten biolumineszierenden Organismen produzieren ihr eigenes Luciferin, aber einige Fische und Tintenfische nutzen das Luciferin von Photobakterien, die in speziellen Hauttaschen leben. Fast alle diese Enzyme produzieren blaues Licht. Es durchdringt das Meerwasser am besten und kann von den Meerestieren gut wahrgenommen werden. Einige Tiere können aber auch grünes oder gelbes, seltener rotes Licht produzieren. Das Licht, das durch Biolumineszenz erzeugt wird, ist nicht stärker als Mondlicht. In der Tiefsee ist es jedoch das einzige Licht, das die meisten Organismen jemals sehen, sofern sie überhaupt sehen können. Im Laufe ihrer Evolution haben viele Tiefseebewohner ihre Augen verloren, oder ihre Sinnesfunktionen sind stark reduziert.

Viele Tiere nutzen Biolumineszenz, um in der Tiefsee Beute anzulocken, zum Beispiel „Großmäuler", räuberische Fischgattungen wie *Malacosteus*, *Pachystomias* oder *Aristostomias* im Bathypelagial. Andere Organismen schützen sich durch Biolumineszenz. Sie „blitzen" kurzfristig auf, um den Feind zu erschrecken. Einige Krabben, Würmer, Tintenfische und Fische legen sogar biolumineszierende Köder aus oder geben Gewebe ab, um damit ihre Angreifer anzulocken, während sie selbst schnell von der Bildfläche verschwinden. Andere Organismen spritzen Wolken biolumineszierender Partikel aus, um die Räuber zu verwirren und einige lebensrettende Sekunden zu gewinnen.

◀ Leuchtet in der Tiefsee: Der **Drachenfisch** trägt sein Leuchtorgan unter dem Maul. Er lebt in etwa 700 Metern Wassertiefe und ist im südlichen Atlantik zu finden.

Volkszählung im Meer

>> In dem Forschungsprojekt Census of Marine Life (CoML) haben mehr als 2.700 Wissenschaftler aus über 80 Nationen zehn Jahre lang eine „Volkszählung im Meer" durchgeführt. Im Jahr 2010 zogen sie Bilanz: Neben der Aufarbeitung historischer Daten sind während der insgesamt 540 Expeditionen sowie an küstennahen Stationen Proben gesammelt worden. Die Forscher entdeckten mehr als 6.000 neue Arten, ein Großteil wurde durch das Tiefseeprojekt CeDAMar (Census of the Diversity of Abyssal Marine Life) beschrieben und zugänglich gemacht.

Internetseite: www.coml.org/image-gallery

Aus der
Dunkelkammer des Lebens
Fotos: Solvin Zankl

Oktopus *(Bolitaena pygmaea)*

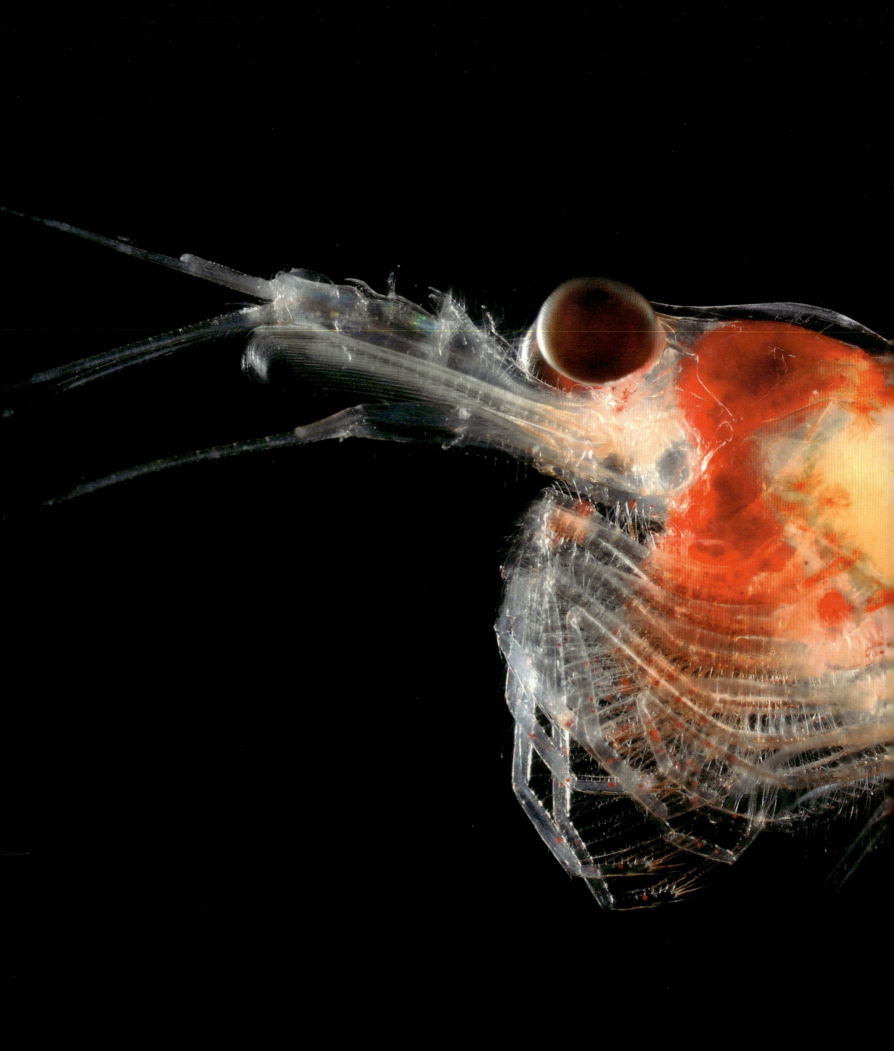

Krill (*Euphausia gibboides*)

Juveniler Beilfisch (*Argyropelecus olfersi*)

Tiefseemeduse (*Atolla* sp.)

Tiefsee-Hydromeduse

Ruderfußkrebse mit Eisäckchen (*Valdiviella* sp.)

Tiefseemeduse (*Periphylla periphylla*)

Beilfisch *(Argyropelecus olfersi)*

Tiefsee-Anglerfisch Larve

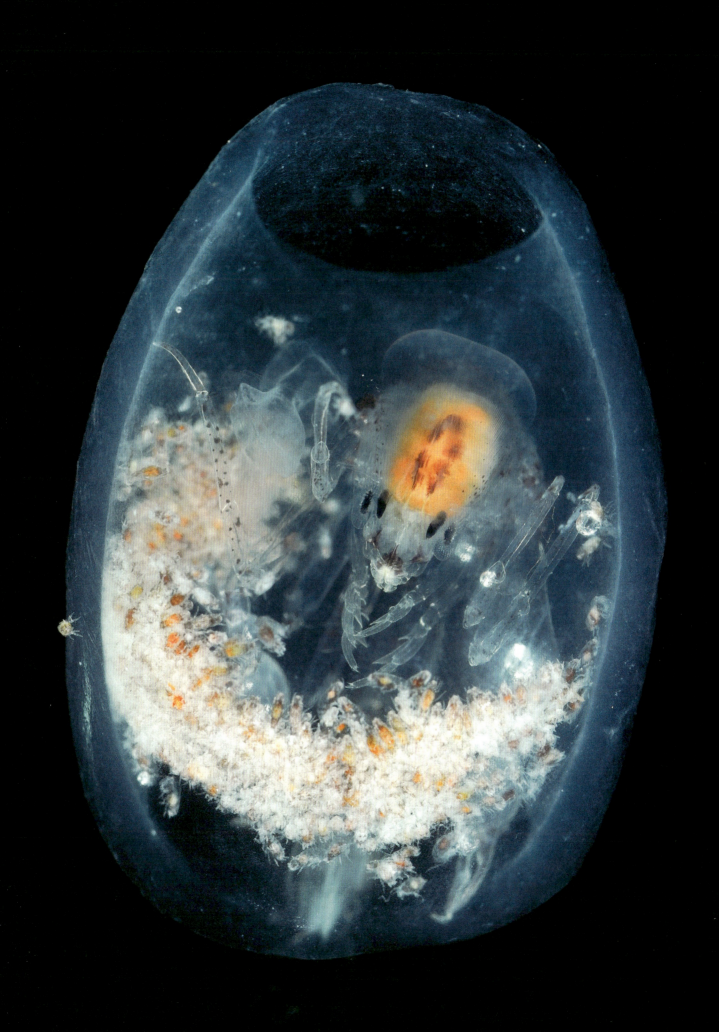

Kinderwagenkrebs *(Phronima sp.)*

Männlicher Anglerfisch *(Melanocetus murrayi)*

Langarm Oktopus (*Octopus defilippi*)

Staatsqualle *(Siphonophore)*

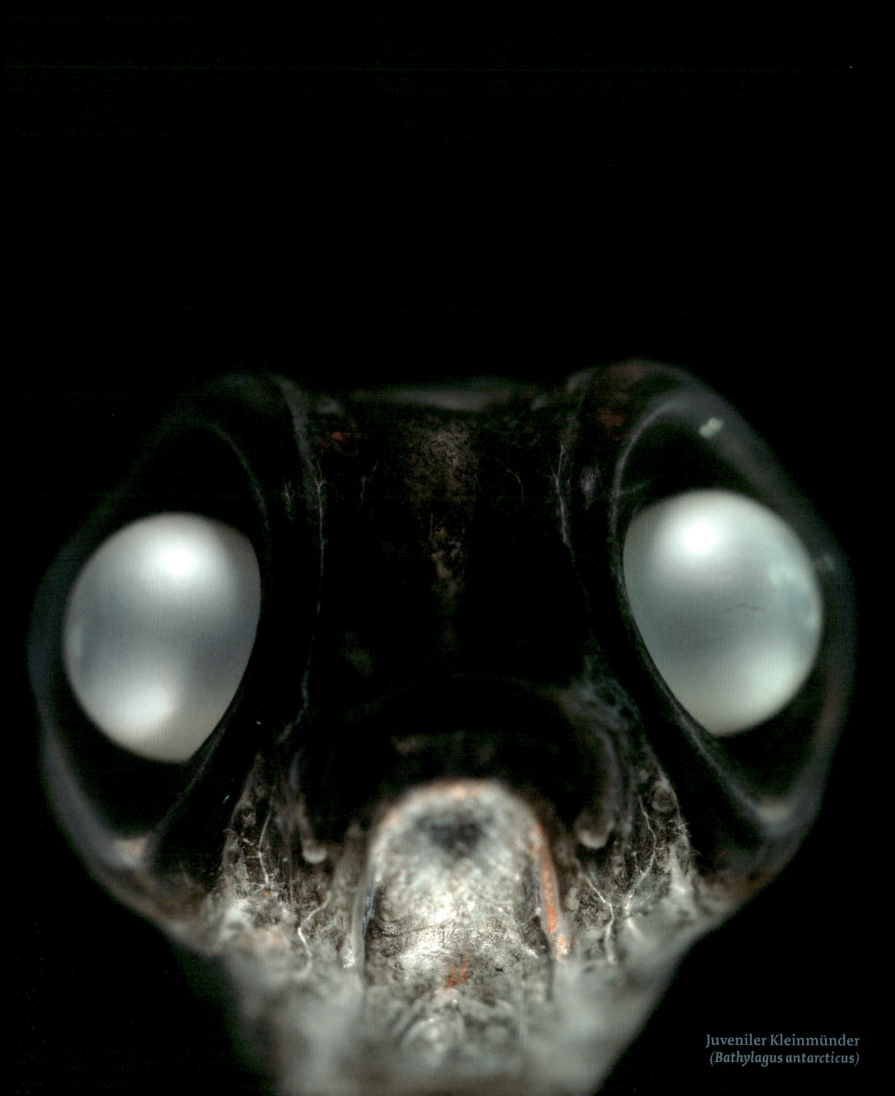

Juveniler Kleinmünder
(*Bathylagus antarcticus*)

Viperfisch (*Chauliodos sloani*)

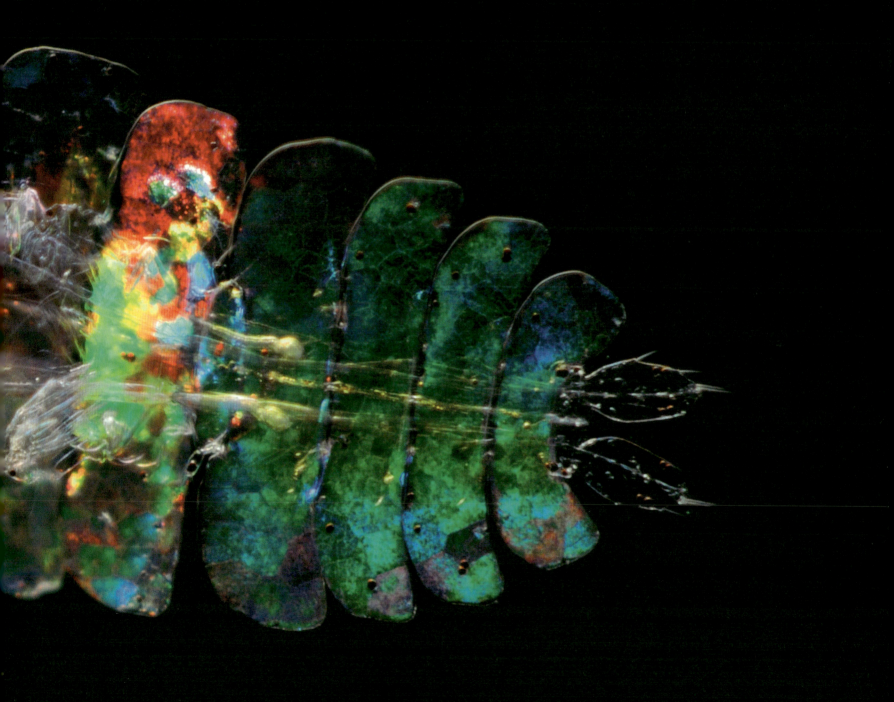

Benthischer Ruderfußkrebs *(Harpacticoida* sp.*)*

Tiefseefisch (*Cetomimus* sp.)

Krebslarve (*Sergestes*)

Zoea-Larve

Lebe schnell, stirb' jung
Chamäleons der Meere

Dr. Daniel Oesterwind

Johann Heinrich von Thünen-Institut, Institut für Ostseefischerei, Rostock

Hat er Recht, oder hat er Unrecht? Gebannt haben wir während der letzten Fußballweltmeisterschaft auf den Fernseher gestarrt, im Kopf die Prophezeiung eines kleinen Kraken: WM-Orakel Paul. In sieben Spielen des deutschen Teams sowie beim Finale zwischen Spanien und den Niederlanden hat er den Sieger richtig „vorausgesagt". Für die WM-Tipps des Kraken waren zwei Plexiglas-Boxen in Pauls Aquarium gestellt worden, beklebt mit den Flaggen der gegeneinander spielenden Nationalmannschaften. In beiden Boxen lag jeweils eine Miesmuschel, eine Delikatesse für Tintenfische. Zielsicher fischte der kleine Krake die Miesmuschel aus der Box des Siegerteams. Nur ein Zufall?

Prophetische Fähigkeiten konnten bisher zwar wissenschaftlich nicht bewiesen werden, einige Wissenschaftler gehen aber durchaus davon aus, dass Kraken eine gewisse Intelligenz aufweisen. Vor der Küste von Sulawesi und Bali konnten Biologen zum Beispiel beobachten, dass ein dort lebender Krake Kokosnusshälften sammelte, um sich in zwei Hälften zu verstecken. Die Wissenschaftler interpretieren dieses Verhalten als Gebrauch von Werkzeug und sehen darin eine gewisse Art von Denkleistung, da der Krake, im Gegensatz zum Einsiedlerkrebs mit seinem Gehäuse, die Kokosnusshälften erst bei Bedarf benutzte. Zudem war die erste aufgefundene Kokosnusshälfte bei der Suche nach der zweiten Hälfte auch recht hinderlich, der Krake verfolgte sein Ziel dennoch unbeirrt (Finn et al., 2009). Über in Aquarien lebende Kraken ist bekannt, dass sie einen Drehverschluss öffnen können, um an ihr Futter zu gelangen. Ferner wird berichtet, dass einige Exemplare über Nacht ihr Wasserbecken verlassen haben, um in einem anderen Aquarium Krebse zu fressen. Morgens saßen sie dann wieder in ihrem eigenen Becken.

Weitere Fähigkeiten dieser Tiere faszinieren: In der Haut der Tintenfische finden sich viele kleine Farbzellen, die das Tier über seine Muskelstränge steuert. Indem einige Zellen auf diese Weise vergrößert und andere verkleinert werden, können die Tintenfische unglaublich schnell ihre Farbe wechseln. Diese Fähigkeit nutzen sie zum einen zur Kommunikation und zum anderen zur Tarnung – sie brachte ihnen auch den Namen „Chamäleon der Meere" ein. Zusätzlich nutzen die Tiere die unter der Haut liegende Muskulatur, um sich zu verstecken, da sie durch Veränderung der Hautstruktur ihre Umgebung nachahmen und dann beispielsweise nicht mehr von mit Algen bewachsenen Steinen zu unterscheiden sind (Hanlon, 2007). Einige Arten, vor allem Tiefsee-Tintenfische haben anstelle der verschiedenen Farbpigmente Leuchtzellen ausgebildet, mit denen sie in der dunklen Tiefsee kommunizieren oder Beute anlocken. Man vermutet sogar, dass einige Tiefsee-Arten ihre Beute mit einem Aufblitzen dieser Zellen blenden, um sie dann einfacher fangen zu können (Kubodera et al., 2007).

Wissenschaftlich ist die Bezeichnung Tintenfische natürlich nicht korrekt, da sie nicht zu den Fischen zählen. Kalmare, Sepien und Kraken sind, wie Schnecken und Muscheln, Mollusken, also Weichtiere und gehören zu den Cephalopoden. Der Name ist aus den griechischen Wörtern „kephalos" für Kopf und „podod" für Fuß, zusammengesetzt und beschreibt damit gut die Gestalt der Tintenfische – diesen Kopffüßern entspringen die Füße bzw. Arme direkt am Kopf. Die typische und schützende Schale anderer Weichtiere hat sich bei Tintenfischen im Laufe ihrer Entwicklung reduziert, oder ist ganz weggefallen, was ihnen fast unbeschränkte Bewegungsmöglichkeiten bietet. Selbst durch kleinste Löcher können sie sich mit ihrem weichen Körper noch leicht hindurch zwängen.

Kopffüßer leben seit etwa 500 Millionen Jahren in fast allen Meeren. In Körpergröße und Schnelligkeit übertreffen sie alle anderen Mollusken. Sie sind Fleischfresser und deshalb Räuber, und fressen beispielsweise Krebse, Fische, Muscheln und manchmal auch Artgenossen (Boyle, 1990). Tintenfische packen ihre Beute mit Armen und Tentakeln, die mit Saugnäpfen und manchmal auch mit Widerhaken versehen sind. Im Mund besitzen die Kopffüßer zwei kräftige, hornartige Kiefer, die einem Papageien-Schnabel ähneln. In ihm befindet sich bei vielen Arten auch die „Radula", eine mit Zähnchen besetzte Zunge. Radula und Schnabel dienen dazu, die Beute in kleine Stücke zu

○ Erstaunliche Fähigkeiten: **Krake Paul** orakelte sich durch die Fußball-WM. Seine Artgenossen sind nicht weniger clever: Über die Muskulatur können sie ihre Hautstruktur verändern und sich der Umgebung anpassen wie der **Krake** (l.) am Meeresboden in 750 Metern Wassertiefe vor der Küste Irlands.

» *Text weiter auf Seite 152*

▶ Wie ein Pfeil durchs Wasser: Ein „**Wunderschirm**" *(Cirroteuthidae)*, gesichtet im südlichen Atlantik in ungefähr 1.900 Metern Wassertiefe.

▶ Lebendes Fossil: Das „**Perlboot**", auch als Nautilus bekannt, ist die ursprünglichste Form der Tintenfische und hat wie seine Artgenossen vor Millionen Jahren noch eine Schale.

◀ Segelt mit ausgebreiteten Armen durch die Tiefe: Ein „**Wunderschirm**" *(Cirroteuthidae)* im südlichen Atlantik in ungefähr 3.200 Metern Wassertiefe.

◀ Weltweit verbreitet: **Kurzflossenkalmare** sind unter den Tintenfischen die stärksten Schwimmer. Dieser wurde in der Porcupine Bucht vor der Küste Irlands gesichtet.

Die meisten Tintenfische werden nicht viel älter als zwei Jahre. In dieser Zeit wachsen sie unglaublich schnell. Der Riesenkalmar kann bis zu 18 Meter lang werden.

Vereinfachte Systematik der Cephalopoden:

NAUTILOIDEA:
Perlboote (~6 Arten)
Die Perlboote sind die ursprünglichsten Tintenfische, auch lebende Fossile genannt. Sie besitzen ein einfaches Lochkamera-Auge, bis zu 100 Arme ohne Saugnäpfe und eine charakteristische äußere Schale wie die Schnecken.

SEPIOIDEA:
Sepia-Artige (ca. 160 Arten)
Sepia, Sepiola
Die Sepia-Artigen besitzen ein Linsenauge und die äußere Schale ist bei den meisten als sogenannter Schulp nach innen gewandert. Sie besitzen acht Arme und zwei Tentakel.

TEUTHOIDEA:
Kalmare, (ca. 300 Arten)
Loligo, Todarodes,
Riesenkalmar: *Architeuthis*
Bei den Kalmaren hat sich die „innere" Schale weiter zurückgebildet und ist nur noch ein kleines dünnes „Schwert" (Gladius). Sie sind die größten Tintenfische und können bis zu 18 Meter lang werden. Sie besitzen acht Arme und zwei Tentakel.

VAMPYROMORPHA:
Vampir-Kalmar (1 Art)
Vampyroteuthis infernalis
Die kleinste Gruppe der Tintenfische besitzt nur eine Art, die in der Tiefsee vorkommt.

OCTOPODA:
Kraken (ca. 340 Arten)
Eledone, Octopus
Bei der großen Gruppe der achtarmigen Tintenfische hat sich die „innere" Schale fast vollständig zurückgebildet und ist kaum noch zu erkennen.

zerreißen. Die Organe der Tiere, zum Beispiel Magen und Herz, sind in einem Mantel, der das Tier umgibt. Die Augen vieler Tintenfische sind dem menschlichen Auge sehr ähnlich. Sie bestehen ebenfalls aus Retina (Netzhaut), Linse und Iris. Während sich das Auge bei Wirbeltieren durch eine Ausstülpung der Zellen entwickelt, die später das Gehirn bilden, entsteht das Auge der Tintenfische durch eine Einstülpung der äußeren Zellschicht, die später die Haut bildet.

Alle Kopffüßer sind Kiemenatmer. Sie besitzen zwei bis vier Kiemen, die in der Mantelhöhle liegen. Viele Arten besitzen drei Herzen. Zwei Kiemenherzen, die direkt über den Kiemen liegen und ein Zentralherz. Kopffüßer leben nach dem Motto „Live fast, die young" – „Lebe schnell, stirb' jung". Mit Ausnahmen der in polaren Gewässern und vermutlich in der Tiefsee lebenden Arten, sowie der Riesen- und Kolosskalmare, werden die meisten Tintenfische nicht viel älter als zwei Jahre. In dieser Zeit wachsen sie unglaublich schnell. Der größte aller Kalmare, der Riesenkalmar, erreicht wahrscheinlich eine Gesamtlänge von bis zu 18 Metern (Jereb & Roper, 2010). Damit zählen die Riesenkalmare zusammen mit den Kolosskalmaren zu den größten wirbellosen Tieren, die die Erde je bevölkert haben. Erst 2007 gelang es neuseeländischen Fischern vor der Antarktis, ein zehn Meter großes und fast 500 Kilo schweres Exemplar eines Kolosskalmars zu fangen. Trotz ihrer gigantischen Körpergröße ist über die wirbellosen Riesen der Tiefsee recht wenig bekannt. Selbst der Beweis ihrer Existenz hat lange auf sich warten lassen.

Einer der ersten Hinweise über das Vorkommen der riesigen Tiefseebewohner findet sich in der Odyssee von Homer (650 v.Chr.). Dort wird von „Scylla einem Kraken ähnlichen Seeungeheuer, was die Meerenge von Messina unsicher macht" berichtet. Der griechische Philosoph Aristoteles (384 – 322 v. Chr.) war einer der ersten, der den Riesenkalmar erwähnte. Björn Skardsa berichtet über einen Fund von 1639 in Island und schreibt: „ (...) so lang und dick wie ein Mensch, sieben Schwänze von zehn Ellen (etwa 120 cm) dicht besetzt mit einer Art von Knöpfen, ein langer Schwanz von 7,4 – 9,5 Meter Länge". In der moderneren Zeit tauchen die bis dato sagenumwobenen Fabelwesen in Herman Melvilles Roman „Moby Dick" (1851) oder in Jules Vernes 20.000 Meilen unter dem Meer (1869) auf „«Was soll denn der Streit?» fragte Conseil ungeduldig. «Was brauchen wir Vermutungen. Ich selbst bin Zeuge. Ich habe mit diesen meinen eigenen Augen gesehen, wie ein großes Schiff von den Armen einer Riesenkrake umschlungen und in den Abgrund gezogen wurde.»"

Aus der Naturgeschichte Norwegens (1755) von Erik L. Pontopiddan zitiert Johann G. Krünitz (1791) den Begriff Kraken wie folgt: „Kraken, (der) Kraak, Kraaken, Kraxen, eine norwegische Benennung des größten bekannten Seeungeheuers in der ganzen Welt (...), gegen welches die Walfische Zwerge sind (...)." Doch erst 1857, durch die Beschreibung von riesigen Kadavern und eines Tintenfisch-Schnabels aus Jüdland durch den dänischen Naturforscher Japetus Steenstrup (1813 – 1897) gab es die ersten Indizien für die Existenz der Riesenkalmare. Ein Ereignis, festgehalten durch den kanadischen Zeichner Glen Loates, erbrachte dann den physischen Beweis ihrer Existenz und katapultierte 1873 die gigantischen Tintenfische aus der Welt der Fabelwesen und Seeungeheuer in die Realität. Der Erzählung nach wurde vor Neufundland ein kleines Fischerboot von einem riesigen Kalmar angegriffen. Im Kampf mit dem Kalmar trennte der zwölf-

jährige Bootsjunge Tom Piccot mit Hilfe einer Axt dem Kalmar einen Tentakel ab. Der Tentakel gelangte zu Addison Emery Verril, einem Zoologen in Yale, der diesen Arm untersuchte (Ellis, 1997, 2002). Trotz unzähliger teurer und aufwändiger Expeditionen hat es jedoch bis 2004 gedauert, ein lebendiges Exemplar zu fotografieren (Kubodera & Mori, 2005). Der japanische Tintenfisch-Forscher Tsunemi Kubodera, dem auch im Dezember 2006 die ersten Videoaufzeichnungen eines lebendigen Exemplars gelangen, konnte mit Hilfe von Futterfallen und automatisch auslösenden Kameras diese Aufzeichnungen machen.

Über die Biologie der gigantischen Kopffüßer wissen wir bis heute nur wenig. So stammen die meisten Erkenntnisse von tot angespülten Exemplaren an unseren Küsten.

Ebenso wie die Erforschung der Tiefsee, steckt auch die Erforschung der Tiefsee-Tintenfische noch in den Kinderschuhen und bewegt sich oftmals im Bereich der Spekulationen. Immer weiter entwickelte Tiefseetechnik wird hoffentlich neue Möglichkeiten bieten, Tintenfische in ihrem natürlichen Lebensraum besser zu beobachten, um viele der offenen Fragen in Zukunft beantworten zu können.

Ein Meister der Tarnung: Wie viele andere Tintenfische hat diese **Stummelschwanz-Sepie** Farbzellen unter der Haut und kann blitzschnell ihre Farbe der Umgebung anpassen. Der **Krake** (l.) schwamm den Forschern in mehreren Tausend Metern im Pazifik vor die ROV-Kamera.

Quallen
Uralt und majestätisch schön

PD Dr. Gerhard Jarms
Biozentrum Grindel und Zoologisches Museum, Universität Hamburg

Iiiigitt !!! Das ist meist die erste Reaktion, wenn ich erwähne, dass mein Spezialgebiet als Meeresbiologe Quallen sind. Es dauert immer eine ganze Weile und bedarf einiger Erklärungen, bis sich zumindest Respekt vor diesen Tieren breit macht.

Wie aber kommt man dazu, sich mit Nesseltieren zu beschäftigen, zu denen die großen Quallen (Scyphozoa) neben den Blumentieren (Anthozoa: Seeanemonen, Korallen etc.) und Hydrozoen gehören? Dass ich Meeresbiologe werden wollte, war früh klar. Während der ersten Semesterferien habe ich Planktonfänge von Forschungsschiffen sortiert. Dabei fand ich etliche kleine Medusen. Sie faszinierten mich mit ihrer perfekten Symmetrie und der zarten filigranen Struktur. So begann ich, mich über diese Tiere zu informieren.

Ja – es sind Tiere. Das ist vielen Menschen nicht bewusst. Zu Tieren gehört, dass sie Nahrung aufnehmen müssen (heterotroph) und sie nicht mit Hilfe des Lichtes selbst produzieren können (autotroph). Medusen, wie Fachleute die Quallen nennen, haben unter dem Schirm einen Mund. Durch diesen gelangt die tierische Nahrung, die sie mit Hilfe der Nesselzellen hauptsächlich an den Fangarmen, den Tentakeln, gefangen haben, in den Zentralmagen. Dort vorverdaut, werden Nahrungspartikel durch ein Kanalsystem in der Meduse zum Ort des Bedarfs transportiert. Die Reste werden wieder durch den Mund ausgeschieden. Diese einzige Körperöffnung ist also Mund und After zugleich. Als freischwimmender Organismus ist eine Ausstattung mit speziellen Sinnen nötig. Am Schirmrand haben die Tiere kombinierte Sinnesorgane (Rhopalien). Sie vereinen den Schweresinn (Statolithen), den Lichtsinn (Augen) und den chemischen Sinn (Sinnespolster).

Die Medusen sind aber nicht die gesamte Tierart. Wie Schmetterlinge und ihre Raupen treten auch die Schirmquallen meist in zwei Formen auf. Neben der freischwimmenden geschlechtlichen Generation gibt es eine festsitzende ungeschlechtliche Generation: die Polypen. Dies sind 1 bis 15 Millimeter große auf festem Substrat sitzende Säckchen mit einem Mundafter für die Nahrungsaufnahme. Zum Fangen der ausschließlich tierischen Beute dienen Tentakel, die um den Mund herum angeordnet und mit sehr vielen Nesselkapseln bestückt sind. Zu bestimmten Zeiten, etwa wenn der Polyp genügend Reserven gebildet hat, oder wenn die Temperatur stimmt, beginnt sich der obere Teil des Polypen zu verändern. Der Körper schnürt sich ein und die Tentakel werden reduziert. Mehrere Scheiben können sich so abschnüren bis es aussieht wie ein Tellerstapel. Dieser Vorgang wird Strobilation genannt. Die Tellerchen bekommen am Rand Ausbuchtungen und formen sich weiter zu kleinen Sternchen um. Diese sogenannten Ephyren lösen sich von dem Restpolypen und schwimmen davon. Sie wachsen zu den Medusen heran, die schließlich als Männchen oder Weibchen geschlechtsreif werden. Aus den befruchteten Eiern werden kleine bewimperte Larven, sogenannte Planulalarven, die sich nach einer kurzen Zeit im Plankton festsetzen und wieder zu Polypen auswachsen.

Damit ist der Kreislauf mit dem regelmäßigen Wechsel zwischen Meduse und Polyp abgeschlossen. Diesen Wechsel einer geschlechtlichen mit einer ungeschlechtlichen Generation nennen wir Metagenese. Der Restpolyp, also der Basisteil des strobilierenden Polypen, regeneriert sich wieder, wird gleichzeitig verjüngt und kann immer wieder Medusen produzieren. Theoretisch ist er also un-

◀ Eine nahe Verwandte unserer Kompassqualle: ***Chrysaora melanaster*** ist eine nordpazifische Art. Ihr Verbreitungsgebiet reicht von den Gewässern nördlich Japans bis zur amerikanischen Pazifikküste.

▶ Eine rote **Tiefseemeduse** auf ihrem Weg in 3.100 Metern Wassertiefe im Golf von Mexiko.

△ **Polypen** bei der **Strobilation:** Ihr Körper schnürt sich ein und die Tentakel werden reduziert. Mehrere Scheiben können sich so bilden bis der Polyp aussieht wie ein kleiner Tellerstapel. Aus den freigesetzten „Tellerchen" entwickeln sich die Medusen.

Selbst bei ungünstigen Bedingungen geht kein lebendes Gewebe verloren. Die energieaufwendigere Morphe Meduse wird zurückgeführt in die sparsamere Polypenform.

sterblich. Das wirft die Frage auf: Seit wann leben Medusen auf unserem Planeten?

Nesseltiere (Cnidaria) sind seit dem Praekambrium nachgewiesen. Neben einigen Polypen, hauptsächlich der mit einem Außenskelett versehenen Kronenquallen (Coronaten), handelt es sich in der Mehrzahl um Medusen, die den heutigen Scyphomedusen äußerst ähnlich sind. Funde aus einer Lagerstätte in Utah, Nordamerika, sind nachweislich 505 Millionen Jahre alt. Im Oberen Jura (Weissjura) des Altmühltals befindet sich eine der bekannten Hauptlagerstätten von großen Scyphomedusen. Diese Funde werden meistens durch Paläontologen beschrieben, so kann es öfter zu Unklarheiten in der Bestimmung kommen. Zwei Artbeschreibungen stellten sich zum Beispiel als Beschreibung der Ober- und Unterseite ein und derselben Art dar. Diese Divergenzen konnten wir mit der Kenntnis der heute lebenden Medusen beseitigen.

Forscher müssen von Berufs wegen neugierig sein. Und es stellen sich durch den Lebenszyklus der Quallen viele interessante Fragen, an denen sich Forschung festmachen lässt. Da sind zunächst die morphologischen und physiologischen Fragestellungen, zum Beispiel: Wie sind Polyp und Meduse aufgebaut? Und wie funktionieren sie? Es gibt entwicklungsbiologische Fragen: Welche Lebenszyklen gibt es überhaupt bei den großen Quallen? Wie entwickelt sich bei gleicher genetischer Grundlage aus dem Polyp die Meduse? Und wie wird dieser Wechsel ausgelöst? Dann die ökologischen Fragen: Welche Rolle spielen die Medusenarten in den verschiedenen Ökosystemen? Welche Rolle spielen die Polypen? Hat die Veränderung von Ökosystemen durch den Menschen einen Einfluss auf die Entwicklung und Verbreitung der verschiedenen Quallenarten? Und letztendlich die all zu menschliche Frage: Welchen Schaden können Medusen anrichten und wozu sind sie überhaupt nützlich?

Da man nicht alle Fragen selbst klären kann, muss man sich als Wissenschaftler einen Komplex heraussuchen und diesen möglichst mit einer Arbeitsgruppe zusammen bearbeiten. Ich habe mich in Hamburg an der Universität auf Studien an lebenden Polypen und Medusen spezialisiert. Dazu kultivieren wir hier fast 100 verschiedene Arten von Nesseltieren. Bei der Kultur von Cnidariern sind neben der Morphologie aller Entwicklungsstadien auch Verhaltensweisen, unter anderem hinsichtlich des Beutefangs, der Ernährung und der Ausbreitung, zu beobachten. So können im Labor Ergebnisse erzielt werden, die in der freien Natur nur mit großem technischem Aufwand oder gar nicht zu gewinnen sind. Solche Beobachtungen und Experimente lassen wiederum Rückschlüsse auf die Ökologie der Tiere zu. Gegenüber Untersuchungen an totem fixiertem Material, hat dies einige entscheidende Vorteile. Unter anderem können wir Entwicklungen als dynamischen Prozess beobachten und analysieren. Da Vorgänge in der Natur oft schlecht zu beobachten sind, ist die Lebendkultur ein gutes Instrument, um Erkenntnisse zu gewinnen.

Zum Beispiel war es besonders auffällig, dass bereits abgelöste Ephyren unter schlechten Bedingungen nicht einfach eingingen und ihr Gewebe zersetzt wurde, sondern dass nach Verlust der Medusenstrukturen und einer Abkugelung der Ephyra nach einer gewissen Ruhezeit daraus wieder Polypen auswachsen konnten. Dieses Phänomen nennt sich Transdifferenzierung. Dabei werden Zellen der Erscheinungsform Meduse in funktionelle Zellen des Polypen umgewandelt. Damit geht selbst bei ungünstigen Bedingungen kein lebendes Gewebe verloren und die energieaufwendigere Morphe Meduse wird zurückgeführt in die sparsamere Polypenform. Deshalb versuchen wir hinter das Geheimnis zu kommen, wie das Umschalten von Polyp auf Meduse und umgekehrt

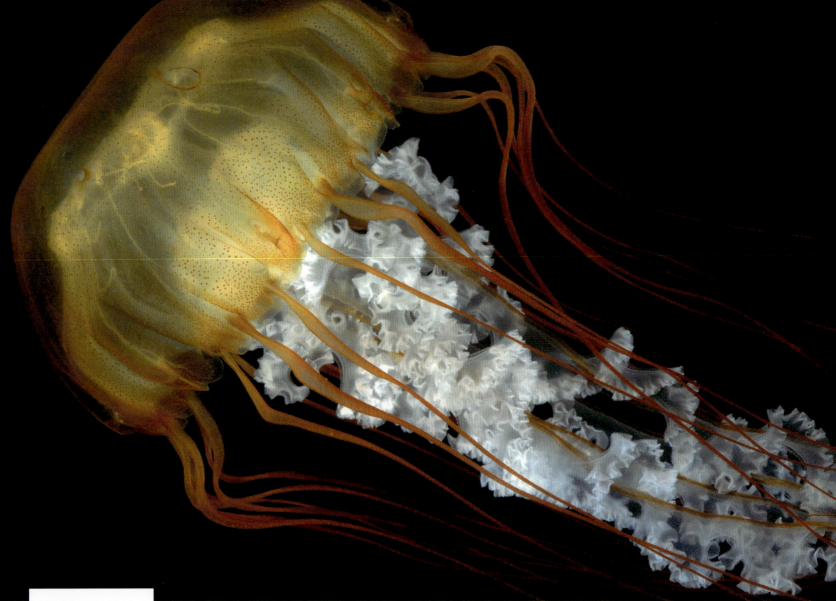

▲ Hübsch gerüscht: *Chrysaora fuscescens* hat ihre weißen Mundarme aufgefaltet und „schwebt" durch den Ozean. Ihr Hauptverbreitungsgebiet liegt vor der Pazifikküste Nordamerikas.

funktioniert. Wäre es nicht schön, wenn wir etwa aus Fettzellen Muskelzellen machen könnten? Noch sind das Träume, aber es wird daran gearbeitet. Außerdem können Polypen sehr lange Ruhephasen einlegen. Sie können sich einkapseln und auf diese Weise schlechte Zeiten überdauern. Bei verbesserten Bedingungen regeneriert sich der Polyp wieder. Diese Strategie hat dazu beigetragen, dass Polypen fast überall zu finden sind – im Flachwasser wie in der Tiefsee, und die Arten selbst widrigste Bedingungen überstehen.

Ein weiterer spannender Teil der Forschung ist, unter lebend gefangenen Tieren neue Arten zu finden und zu beschreiben. Man ist dann der erste Mensch, der diese Tierart zu Gesicht bekommt – ein ganz besonderes Gefühl. Im Troparium des Tierparks Hagenbeck fand ich zuerst eine Coronatenart, die ich mit ihrem Lebenszyklus beschrei-

ben konnte und später eine Art der Würfelquallen (Cubozoa). Die Art unterschied sich deutlich in der Morphologie des Polypen und der eben freigewordenen Meduse von allen anderen bisher beschriebenen Arten. Trotz intensiver Bemühungen ist es noch nicht gelungen, die Medusen aufzuziehen. Die Art hat einen jahreszeitlichen Rhythmus, so dass nur einmal im Jahr junge Medusen zur Verfügung stehen. Da es möglich ist, dass die erwachsenen Medusen bereits beschrieben sind, kann noch nicht entschieden werden, ob die Art neu für die Wissenschaft ist.

Immer wieder interessant sind natürlich auch die Forschungsreisen. Bei Expeditionen nach Norwegen in den Lurefjord war eine Gruppe von Wissenschaftlern hauptssächlich an ökologischen und populationsdynamischen Untersuchungen interessiert. Nachdem der Lebenszyklus der Tief-

Werden Quallen auch in unseren Gewässern ganze Gebiete beherrschen? Es gibt bereits neben dem Lurefjord in Norwegen weitere Regionen, in denen sie das Ökosystem übernommen haben, zum Beispiel vor Namibia.

seeart *Periphylla periphylla* aufgeklärt war, stellte sich heraus, dass die Quallen inzwischen das Ökosystem Fjord kontrollierten. Die Feinde der Jungstadien, pelagische Fische, waren durch den Verlust der Jungfische durch den Medusenfraß und der Altfische durch die Fischerei verschwunden, und so waren die langlebigen Quallen plötzlich als Spitzenprädatoren ganz oben in der Nahrungspyramide zu finden. Die Fischerei kam zum Erliegen.

Da stellt sich die Frage, ob auch in unseren Gewässern die Quallen ganze Gebiete beherrschen werden. Ja, denn wir bieten den Nesseltieren immer bessere Möglichkeiten. Zum einen sind da die Bauwerke an der Küste und offshore, die den festsitzenden Stadien, den Polypen, immer mehr Siedlungsraum bieten. Außerdem wird durch die intensive Fischerei die Konkurrenz in Bezug auf Futter und die Anzahl der Feinde immer geringer. Gleichzeitig haben wir aber durch Eintrag von Dünger immer mehr Nahrungsproduktion für Konsumenten. Es lässt sich einfach zusammenfassen: Mehr Dünger - mehr Algen - mehr tierisches Plankton. Das bedeutet bei mehr Polypen mehr Ephyren, mehr Futter und weniger Feinde oder Konkurrenz zunehmende Quallenzahlen. Es gibt bereits neben dem Lurefjord weitere Regionen, in denen die Quallen das Ökosystem übernommen haben, zum Beispiel vor Namibia. Quallen und ihre Entwicklungsstadien sind sehr anpassungsfähig, so dass auch Umwelt- und Klimaveränderungen, die sich auf viele Meeresorganismen sehr negativ auswirken, von Quallen vergleichsweise gut toleriert werden. Bei fortschreitendem Klimawandel und der weiteren Übernutzung der Meere muss deshalb mit einem vermehrten Auftreten der Medusen gerechnet werden. Es steht zu befürchten, dass auch in Nord- und Ostsee die Medusenzahlen in Zukunft zunehmen und zu ökologischen und ökonomischen Problemen führen werden.

Zum Abschluss etwas zu den sehr menschlichen Fragen: Wie schädlich sind die großen Medusen und wozu sind sie nützlich? Das Massenauftreten von Quallen kann zu Verstopfungen von Kühlwassereinläufen, sowohl bei Schiffen als auch bei Industrieanlagen führen, zum Beispiel mussten am Meer gelegene Atommeiler bereits vorübergehend abgeschaltet werden. In der Fischerei werden neben der Dezimierung des Fischnachwuchses zusätzlich die Fangnetze verstopft, was zu viel Arbeit und verminderten Erlösen führt. Und letztendlich wird der Tourismus bei vermehrten „Quallenblüten" mehr oder weniger stark beeinträchtigt. Das gilt besonders für Regionen, in denen stark nesselnde Arten wie etwa im Mittelmeer (Pelagia) oder in den tropischen Gewässern Ostasiens (tödliche Würfelquallen) vorkommen. Diese Würfelquallen stehen an der Spitze der stammesgeschichtlichen Entwicklung. Sie haben eine starke Muskulatur und können aktiv auch gegen Strömungen anschwimmen. Sie erreichen Geschwindigkeiten wie ein zügig ausschreitender Mensch. Außerdem haben Würfelquallen gut entwickelte Linsenaugen, mit denen sie hell und dunkel sowie Bewegungen wahrnehmen können. So kann man sich in jenen Gewässern am besten schützen, indem man beim Baden dunkle Kleidung trägt. Übrigens werden die Einheimischen sehr selten genesselt, da sie dunkelhäutig sind und von den Tieren wahrgenommen werden. Die Quallen weichen dann tatsächlich aus. Bei Kindern, die in das Wasser hinein rennen und mit einer Würfelqualle in Berührung kommen, gibt es aber immer wieder Todesfälle.

Wo bleibt der Nutzen? In den oft sehr bevölkerungsreichen Ländern Ostasiens werden einige Arten der großen Medusen, hauptsächlich Wurzelmundquallen, als Eiweißquelle genutzt. Beispielsweise gibt es in Thailand eine intensive Quallenfischerei. In China werden Medusen sogar gezüchtet, um als Nahrungsmittel zu dienen. Ich selbst habe mehrfach Quallengerichte gegessen und habe einige als sehr wohlschmeckend empfunden.

Die Nesseltiere, insbesondere die großen Quallenarten sind als sehr lange auf dieser Erde lebende Organismen von jeher ein wichtiges Glied im Nahrungsnetz. Obwohl sie relativ einfach organisiert sind, bieten sie immer noch eine Vielzahl von Fragen, die es zu erforschen gilt. Und sie sind außergewöhnlich schön mit ihrer perfekten Symmetrie, ihren Farben, ihrer filigranen Struktur und ihren harmonischen Bewegungen.

◘ Zwei große **Medusen** aus dem südostasiatischen Raum: Quallen haben keine Augen. Sie steuern mit ihren anderen Sinnesorganen durch die Meere. Die **Furchenqualle** (u.) bekommt oft Hilfe von einem kleinen Krebs, der auf ihrem Schirm sitzt, dort Parasiten und Algen frisst und durch seine Bewegung die Qualle lenkt.

Manche mögen's kalt und dunkel

Prof. Dr. Dierk Hebbeln
MARUM – Zentrum für Marine Umweltwissenschaften, Universität Bremen

Prof. Dr. André Freiwald
Senckenberg am Meer Wilhelmshaven

◳ Kalte Schönheit: Eine rote **Oktokoralle** auf einem Kaltwasser-Korallenriff in 860 Metern Wassertiefe am Mittelatlantischen Rücken.

❯❯ **Korallen – wer denkt da nicht an eine faszinierend bunte Unterwasserwelt bei entspannten Schnorchelausflügen in azurblauem, warmem Wasser.** Aus den flachen tropischen Meeresgebieten sind beeindruckende und artenreiche Riffe, in erster Linie von lichtabhängigen Steinkorallen und ihren kalkigen Skeletten aufgebaut, schon seit langem bekannt. Wassertemperaturen unter 20°C vertragen diese tropischen Korallen nicht. Doch es gibt auch Korallen, die mögen es lieber kalt und dunkel, die sogenannten Kaltwasser-Korallen. Man findet sie in Wassertiefen von über 1.000 Metern. Licht gibt es dort nicht und es herrschen kühle 7 bis 10° C. In Wassertemperaturen über 14° C können sie nicht mehr leben.

Berichte über die Existenz von Kaltwasser-Korallen gibt es seit über 100 Jahren. Belegt waren lange Zeit jedoch nur vereinzelte und eher zufällige Funde, in erster Linie von Fischern. Grund: Die systematische Erforschung der Kontinentalhänge jenseits der Schelfkante, in Bereichen unter 200 Meter Wassertiefe, kam im letzten Jahrhundert nur sehr langsam voran. Der Lebensraum der Kaltwasser-Korallen blieb für lange Zeit im Dunkeln. Trotzdem sammelten Forscher im Laufe der Jahrzehnte viele Indizien und fügten sie zu einem überraschenden

Kaltwasser-Korallenhügel vor Irland in 760 Metern Tiefe. Aufgenommen während einer Expedition mit dem Forschungsschiff POSEIDON.

Bild zusammen: Kaltwasser-Korallen kommen offensichtlich viel häufiger als angenommen im Ozean vor. Aufgrund dieser Beobachtungen sind sie seit der Jahrtausendwende in den Fokus mehrerer internationaler Forschungsprojekte gerückt.

Heute wissen wir, dass es um fast ganz Europa herum einen „Korallengürtel" gibt, der von Nord-Norwegen bis in das zentrale Mittelmeer reicht. Kaltwasser-Korallen leben aber nicht nur rund um Europa, Wissenschaftler haben sie inzwischen in fast allen Meeren und in nahezu allen geographischen Breiten gefunden. Dadurch haben sich unsere traditionellen Vorstellungen über geo- und biologische Riffbildungsprozesse nachhaltig gewandelt. Diese Ergebnisse wären allerdings ohne eine Reihe technologischer Entwicklungen nicht möglich gewesen, denn die Kaltwasser-Korallen entziehen sich in ihrem tiefen Lebensraum der einfachen Beobachtung. Schnorchel und Sauerstoffflasche reichen für eine Erkundungstour nicht aus. Ohne Tauchroboter und Expeditionen in bemannten Tauchbooten wäre unser Wissen über diese faszinierenden Ökosysteme immer noch sehr begrenzt. Diese Technologien boten erstmals die Möglichkeit, auch in großen Wassertiefen die Kaltwasser-Korallenökosysteme zu „sehen" und detailliert zu erforschen – mit der Erkenntnis: In Vielfalt und Vielzahl stehen sie den, nun doch nicht mehr ganz so „einzigartigen", tropischen Korallenriffen in nichts nach.

▲ Die Riffe bieten vielen Tiefseebewohnern Lebensraum und Schutz: Hier versteckt sich eine Garnele in einer buschigen **Oktokoralle**.

Von der Koralle zum Riff

Die europäischen Kaltwasser-Korallenriffe werden maßgeblich von zwei Arten von Skelett-bildenden Steinkorallen aufgebaut: *Lophelia pertusa* und *Madrepora oculata*. Beide Arten bilden reichlich verzweigte, buschartige Kolonien, die jede für sich zwei bis drei Meter im Durchmesser erreichen können. Wo viele solcher Kolonien nebeneinander existieren, bilden sich riffartige Strukturen, die einen neuen, für die Tiefsee einzigartigen, Lebensraum schaffen. Als „Ökosystem-Ingenieure" stellen die Korallen eine Vielzahl ökologischer Nischen zur Verfügung, die von einer artenreichen Lebewelt genutzt werden. Biodiversitätsuntersuchungen zeigen, dass in und um die Riffe herum mehr als 4.000 Arten leben können, wobei Schwämme, Krebstiere und Mollusken zu den artenreichsten Gruppen zählen. Mit einer solchen Artenvielfalt spielen die Kaltwasser-Korallenriffe in derselben Liga wie ihre Verwandten in den tropischen Flachmeeren, deren Bedeutung für die Meeresökologie inzwischen unumstritten ist.

Korallen können nur auf einem festen Untergrund, zum Beispiel Felsen wachsen, denn in weichen Böden wie Sand oder Schlick finden sie keinen Halt. Solche festen Untergründe findet man entlang der tiefen Schelfe und an den Kontinentalrändern, bevorzugt dort, wo starke Bodenströmungen das Absetzen von Sedimentpartikeln verhindern und zugleich Nahrungspartikel in höherer

◘ Sie sehen aus wie Pflanzen, sind aber lebende Tiere: **Weichkorallen** und **Schwarzkorallen** vor Irland in etwa 750 Metern Wassertiefe.

Konzentration zugeführt werden. Die festsitzenden Korallen brauchen mit ihren Fangtentakeln die Nahrung aus dem vorbeiströmenden Wasser nur noch herauszufiltrieren. Haben sie an einer solchen Stelle erst einmal angefangen zu wachsen, kann ein sich selbst verstärkender Prozess zur Riffbildung führen.

Die starke Bodenströmung wird beim Durchfluss durch die verzweigten Korallenkolonien stark abgebremst und mitgeführte Sedimentpartikel setzen sich am Riffboden ab. Auf diese Weise entsteht im Laufe der Zeit ein sich ständig selbst erhöhendes Relief am Meeresboden aus feinen Sedimentpartikeln und grobem Korallenschutt bestehend. Auf diesem Riffhügel thronen lebende Korallenkolonien und wachsen weiter in die Wassersäule hinein. Platz nach oben haben sie genug. Die Entstehung gerade dieser Kaltwasser-Korallenriffe ist folglich eng an ineinander greifende geologische und biologische Prozesse gekoppelt.

Die Vielfalt der Kaltwasser-Korallenökosysteme: Riffe, Hügel, Mauern und Galerien

Kaltwasser-Korallenökosysteme treten in sehr unterschiedlichen Erscheinungsformen auf, die gerade im Nordost-Atlantik entlang der Kontinentalhänge Europas und Nordwest-Afrikas in regional klar abgegrenzten Gebieten zu beobachten sind. Auf dem norwegischen Schelf finden sich Tausende mehrere hundert Meter bis Kilometer lange sowie bis zu 25 Meter hohe Riffe. Hier zeigt sich auch, wie langsam solche Riffe wachsen. Vor etwa 12.000 Jahren begann der Rückzug der Gletscher der letzten Eiszeit vom norwegischen Schelf in die skandinavischen Hochgebirgsregionen. Auf den vom Eis freigegebenen Schelfen und in den Fjorden wuchsen vor etwa 11.500 Jahren die ersten Kaltwasserkorallen. Vor etwa 9.000 Jahren waren dann einige Schelfabschnitte bereits flächendeckend besiedelt. Am bekanntesten ist das aus zahlreichen Einzelstrukturen bestehende und sich über 40 Kilometer hinziehende Røst-Riff, das insgesamt eine Fläche von ca. 100 Quadratkilometern bedeckt – fast dreimal so groß wie die Stadt Rosenheim.

Im Gegensatz zu den oft lang gezogenen Riffen vor Norwegen finden sich am Kontinentalhang vor Irland in Wassertiefen zwischen 500 und 1.000 Metern diverse Hügelstrukturen mit Höhen von bis zu 350 Metern. Auf deren Gipfeln finden sich häufig ausgedehnte Korallendickichte, die auch hier einer Vielzahl von anderen Tieren einen Lebensraum bieten. Einer dieser Korallenhügel konnte 2006 im Rahmen des Integrated Ocean Drilling Programs (IODP) über seine komplette Höhe von 155 Metern durchbohrt werden. Dabei zeigte sich, dass sich die ersten Korallen dort vor rund 2,7 Millionen Jahren angesiedelt haben. Seit dieser Zeit haben Kaltwasser-Korallen vor Irland gelebt, allerdings immer wieder mit Unterbrechungen, die an die globale Klimaentwicklung gekoppelt waren. So haben vor Norwegen, wie auch vor Irland, während der Eiszeiten keine Korallen gelebt. Vor Irland sind dafür aber weniger die niedrigen Temperaturen oder ins Meer reichende Gletscher verantwortlich, sondern die an die Klimaentwicklung gekoppelte Ozeanographie. Als Filtrierer, die die Nahrung mit ihren Tentakeln aus dem Wasser fangen, sind Kaltwasser-Korallen nämlich auf starke Bodenströmungen angewiesen, die Nahrungspartikel zu ihnen transportieren. Während der letzten Eiszeit blieben jene starken bodennahen Strömungen jedoch aus.

Ähnliche Hügel, wenn auch hier viel kleiner (im 10er-Meter-Bereich), finden sich vor der marokkanischen Atlantikküste, wo mitunter Korallen auch auf sogenannten Schlammvulkanen zu finden sind. Hügel und Schlammvulkane haben dabei eine, für die Korallen entscheidende, Gemeinsamkeit: Als Erhebungen zwingen sie die Strömungen am Meeresboden, um sie herum zu fließen, wodurch sich die Strömungsgeschwindigkeit erhöht. Sie bieten den Kaltwasser-Korallen also zum einen eine gegenüber dem „normalen" Meeresboden erhöhte Position, zum anderen tragen die beschleunigten Strömungen mehr Nahrungspartikel heran. Wieso aber findet man trotz dieser optimalen Bedingungen heute vor Marokko fast ausschließlich tote Korallen, die buchstäblich „Korallen-Friedhöfe" bilden. Radiokarbon-Datierungen an diesen Korallen zeigen, dass die meisten von ihnen während der letzten Eiszeit dort gelebt haben. Die Erwärmung am Ende der letzten Eiszeit hat dazu geführt, dass das Nahrungsangebot in den Gewässern vor Marokko für die Korallen nicht mehr ausreichte.

Noch eindrucksvoller als die 40 Kilometer langen Riffe vor Norwegen und die bis zu 350 Meter hohen Hügel vor Irland ist die erst kürzlich entdeckte Mauretanische Mauer. Auf einer Länge von 400 Kilometern erstreckt sich in 400 bis 600 Metern Wassertiefe am Kontinentalhang des westafrikanischen Landes eine der größten Hügelketten von Kaltwasser-Korallen. Die Höhe dieser Mauer variiert von 50 bis 100 Meter. Obwohl unmittelbar vor der lebensfeindlichen Sahara-Wüste liegend, zählt dieses Meeresgebiet vor Mauretanien zu den fischreichsten Gegenden der Welt. Dieser scheinbare Gegensatz wird durch die stetig ablandig wehenden Passatwinde verständlich. Die Trockenheit begünstigte die Bildung des Wüstengürtels und die von der Küste weg wehenden Winde schieben das Oberflächenwasser hinaus auf den offenen Ozean. Um diesen Wasserexport zu kompensieren, dringt kaltes und an Nährstoffen angereichertes Wasser aus größerer Tiefe an die Oberfläche. Warum trotz dieses Nährstoffreichtums vor Mauretanien die Korallen lediglich lokal begrenzt vorkommen, ist zur Zeit noch eine offene Frage unter den Wissenschaftlern.

Eine weitere Erscheinungsform der Kaltwasser-Korallen kann in den Tiefseecanyons beobachtet werden, die zum Beispiel vor Portugal, vor Mauretanien oder auch im Mittelmeer auftreten. An den steilen Flanken dieser Canyons finden sich ebenfalls sehr günstige Umweltbedingungen für Kaltwasser-Korallen. Einerseits bieten sie Besiedlungsflächen auf freiliegenden Felsen und ande-

> Am bekanntesten ist das aus zahlreichen Einzelstrukturen bestehende Røst-Riff. Es bedeckt insgesamt eine Fläche von etwa 100 Quadratkilometern und ist damit fast dreimal so groß wie die Stadt Rosenheim.

Die kommerzielle Fischerei dringt in tiefe, korallenreiche Gebiete vor. Mehrere Tonnen schwere Schleppnetze zerstören Korallenökosysteme, die als „Kinderstube" vieler Fische für das Leben in der Tiefsee wichtig sind.

rerseits sind sie durch einen intensiven Wassermassenaustausch zwischen Schelf und Tiefsee gekennzeichnet, der durch die Canyons kanalisiert wird. So zeigt sich auch in diesen Canyons der Drang der Korallen zu den stärksten Bodenströmungen. Allerdings bilden sich hier an den Steilwänden lediglich Korallengalerien aus, die nach dem Absterben herunterfallen und weiter Hang abwärts als Schutthaufen liegen bleiben.

Während vor Norwegen und Irland *Lophelia pertusa* die Korallenvergesellschaftung dominiert, hat vor Marokko *Madrepora oculata* den größten Anteil. Dieser Trend setzt sich ins Mittelmeer fort, wo gerade im westlichen Mittelmeer auch die „gelbe Koralle" *Dendrophyllia cornigera* weit verbreitet ist. Vor allem in den letzten Jahren sind im Mittelmeer viele neue Vorkommen entdeckt worden, nachdem jahrzehntelang angenommen wurde, dass Kaltwasser-Korallen im Mittelmeer längst ausgestorben sind. Die Funde wurden allerdings fast ausschließlich an schwer zugänglichen Stellen gemacht, zum Beispiel unter Felsüberhängen, an Steilwänden oder auch an den Seitenwänden von Tiefseecanyons. Dass diese Vorkommen so lange unentdeckt blieben, liegt vor allem daran, dass solche extreme Habitate erst durch den Einsatz von Tauchrobotern und Tauchbooten für die Forscher zugänglich wurden.

Bildet wie viele andere ein kalkiges Skelett: Die **„Gelbe Baumkoralle"** *(Dendrophyllia cornigera)*, eine Kaltwasser-Koralle, die häufig, aber nicht nur, im Mittelmeer zu finden ist.

Zukünftige Risiken und Chancen: Fischerei, Versauerung, Klimawandel

Lange Zeit blieben die weltweit verbreiteten Kaltwasser-Korallenökosysteme im oberen Stockwerk der Tiefsee von massiven Eingriffen durch den Menschen verschont. Aufgrund der weitgehenden Ausbeutung der Fischbestände in den Schelfmeeren weicht die kommerzielle Fischerei jedoch in immer größere Wassertiefen aus und spätestens seit den 1990iger Jahren erreichten Bodenschleppnetze die tiefen, korallenreichen Gebiete. Die riesigen und mehrere Tonnen schweren Schleppnetze zerstörten auf der Suche nach Speisefischen zahlreiche Korallenökosysteme. Da sie als „Kinderstube" vieler Fische für den Fortbestand entscheidend sind, mindert die Zerstörung der Kaltwasser-Korallenriffe durch Bodenschleppnetzfischerei natürlich auch die Qualität und Quantität zukünftiger Fänge. Die industrielle Fischerei stellt aber immer noch den aktuellen Fangerfolg über die nachhaltige Bewirtschaftung der Fischbestände. Seit 2004 wurden deshalb Schutzgebiete für Kaltwasserkorallen eingerichtet, sowohl von einzelnen Nationen, wie etwa Norwegen oder Irland, als auch auf supranationalen Ebenen, zum Beispiel von der EU. In diesen Zonen, die hauptsächlich an den Kontinentalrändern und damit vorwiegend in den 200-Seemeilen-Außenwirtschaftszonen liegen, ist das Ausbringen von Bodenschleppnetzen verboten.

Langfristiger wirkt sich der Klimawandel auf die Vitalität der Korallenvorkommen aus. Betrachten wir die letzten 20.000 Jahre, die den Übergang einer ausgeprägten Eiszeit hin zu einer bis heute anhaltenden Warmzeit markieren, dann lässt sich im Nordost-Atlantik die Migration von Korallen aus den südlichen gemäßigten Breiten bis in die hohen Breiten eindrucksvoll rekonstruieren. Lag der Schwerpunkt der Korallenvorkommen während der Eiszeit vor ca. 20.000 Jahren noch vor Marokko, so scheinen sich mit der nachfolgenden schnellen Erwärmung die Korallen binnen weniger Jahrhunderte bis Jahrtausende weit nach Norden ausgedehnt zu haben. Bereits vor 11.500 Jahren waren sie schon nördlich des Polarkreises angekommen. Gleichzeitig sind die Korallenökosysteme im Süden relativ rasch abgestorben und haben die bereits erwähnten Friedhöfe hinterlassen. Die dahin-

„Korallen-Friedhöfe": Vor den Küsten Marokkos sind bisher kaum lebende **Kaltwasser-Korallen** gefunden worden. Der Korallenschutt stammt größtenteils aus der letzten Eiszeit.

ter stehenden Ursache-und-Wirkungs-Zusammenhänge werden seit einigen Jahren in zahlreichen internationalen Forschungsprojekten analysiert.

Der Klimawandel in der Vergangenheit und dabei vor allem die Erwärmung, auch der Wassermassen, seit der letzten Eiszeit haben sicherlich maßgeblich zum Absterben der Korallen in einzelnen Gebieten, aber auch zur Eroberung neuer Regionen geführt. Wie aber wird sich der Korallengürtel im Nordost-Atlantik im Zuge einer weiter fortschreitenden Erwärmung in den kommenden Jahrzehnten bis Jahrhunderten entwickeln? Wahrscheinlich wandern die Korallen in kältere Gewässer Richtung Norden, doch dort lauern andere und neue Gefahren. Die Arktis gilt als eine der vom Klimawandel am stärksten betroffenen Regionen unseres Planeten. Gerade in den polaren Gewässern reagiert ein anderer Umweltfaktor sehr sensibel: der Grad der Karbonatsättigung. Korallen entnehmen dem Meerwasser Karbonat und Kalzium und bilden daraus ihr Kalkskelett. Die Zunahme von Kohlendioxid in der Atmosphäre führt jedoch gerade in den polaren Breiten zu einer Versauerung des Ozeanwassers, da ein großer Teil des durch Nutzung fossiler Brennstoffe in die Atmosphäre freigesetzten Kohlendioxids vom Meer aufgenommen wird – und kaltes Wasser nimmt mehr Kohlendioxid auf als warmes Wasser.

Folge: Die Korallen können nur noch schwer oder gar keinen Kalk für ihre Skelette bilden. Damit verlieren sie die Fähigkeit ein festes Gerüst zu bilden und Riffe zu bauen. Das bedeutet, dass trotz vielleicht günstigerer Temperaturbedingungen in den polaren Gebieten die fortschreitende Versauerung eine erfolgreiche Eroberung dieser Breiten erschweren oder verhindern kann.

Ein Blick in die Schatzkammern des Lebens

PD Dr. Ralf Thiel
Biozentrum Grindel und Zoologisches Museum, Universität Hamburg

Die erste große deutsche Tiefseeexpedition vom 31. Juli 1898 bis zum 1. Mai 1899 unter der Leitung des Zoologen Carl Chun lieferte derartig viel biologisches Material, dass die Herausgabe des umfangreichen wissenschaftlichen Berichts erst 1940 abgeschlossen wurde. Die Proben dieser Tiefseeexpedition werden in Forschungssammlungen, den Schatzkammern der Biodiversität, aufbewahrt. Ein gut erhaltenes Exemplar eines Bartmännchens, eine Fischart, die Carl Chun während seiner Expedition aus den Tiefen des Ozeans fischte, befindet sich in der Fischsammlung des Zoologischen Museums Hamburg. Mit mehr als 300.000 Individuen aus allen Ozeanen ist sie die größte Fischsammlung Deutschlands. Wissenschaftler aus aller Welt reisen in die Hansestadt, um im Zoologischen Museum Hamburg in der Sammlung Ichthyologie zu forschen.

In Alkohol fixierte Präparate kompletter Individuen zeigen die Vielfalt des Lebens in Flüssen, Seen und Ozeanen: Schleimaale, Neunaugen, Chimären, Haie, Rochen, Muskelflosser und Strahlenflosser sind oftmals sogar in verschiedenen Lebensstadien (Eier, Larven, Juvenile, Adulte) vertreten. Die Fischsammlung umfasst ein Viertel der weltweit bekannten Arten. Kostbare Präparate aus Sammlungen des 19. Jahrhunderts gehören zum Bestand. Das älteste Objekt stammt aus dem Jahr 1838.

Die zahlreichen Präparate vieler Arten von Meerestieren in Forschungssammlungen sind wichtige Belege mariner Biodiversität. Neben ihren rein taxonomischen Daten enthalten die Präparate morphologische und genetische Informationen. Gerade für die Gewinnung genetischer Informationen ist das Sammlungsmaterial von herausragender Bedeutung, insbesondere wenn es um sehr seltene oder bereits ausgestorbene Arten geht. Die DNA als Träger der genetischen Informationen kann oft auch noch an sehr alten Sammlungspräparaten gewonnen und analysiert werden. Für viele Präparate liegen Umweltparameter in Bezug zu ihrem Nachweis vor. Diese Umweltparameter können mittels mathematischer Modellierung mit Verbreitungsdaten von Arten in kausalen Zusammenhang gebracht werden, so dass Lebensraumnutzungen und -verschiebungen von Arten parametrisiert und prognostiziert werden können. Damit eröffnen diese Sammlungsdaten auch eine bisher noch zu wenig genutzte Möglichkeit, in die Vergangenheit zu blicken, und anhand realer historischer Daten Arealverschiebungen von Arten zu modellieren. Ebenso erlauben die Daten die Entwicklung von Vorhersagen in Abhängigkeit von zum Beispiel Klimaveränderungen, ausgelöst durch natürliche Vorgänge oder menschliche Aktivitäten.

◁ In Alkohol fixierte Präparate kompletter Individuen zeigen die Vielfalt des Lebens: Der **Tiefseeangler** (l.) wurde während einer Expedition im Atlantik in 1.000 Meter Wassertiefe gefangen.

▶ In der Tiefsee entdeckt und in detailreichen Zeichnungen festgehalten: Die Ausbeute der Proben während der VALDIVIA-Expedition war so groß, dass die Herausgabe des wissenschaftlichen Berichtes erst 41 Jahre später abgeschlossen war.

▶ Für die erste deutsche Tiefseeexpedition wurde der Dampfer VALDIVA zu einem für damalige Verhältnisse modernen Forschungsschiff umgerüstet.

Die Artenvielfalt der Erde ist unsere wichtigste Lebensgrundlage. Gegenwärtig erleben wir jedoch in großem Maße eine irreversible Zerstörung biologischer Vielfalt. Nur eine wissenschaftlich fundierte Erklärung des Artenwandels und -verlustes wird in Zukunft eine nachhaltige Nutzung der natürlichen Ressourcen ermöglichen. Die Forschungssammlungen haben hierbei eine wichtige Aufgabe bei der Dokumentation und Erforschung der Artenvielfalt. Diese Sammlungen sind Bibliotheken der Natur und ein wichtiger Teil unseres Kulturerbes. Dabei geht es in Zukunft nicht nur um das Sammeln, Bewahren, Dokumentieren und Bereithalten von zoologischem Material. Die Forschungssammlungen sind eine wichtige Basis innovativer Forschungsansätze, ansprechender Öffentlichkeitsarbeit und oft auch qualitativ hochwertiger universitärer Lehre.

Wie alles begann

Die erste Deutsche Tiefseeexpedition wurde mit dem Dampfer VALDIVIA der „Hamburg-Amerikanischen Packetfahrt-Actien-Gesellschaft" (HAPAG) durchgeführt, der für die Expedition extra umgerüstet wurde. Aber auch schon vor dieser Expedition trug die aufkommende Seefahrt entscheidend zur Sammlung kostbarer Objekte aus der ganzen Welt bei, die häufig sogar bis in die Schatzkammern europäischer Könige gelangten. Die Ursprünge heutiger Forschungssammlungen reichen Jahrhunderte zurück. Schon im 17. und 18. Jahrhundert entstanden Naturalienkammern, die teilweise auch Anbindung an Lehranstalten hatten. Sie bildeten den Grundstein für spätere Naturkundemuseen. Heute sind gerade die Sammlungen mariner Organismen von großer Bedeutung für die rezente und paläontologische Erforschung der Stammesgeschichte und Evolution der Tiere auf der Erde (Steininger 2007). Der Hauptgrund liegt darin, dass beinahe alle bekannten Großgruppen der Wirbellosen im Meer vertreten sind. Seit der Entstehung lebender Systeme im Proterozoikum – von vor ca. 2.500 Millionen Jahren bis vor ca. 542 Millionen Jahren – haben sich fast alle großen Evolutionsschritte ausschließlich in den Weltmeeren vollzogen. Auch alle in den letzten 50 Jahren neu entdeckten Tierstämme stammen aus dem Meer.

Eines der fünf bedeutendsten Naturkundemuseen der Bundesrepublik Deutschland ist das Zoologische Museum Hamburg (ZMH), dessen Geschichte und Bestände an Meerestieren nachfolgend beschrieben werden sollen.

Wie die Fische in die Sammlung kamen

Die Naturaliensammlung der Gelehrtenschule Johanneum und die Sammlung des Naturwissenschaftlichen Vereins Hamburg bildeten den Ursprungsbestand des Naturhistorischen Museums Hamburg, das am 17. Mai 1843 gegründet wurde.

Ziemlich genau 100 Jahre nach seiner Gründung schien das Ende des Naturhistorischen Museums Hamburg gekommen zu sein. Durch Treffer von Spreng- und Brandbomben bei einem Bombenangriff am 30. Juli 1943 war das Gebäude zerstört und fast alle Exponate der Schausammlung und viele wissenschaftliche Präparate vernichtet worden. Zum Glück konnte vorher die wertvolle Vogelsammlung in eine Burg in Sachsen und ein großer Teil der Flüssigkeitspräparate in einen unbenutzten U-Bahn-Schacht in Hamburg ausgelagert werden. 1946 fiel allerdings ein Teil der Objekte dem

DEUTSCHE TIEFSEE EXPEDITION 1898-99. Bd. XVIII.   CHUN: CEPHALOPODA.   TAF. LXII.

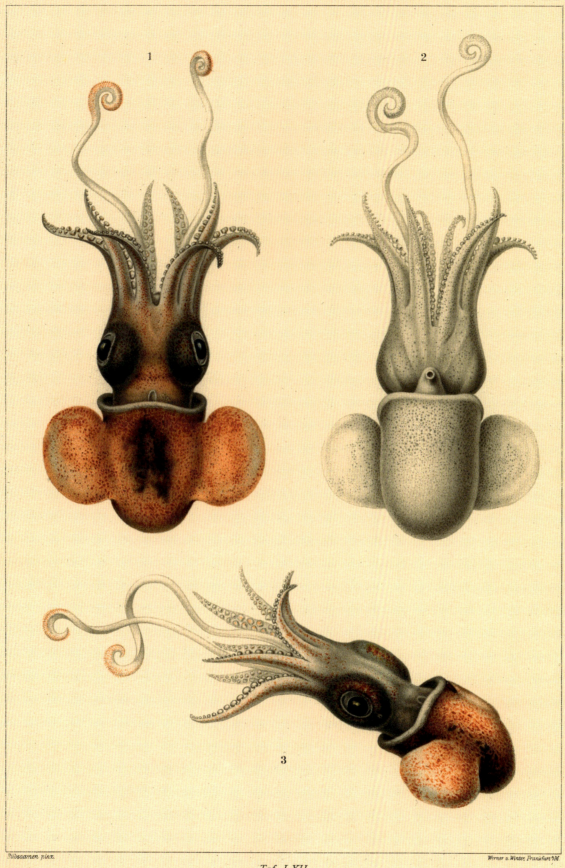

Taf. LXII.
Rossia mastigophora n. sp.

Verlag von Gustav Fischer in Jena.

Taf. LXXIV.
Argonauta juv.

Der Schriftsteller Sigfried Lenz beschreibt, wie einige der Flüssigkeitspräparate 1946 dem Alkoholdiebstahl zum Opfer fielen.

Alkoholdiebstahl zum Opfer. Der bekannte Hamburger Schriftsteller Siegfried Lenz hat dies in seinem Buch „Lehmanns Erzählungen - So schön war mein Markt" verarbeitet. Er berichtet von einem Schwarzhändler, der Schnaps für eine Siegesfeier der Alliierten organisiert, indem er „Reptilien und Frösche von ihrer Alkoholumhüllung befreit", um sie „vergnüglicheren Zwecken" zuzuführen. Trotz dieses Alkoholdiebstahls blieb aber der größte Teil der Flüssigkeitspräparate bis heute erhalten.

Von Anfang an trugen Hamburger Kaufleute, Reeder und Schiffskapitäne durch ihre Sammeltätigkeit in Übersee viel zur Mehrung der Bestände des Museums bei. Als Beispiele sollen hier die Reedereien Wörmann, Laeisz und Hapag erwähnt werden. Schon 1849 erwarb man die zoologische Sammlung des Privatmuseums des Hamburger Oberalten F.F. Röding. Darunter befand sich auch der Schädel eines weiblichen Narwals mit zwei Stoßzähnen, der 1684 nach Hamburg gebracht wurde. Als einziges Exponat der damaligen Schausammlung hat dieser einmalige Schädel die Zerstörung des Museums durch den Bombenangriff im Jahr 1943 überstanden. Er war während des Bombenangriffs von einem Präparator mit nach Hause genommen worden.

Insbesondere der Erwerb der zoologischen Sammlungen des Museums Godeffroy (1861-1881) im Jahr 1886 war für die weitere Entwicklung des Museums bedeutsam. Der Hamburger Kaufmann Johann Cesar VI. Godeffroy hatte vor allem in der Südsee zahlreiche völkerkundliche und zoologische Objekte sammeln lassen. Sogar die berühmte Naturforscherin Amalie Dietrich sammelte Objekte im Auftrag von Godeffroy. In der Folgezeit trugen Schenkungen, Sammlungsankäufe und die Ausbeute vieler wissenschaftlicher Expeditionen entscheidend zur Mehrung der Sammlungen bei. Drei Beispiele für ergebnisreiche Sammel- und Forschungsreisen, die von Wissenschaftlern des Zoologischen Museums durchgeführt und unter anderem von Hamburger Kaufleuten gefördert wurden, sind die Expeditionen nach Südamerika (1892), Südwestaustralien (1905) und Südwestafrika (1911). Andere Expeditionen führten zu einem stetigen Zuwachs an Tierpräparaten vor allem aus dem marinen Bereich. Der Sammlungszuwachs mariner Organismen lässt sich am Beispiel der Fischsammlung sehr gut darstellen.

Für die Fischsammlung waren bereits im 19. Jahrhundert bemerkenswerte Mengen von Sammlungsobjekten zusammengekommen. 1875 wurden etwa 550 Serien in der Fischsammlung aufbewahrt und im Jahr 1900 waren aufgrund intensiver Sammelaktivitäten Hamburger Kaufleute und ihrer Kapitäne in der zweiten Hälfte des 19. Jahrhunderts bereits über 4.400 Serien in der Fischsammlung zu verzeichnen. In der ersten Hälfte des 20. Jahrhunderts führten vor allem große Forschungsexpeditionen zur Vergrößerung des Sammlungsbestandes von Fischarten aus der Südsee, der Tiefsee, dem Südpolarmeer, Asien und Afrika. An diesen Expeditionen nahmen auch Kuratoren der Fischsammlung teil, zum Beispiel G. Duncker, der von 1908 bis 1910 die Hamburger Südsee-Expedition begleitete und umfangreiches Material für die Sammlung mitbrachte. Durch den II. Weltkrieg bedingt gingen etwa 2.500 Serien verloren. Dieser Verlust wurde aber schnell kompensiert, und 1967 umfasste die Sammlung bereits deutlich über 20.000 Serien. Danach wuchs sie vor allem durch Übernahmen externer Sammlungen enorm an. Hervorzuheben ist hier die Übernahme von über 1.500 Serien von Süßwasser- und Meeresfischen aus der Fischsammlung der Universität Göttingen im Jahr 1978. Einer der bedeutendsten Sammlungszugänge erfolgte 1993, als über 23.000 Serien der

◯ Während der VALDIVIA-Expedition gefangen: Das gut erhaltene Exemplar eines **Bartmännchens** befindet sich heute in der Fischsammlung des Zoologischen Museums Hamburg.

◁ Jedes Detail wurde dokumentiert: Die Weibchen von *Argonauta* scheiden eine „Schale" oder Kapsel ab, in der sich die Eier entwickeln.

▶ Die Schönheit des Lebens: Der deutsche Zoologe **Carl Chun** und seine Wissenschaftler an Bord der VALDIVIA malten ihre Proben aus der Tiefsee.

Meeresfischsammlung des Instituts für Seefischerei der Bundesforschungsanstalt für Fischerei an das Zoologische Museum übergeben wurden. Im Jahr 2000 überstieg die Anzahl der Serien 43.000. Jüngste Neuzugänge in den letzten fünf Jahren betreffen umfangreiche Sammlungsbestände von Fischlarven und Jungfischen aus Fließgewässern Europas, der Ostsee, der Nordsee und dem Atlantik, die sowohl aus eigenen Probennahmen stammen als auch vom Deutschen Zentrum für Marine Biodiversität übergeben wurden. Heute umfasst die Fischsammlung mehr als 70.000 Serien.

Bedeutung, Struktur und Bestände der Sammlungen
Heute besitzt das ZMH die viertgrößte wissenschaftliche Sammlung in Deutschland und ist ein international bedeutsames Referenzzentrum globaler Biodiversität. Gemeinsam mit den Sammlungen anderer Naturkundemuseen bildet es ein weltweites Netzwerk des Naturerbes und bewahrt Informationen für viele Bereiche in Wissenschaft und Gesellschaft. Die wissenschaftlichen Sammlungen des ZMH bestehen gegenwärtig aus ca. 10 Millionen zoologischen Objekten und werden ständig erweitert. Einige Sammlungen des ZMH gehören zu den wichtigsten ihrer Art weltweit. Dazu zählen vor allem auch Sammlungen der marinen Biodiversität mit vielen Präparaten von Meerestieren. Insgesamt neun wissenschaftliche Abteilungen sind verantwortlich für die Sammlungsobjekte.

Große Bestände an Meerestierpräparaten, darunter auch zahlreiche Organismen aus der Tiefsee, werden vor allem in den fünf Abteilungen Niedere Tiere I, Niedere Tiere II, Malakologie, Mammalogie und Ichthyologie aufbewahrt. Diese können zusammengefasst wie folgt charakterisiert werden: In der Sammlung der Abteilung Niedere Tiere I gibt es Präparate von 22 Stämmen der Wirbellosen. Die Sammlungen der freilebenden marinen Fadenwürmer (Nematoda), der Regenwürmer (Oligochaeta), der Moostierchen (Süßwasser-Bryozoa), der Pfeilwürmer (Chaetognatha) und der Manteltiere (Tunicata) gehören neben anderen Sammlungen dieser Abteilung zu den weltweit bedeutendsten ihrer Art.

Die Sammlung Niedere Tiere II beinhaltet die Krebstiere (Crustacea) und Meeresborstenwürmer (Polychaeta). Mit zusammen mehr als 65.000 Sammlungsnummern und zahlreichen Typen sind dies die größten Sammlungen dieser Gruppen in Deutschland. Bedeutendes historisches Material unter anderem der GAZELLE- und CHALLENGER-Expeditionen sowie Material aus den Sammlungen Godeffroy, Ehlers und Pfeffer ist in der Sammlung vorhanden.

In der Sammlung der Abteilung Malakologie (Weichtiere) werden etwa 120.000 Serien, darunter über 1.500 Typenserien, von ca. 15.000 Arten aller größeren Gruppen der Mollusken aufbewahrt. Besonders zu erwähnen ist die umfangreiche Sammlung an Kopffüßern (Cephalopoda) – die größte Deutschlands. Die Sammlung Malakologie ist in eine Trockensammlung, eine Alkoholsammlung und eine bei -20°C aufbewahrte Gewebesammlung gegliedert. Letztere dient als Grundlage für DNA Analysen.

Die Sammlung Mammalogie (Säugetiere) umfasst u.a. ca. 3.700 Nasspräparate, ca. 3.000 Fellpräparate und ca. 10.100 Skelettpräparate. Neben den weltbekannten Huftierserien aus Afrika und Asien bilden die marinen Säugetiere einen wichtigen Schwerpunkt.

Die Sammlung Ichthyologie ist die größte Fischsammlung Deutschlands und eine der größten Fischsammlungen Europas. Sie umfasst mehr als 1.300 Typenserien. In ihr sind weit über 8.000 Fischarten repräsentiert, darunter noch nicht katalogisiertes Material.

DEUTSCHE TIEFSEE EXPEDITION 1898-99. Bd.XVIII.   CHUN: CEPHALOPODA.   TAF. LXXIX.

Taf. LXXIX.
Polypus levis Hoyle.

Verlag von Gustav Fischer in Jena.

Die Fischsammlung
Ein Archiv mariner Biodiversität

In dieser Sammlung von Weltrang sind weit mehr als ein Viertel aller bisher bekannten Fischarten repräsentiert. Darunter befinden sich wertvolle, nicht wieder beschaffbare Belege von im 20. Jahrhundert in Europa und Nordamerika ausgestorbenen Fischarten.

Kostbare Präparate aus dem 19. Jahrhundert, zum Beispiel aus Sammlungen von Godeffroy und Bleeker, sind ebenfalls Bestandteil. Beim überwiegenden Teil des Sammlungsmaterials handelt es sich um in Alkohol fixierte Präparate kompletter Individuen. Daneben umfasst die Sammlung zahlreiche DNA-Proben, Röntgenaufnahmen, Fotos und Veröffentlichungen sowie eine Reihe von Trockenpräparaten wie Skelette, Gehörsteine, Schuppen und Dermoplastiken. Die Sammlungsobjekte stammen aus allen Ozeanen und von allen Kontinenten.

Hervorzuheben ist die umfangreiche Sammlung von Knorpelfischen, die zu den bedeutendsten in Europa zählt und die deshalb häufig durch Wissenschaftler eingesehen wird, die sich mit Knorpelfisch-Systematik befassen. Eigene Arbeiten an Knorpelfischen fokussieren auf deren Systematik und Biogeographie im Indischen Ozean und auf die Entwicklung von Lebensraummodellen für Knorpel- und Knochenfische. Haie und Rochen sind in der Fischsammlung mit über 2.650 Serien vorhanden. Darunter ist die Familie der Echten Rochen (Rajidae) mit über 1.400 Serien am stärksten vertreten. Auch sehr seltene Haiarten der Tiefsee wie Kragenhai und Meersau sind in der Sammlung vorhanden.

Bei den Knochenfischen dominiert die Gruppe der Strahlenflosser (Actinopterygii) mit mehr als 42.600 Serien in der Sammlung. Darunter sind die marinen Strahlenflosser aus der Familie der Laternenfische (Myctophidae) mit mehr als 4.800 Serien am stärksten vertreten, es folgen die Bartel-Drachenfische (Stomiidae) mit mehr als 2.500 Serien. Typische Vertreter dieser Gruppen sind die in der Tiefsee im Mesopalagial (200 – 1.000 Meter Tiefe) vorkommenden Laternenfische der Art *Electrona antarctica* bzw. Viperfische der Art *Chauliodus sloani*. Insgesamt 91 Arten Tiefsee-Anglerfische (Ceratoidei) sind in der ZMH-Fischsammlung repräsentiert. Mit 160 Arten sind die Tiefsee-Anglerfische die artenreichste Wirbeltiergruppe im Bathypelagial (1.000 – 4.000 Meter Tiefe).

Insgesamt 23.410 Serien der ZMH-Fischsammlung enthalten Informationen zu Fangtiefen. Davon stammen mehr als 70 Prozent aus der Tiefsee, aus Tiefen von über 200 Metern. Für 24.933 Serien liegen die Namen der Schiffe vor, von denen aus die Fänge getätigt wurden. Mehr als 78 Prozent dieser Belege wurden danach durch mehrere Fischereiforschungsschiffe erbracht, die unter den Namen Walther Herwig und Anton Dohrn für die Bundesforschungsanstalt für Fischerei unterwegs waren. Über 80 Serien stammen von der ersten Deutschen Tiefsee-Expedition mit dem Dampfer VALDIVIA.

Die Fischsammlung wurde weitgehend digital in einer Datenbank erfasst. Grundlegende Informationen aus dieser Datenbank stehen im Internet für Recherchen zur Verfügung unter: http://www.fishbase.org sowie http://webapp5.rrz.uni-hamburg.de/fishcollection/frm_suche.php

Blick in die Fischsammlung: Irina Eidus, die Sammlungstechnikerin, kontrolliert besonders wertvolle Präparate. Die roten und blauen Bänder an den Gläsern kennzeichnen Primär- und Sekundärtypen. Sie dienten als Grundlage für Artbeschreibungen und sind nicht ersetzbar.

Aus der
Schatzkammer des Lebens
Fotos: Solvin Zankl

Beilfisch *(Argyropelecus affinis)*

Viperfisch (*Chauliodus sloani*)

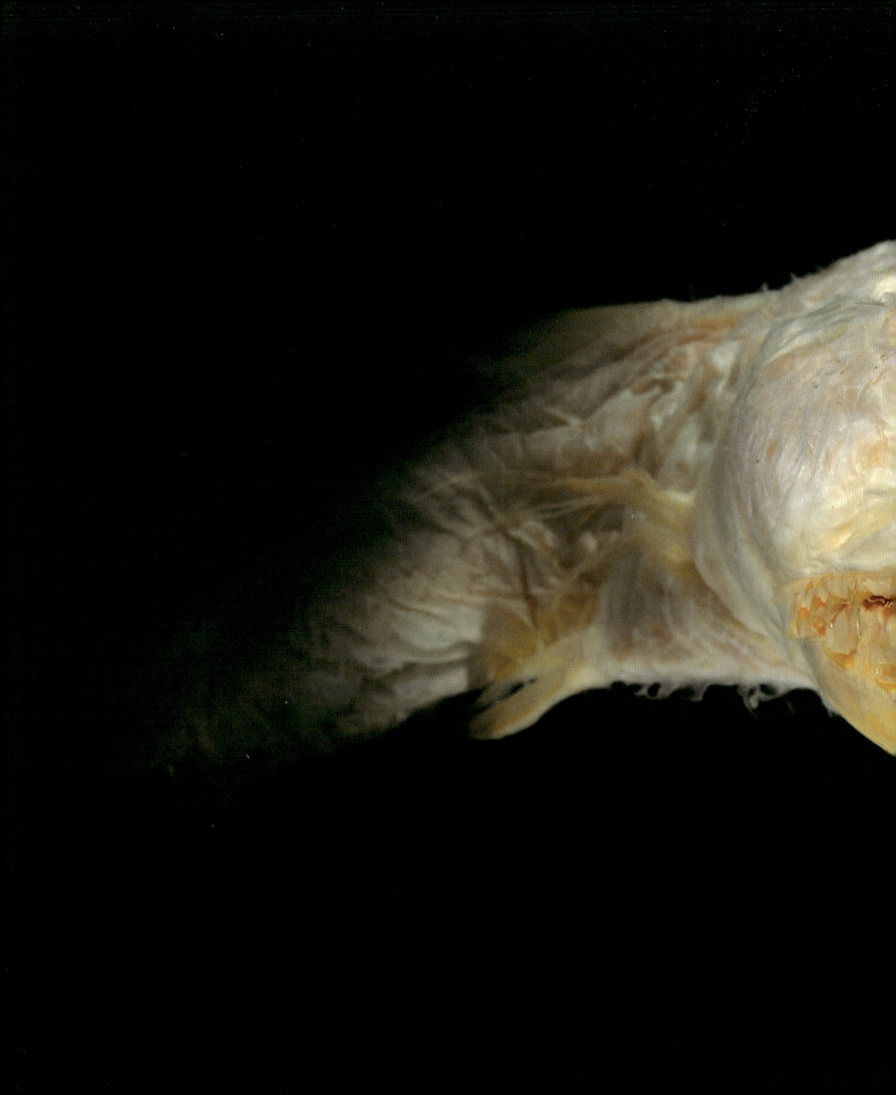

Tiefsee-Eidechsenfisch (*Batysaurus mollis*)

Tiefsee-Seeigel *(Dermechinus horridus)*

Laternenfisch (Electrona antarctica)

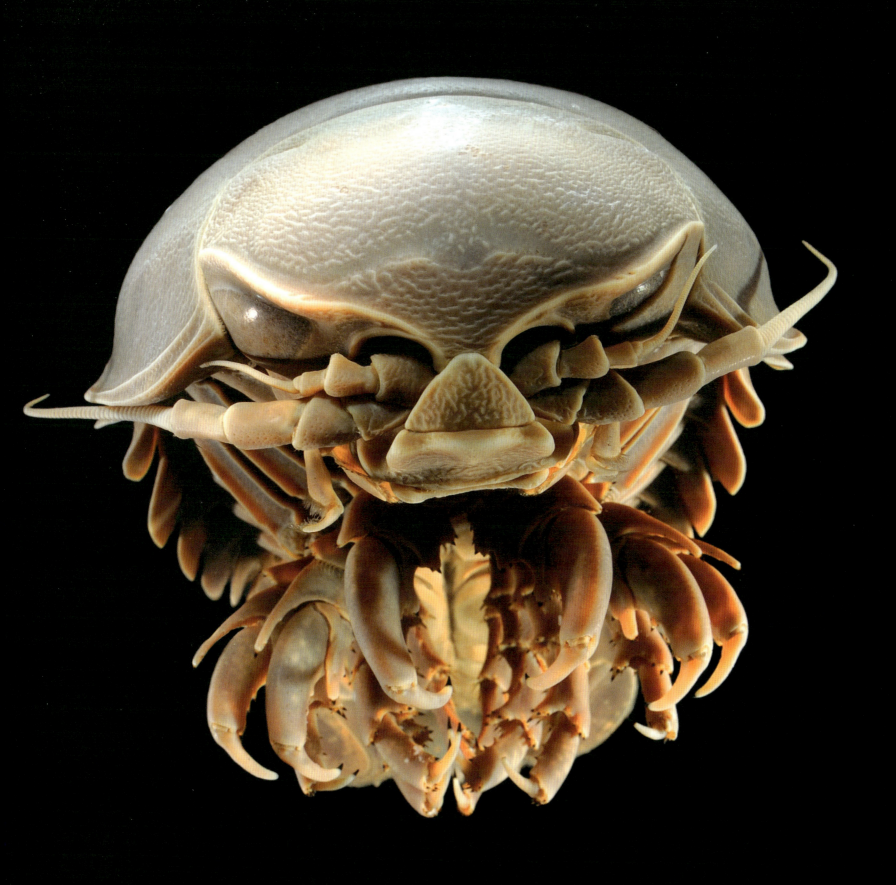

Riesen-Tiefseeassel *(Bathynomus giganteus)*

Antarktischer Schuppenwurm *(Laetmonice producta)*

Antarktischer Riesenschuppenwurm *(Eulagisca gigantea)*

Tiefsee-Krake (*Benthoctopus piscatorum*)

Grubenaal (*Synaphobranchus kaupii*)

Nordmeer-Seeigel *(Gracilechinus elegans)*

Tiefsee-Seeigel *(Brachysternaster chesheri)*

Großer Beilfisch (*Argyropelecus gigas*)

Kragenhai (*Chlamydoselachus anguineus*)

Tiefsee-Rutenangler (*Ceratias holboelli*)

Bartel-Drachenfisch (*Melanostomias melanops*)

Teufelsangler (*Linophryne arborifera*)

Zwei Polarforscher bei Wartungsarbeiten am EPICA-Eiskernbohrer in der Antarktis. Neue Analysen von Eisbohrkernen liefern überraschende Einblicke in die Klimageschichte.

Die Ozeane spielen eine Schlüsselrolle im weltweiten Klimageschehen. Der letzte Bericht des Weltklimarates (IPCC) zeigt, dass der Klimawandel unseren Planeten schneller als je zuvor in der Erdgeschichte verändert.

Durch die Verbrennung von Kohle, Erdöl und Erdgas hat der Mensch so viel Kohlendioxid wie nie zuvor in die Atmosphäre gebracht – mit katastrophalen Folgen für die Ozeane: Sie versauern, erwärmen sich, die Polkappen schmelzen, der Meeresspiegel steigt an.

Klimaschwankungen gab es in der Erdgeschichte schon immer. Eiszeiten und Warmzeiten wechselten über lange Zeiträume in einem natürlichen Rhythmus. Heute sind wir Menschen es, die massiv in die globalen Zusammenhänge eingreifen.

Was lernen wir aus der Vergangenheit? Wie beeinflussen wir die Zukunft? Mit welchen Visionen begegnen wir den neuen Herausforderungen?

Die Zukunft begann gestern

Tiefseekerne
erklären die Eiszeiten

Prof. Dr. Gerold Wefer
MARUM – Zentrum für Marine Umweltwissenschaften, Universität Bremen

Prof. Dr. Wolf Berger,
Scripps Institution of Oceanography, University of California, San Diego

Im Prinzip sind die Tagebucheinträge des Ozeans relativ einfacher Art. Millionen winziger Planktonorganismen leben für kurze Zeit in den Wasserschichten nahe der Oberfläche. Einige bilden Schalen oder Skelette. Diese sinken im Laufe von Tagen bis Wochen zum Meeresboden. Als Fossilien bilden sie dort Sedimente. Aus der Artenzusammensetzung und dem Zustand der Fossilien können Wissenschaftler einerseits die Lebensbedingungen rekonstruieren und andererseits erkennen, wie gut oder schlecht sich die Fossilien am Meeresboden und im Sediment erhalten.

Der Meeresboden ist überwiegend bedeckt von abgestorbenen Pflanzen- und Tierresten, dem sogenannten biogenen Material, und von braunrotem Tiefseeton („Red Clay"), also Material, das vom Wind oder über Flüsse vom Land ins Meer transportiert wurde und deswegen als terrigen bezeichnet wird. Dieses generelle Sedimentmuster im tiefen Ozean wurde bereits im 19. Jahrhundert von dem Naturforscher John Murray während der britischen Challenger-Expedition (1872 – 1876) entdeckt.

Die Grenze zwischen dem biogenen und dem terrigenen Material ist allerdings ziemlich verwischt, denn auch jenseits des Kontinentalhangs finden sich noch feine vom Land eingetragene Sedimente. Dagegen ist die Grenze zwischen dem biogenen Material und dem Tiefseeton ("Red Clay") scharf. Wir bezeichnen sie als „Karbonat-Kompensations-Tiefe" („Carbonate Compensation Depth, CCD). Diese CCD ist eine der wichtigsten Sedimentgrenzen in der Tiefsee und erinnert an die Schneelinie im sommerlichen Hochgebirge. Zum einen sieht das hellgraue, karbonatreiche biogene Sediment oberhalb der CCD tatsächlich ein wenig aus wie schmutziger Schnee, zum anderen stellt diese Tiefengrenze, ebenso wie die Schneegrenze, in etwa eine Höhenlinie dar. Und ähnlich wie bei der Schneegrenze lässt sich eine Trennung von gut erhaltenem und aufgelöstem Material erkennen.

Wenn Geologen die Geschichte des Meeres erforschen, haben sie es fast immer mit Fossilien aus Kalzit zu tun: winzige planktonische Kalkalgen (Coccolithophoriden) und nicht ganz so winzige schalentragende Einzeller aus dem Plankton (Foraminiferen). Neben den kalzitischen Fossilien sind Opal-Fossilien von großem Interesse. Dazu zählen Kieselalgen (Diatomeen) und Radiolarien, wegen ihres symmetrischen Aufbaus einst "Strahlentiere" genannt. Diatomeen leben im obersten Plankton und auf dem Meeresboden, solange genügend Licht vorhanden ist. Diatomeen sind mikroskopische einzellige Algen und wie eine Käseschachtel aufgebaut, mit zwei Schalen, die sich bei der Vermehrung durch Verdoppelung trennen. Die Radiolarien haben etwa die gleiche Größe, aber ein Innenskelett. Beide Gruppen werden in großen Mengen in Gebieten produziert, in denen das Meer besonders fruchtbar ist. Daher zeigt die Verteilung der Skelette am Meeresboden an, wie fruchtbar der Ozean ist.

Neben den vorher beschriebenen Fossilien finden wir natürlich noch viele andere Sedimente, die bei der Rekonstruktion der Geschichte des Meeres gute Dienste leisten. So zum Beispiel Manganknollen, Ascheteilchen und am Meeresboden gebildete Minerale. Alle Bestandteile werden von Geochemikern und Mineralogen mit modernsten Methoden untersucht. Im Großen und Ganzen stehen jedoch die Fossilien im Mittelpunkt der geologisch-geschichtlichen Analyse, insbesondere wegen der Fülle des Materials.

Aus den Sedimenten können wir Klimaschwankungen der Vergangenheit gut rekonstruieren. Von besonderem Interesse für die Klimaforschung ist der Zeitabschnitt des „Quartär", es ist die jüngste und kürzeste Epoche der Erdgeschichte, charakterisiert durch pulsierende Vereisungen. Sie dauerte etwa zwei Millionen Jahre und umfasst daher zwei Drittel der Vereisung der nördlichen Halbkugel, die schon im späten Pliozän vor etwa 3 Millionen Jahren anfing. Erinnert werden soll aber auch daran, dass die Vereisung der Erde nicht erst vor 3 Millionen Jahren begann, sondern bereits vor etwa 40 Millionen Jahren, und zwar auf der südlichen Hemisphäre.

Die Eismassen auf Grönland und Spitzbergen erinnern uns noch heute an das Quartär. In diesem Zeitabschnitt gibt es für den marinen Geologen viel zu studieren, weil sich in dieser Zeit dau-

Untersuchung eines Sedimentkerns. In Teilstücken lagern über 140 Kilometer dieser Kerne in Kunststoffröhren, die in einer riesigen Kühlkammer am Bremer MARUM aufbewahrt werden.

▲ Die bekanntesten Eiszeitzeugen in Norddeutschland sind die "**Findlinge**". Keltische Kulturen haben vor einigen tausend Jahren solche tonnenschweren Steine zum Bau von Hünengräbern verwendet.

Einsichten in die eiszeitliche Umwelt lieferte die Tiefseegeologie bei der Rekonstruktion des Ozeans während der maximalen Vereisung vor 20.000 Jahren.

ernd etwas geändert hat: in der Topographie, in der Verwitterung, im Wasserhaushalt und im weltweiten Klimazustand. Dabei sind zum Beispiel die Reaktion und der Einfluss des Ozeans auf große Klimaumschwünge besonders interessant. Rückkopplungen zwischen untergeordneten Systemen des Gesamtklimasystems müssen verstanden werden, um den Verlauf der Abkühlung sowie den Verlauf von Eisaufbau und -abschmelzung zu erklären. Selbstverständlich gehören dazu auch der Wasser- und der Kohlenstoffkreislauf.

Voraussetzung für den Eisaufbau ist in beiden polaren Gebieten, dass große Flächen für die Schneeablage verfügbar sind. Im Norden überwiegt die Meereisbedeckung als Resultat der geographischen Verhältnisse (im Norden arktisches Meer, im Süden antarktischer Kontinent). Die Klimasteuerung, wie bereits vom serbischen Ingenieur Milutin Milankovitch (1879 – 1958) 1930 erkannt, geschah zwar hauptsächlich im Norden, aber auch der Süden reagiert im Takt aufgrund schwankender Wärmezufuhr und fluktuierendem Meeresspiegel.

Ein weiterer Anreiz für das Studium der Eiszeiten der letzten zwei Millionen Jahre ist die Tatsache, dass viele landschaftliche Elemente in unserer heutigen Umgebung eine Erbschaft jener Zeiten ist. Fjorde in Norwegen und Alaska sind Paradebeispiele, aber auch die weiten Ackerflächen in Norddeutschland, die großen Seen in Nordamerika oder Nord- und Ostsee sind Resultate der Vereisungen. Im Hochgebirge finden wir U-förmige, einst von gewaltigen Gletschern ausgehobelte Täler. Und selbst die Korallenriffe in den Tropen – Oasen der biologischen Vielfalt in der Meereswüste – dokumentieren in ihrem inneren Aufbau die eiszeitlichen Schwankungen des Meeresspiegels.

Die bekanntesten Eiszeitzeugen in Norddeutschland sind die "Findlinge". Das sind große Steinbrocken, die einst durch riesige Eismassen von Skandinavien bis nach Norddeutschland verfrachtet wurden. Keltische Kulturen haben vor einigen tausend Jahren solche tonnenschweren Steine zum Bau von Hünengräbern verwendet. Früher wurden die Findlinge dem Transport durch Eisberge zugeschrieben – ein Mechanismus, der irgendwie einleuchtend ist, aber eben doch nicht richtig. Der Meeresspiegel war während der Vereisung wesentlich niedriger, und die Eisberge konnten also nicht in Norddeutschland, sondern allenfalls vor der Küste von Südfrankreich und Portugal landen.

Heute sehen wir die Findlinge als Zeugen einst riesiger Vereisungen an, die, von Skandinavien ausgehend, weite Teile Nordeuropas bedeckten. Die größte Eisdecke um den arktischen Ozean herum lag jedoch nicht über Skandinavien, sondern in Nordamerika. Das Zentrum lag etwa dort, wo sich heute die Hudson Bucht befindet. Sie ist ein Relikt tiefer Erosion durch gewaltige Eismassen. Ganz Kanada ist von tiefer Erosion geprägt und überall sieht man metamorphe Gesteine an der Oberfläche anstehend. Man kann sich ein Bild von der Ausdehnung der letzten Eiszeit machen, indem man sich die Schneebedeckung im nördlichen Winter ansieht und sie in Gedanken mit dicken Eislagen versieht.

Einsichten in die eiszeitliche Umwelt lieferte die Tiefseegeologie bei der Rekonstruktion des Ozeans während der maximalen Vereisung vor 20.000 Jahren und sie dokumentierte auch glaubwürdig mit hoher Genauigkeit die zyklische Natur multipler Vereisungen. Im glazialen Ozean waren die Strömungsmuster ähnlich wie heute, außer dass die Polarfront, also die Grenze zwischen eiskaltem und wärmerem Wasser, im Norden in Richtung Äquator verschoben war. Auf der Nordhalbkugel bewirkte die Verschiebung einen geringeren Wärmetransport über den Äquator in den Nordatlantik. In hohen Breiten sank die Temperatur deutlich ab, im Durchschnitt etwa 4 °C, aber die Tropen waren weiterhin ziemlich warm. Das Wort „glaubwürdig" nimmt Bezug auf schon lange bekannte Hinweise auf serienweise Vereisungen, die schon viele Jahrzehnte vor den Tiefseeuntersuchungen beschrieben wurden. Beispiele sind die diversen

» *Text weiter auf Seite 206*

◧ Die Schneedecke auf der Nordhalbkugel verlief im Januar 2011 etwa parallel zur maximalen Vereisung vor 20.000 Jahren.

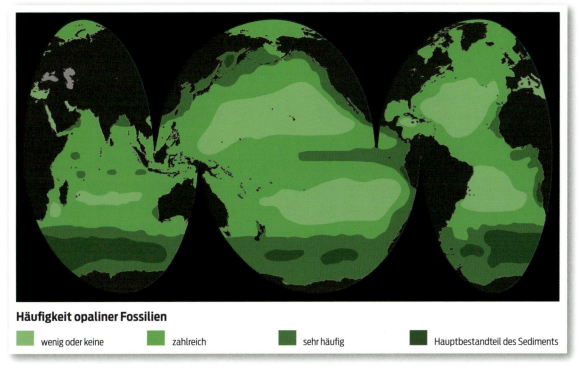

Häufigkeit opaliner Fossilien

wenig oder keine · zahlreich · sehr häufig · Hauptbestandteil des Sediments

◧ **„Grüner Ozean":** Die Karte zeigt die Verteilung von Diatomeen und Radiolarien am Meeresboden. Hohe Anteile dieser Opal-Fossilien weisen auf eine hohe Fruchtbarkeit in dem darüber liegenden Oberflächenwasser hin.

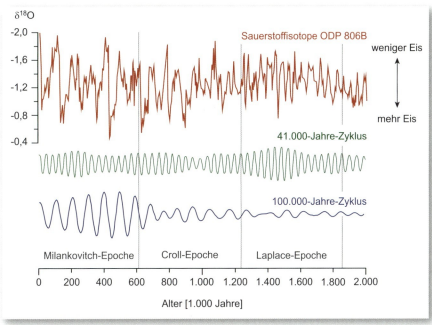

◧ Zyklische Vereisung dokumentiert im **Sauerstoff-Isotopen-Verhältnis** planktischer Foraminiferen. Die Fourieranalyse zeigt: **100.000-Jahre-Zyklen** treten nur in den letzten 650.000 Jahren der Eiszeit auf, während der **41.000-Jahre-Zyklus** das ganze Quartär durchläuft.

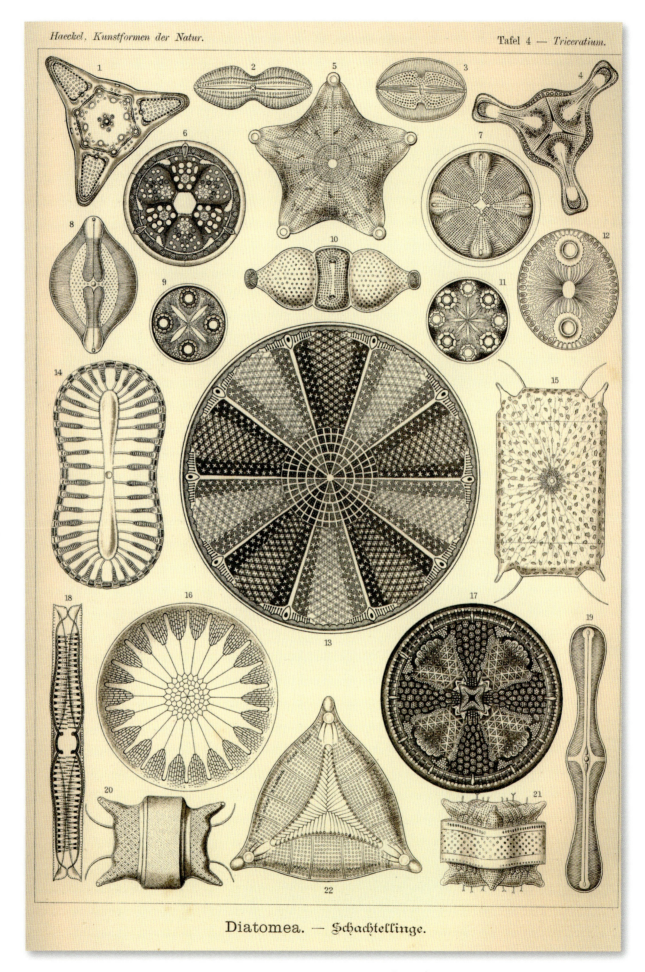

▶ „Kunstformen der Natur": **Diatomeen** leben im obersten Plankton und auf dem Meeresboden, solange genügend Licht vorhanden ist. Die winzigen, einzelligen Algen sind wie Käseschachteln aufgebaut, mit zwei Schalen, die sich bei der Vermehrung durch Verdoppelung trennen.

Haeckel, Kunstformen der Natur. Tafel 31 — *Calocyclas.*

Cyrtoidea. — Flaschenstrahlinge.

◧ Filigrane Strukturen, die der Zoologe Ernst Haekel in seinen Zeichnungen festhielt: Die **Radiolarien**, aufgrund ihres symmetrischen Aufbaus einst "Strahlentiere" genannt, finden sich ebenso wie Kieselalgen in besonders fruchtbaren Meeresgebieten.

Meeresforschung, Eiskernstudien und Klimamodellierung können bahnbrechende Ergebnisse erzielen. Wir dürfen aber keine schnellen Antworten erwarten, wie wir aus der Vergangenheit auf die Zukunft schließen können.

Schotterterrassen der Alpen und die Ablagerungsmuster von Lößablagerungen (Windstaub). Diese Beobachtungen beruhen zum Teil auf lückenhaften Abfolgen, da kontinuierliche Sedimentabfolgen auf den Kontinenten relativ selten sind.

Der Geologe Albrecht Penck (1858 – 1945) und sein Mitarbeiter, der Klimatologe Eduard Brückner (1862 – 1927), waren die einflussreichsten Verfechter der multiplen Vereisungen, und sie gaben auch Eisvorstößen Namen (Würm, Riss, Mindel, Günz), die noch bis über die Mitte des letzten Jahrhunderts in allen Lehrbüchern als Stoff für angehende Geologen und Geografen dienten. Manche dieser Bezeichnungen sind noch immer im Umlauf, allerdings kaum unter Tiefseegeologen. Der Klimatologe und Botaniker Wladimir Köppen und sein Schwiegersohn, der Geophysiker Alfred Wegener, kamen bereits 1924 zu einer anderen Deutung der Penck'schen Vereisungsserie. Sie übernahmen die damals noch nicht veröffentlichten Berechnungen von Milutin Milankovitch, der seine Ergebnisse per Post an Köppen gesendet hatte und eine erste Publikation seiner Berechnungen im Köppen-Wegener Buch gestattete.

Für Klimarekonstruktionen wurden viele Tiefseebohrungen des Bohrforschungsprojektes (Ocean Drilling Program, ODP, ab 2003 IODP) analysiert. Am Bremer MARUM befindet sich das größte der weltweit drei Kernlager des IODP. In einer riesigen Kühlkammer lagern über 140 Kilometer Bohrkerne. In fünfeinhalb Meter hohen Regalen liegen die der Länge nach halbierten, eineinhalb Meter langen Teilstücke der Kerne in Kunststoffbehältern.

Die zyklische Vereisung lässt sich zum Beispiel gut an den im Jahr 1990 im westlichen Pazifik gewonnenen langen Kernen des ODP nachweisen. Die statistische Analyse der Isotopenwerte ergab eine Dominanz dreier Zyklen: etwa 100.000, 41.000, und 21.000 Jahre. Diese drei Zyklen waren in Tiefseesedimenten schon seit einiger Zeit bekannt. Die aus dem ODP-Material gewonnene Klimakurve zeigte, dass die 100.000-Jahre Zyklen nur in den letzten 650.000 Jahren der Eiszeit auftreten, während die andern Zyklen das ganze Quartär durchlaufen. Wir nennen diesen letzten Zeitabschnitt der Großzyklen die "Milankovitch Epoche", weil er mit der von Milankovitch untersuchten Zeitspanne fast identisch ist. Allerdings muss man dazu sagen, dass Milankovitch nichts von den Großzyklen wusste, und natürlich auch keine Erklärung dafür suchte oder hatte.

Heute können wir aus Tiefseekernen des „Quartär" auch lernen, wie schnell der Meeresspiegel ansteigen kann, wenn große Eismassen im Abschmelzprozess begriffen sind. Das letzte große Abschmelzereignis trat vor 16.000 bis 8.000 Jahren ein, und am Ende einer jeden Vereisung kam es zu ähnlichen Abschmelzvorgängen. In den letzten 500.000 Jahren des Eiszeitalters betrug der typische Meeresspiegelanstieg infolge einer Abschmelzphase etwa einhundert Meter. Umgerechnet sind das zehn Meter in tausend Jahren oder ein Meter in einem Jahrhundert. Dies ist also die Größenordnung, in der wir uns beim Auf- und Abbau von Eis bewegen. Es ist festzustellen, wie die betreffenden Meeresspiegelanstiegswerte verteilt sind, wie diese Verteilung am Ende einer bereits erfolgten Abschmelzphase aussieht und wie hoch der Meeresspiegel ansteigen kann.

Noch ist allerdings unbekannt, warum das Eis auf Grönland bei der letzten großen Abschmelzung verschont wurde – es handelt sich immerhin um sechs Prozent der ursprünglichen nördlichen Eiskappe. Der Rest, hauptsächlich auf Kanada und Skandinavien aufliegend, schmolz vollständig weg, dadurch stieg der Meeresspiegel um etwa 125 Meter (Schätzungen variieren um etwas mehr als fünf Meter).

Was können wir aus dem Studium der Erdgeschichte lernen: Die Klimarekonstruktionen aus dem Quartär zeigen die ganze Bandbreite der Klimaverhältnisse, aber wir finden kein Analog zum heutigen oder zukünftigen Klima. Die informativsten Perioden sind die Zeiten mit schnellem Klimawandel, insbesondere vom kalten zum warmen Klima. Bahnbrechende Ergebnisse lassen sich nur in enger Zusammenarbeit zwischen Meeresforschung und anderen Forschungszweigen wie Eiskernstudien und Klimamodellierung erzielen. Wir dürfen jedoch keine schnellen Antworten erwarten, wie man aus der Vergangenheit auf die Zukunft schließen kann. Wir sollten die umfangreichen Erfahrungen durch Klimastudien und Klimamodellierungen nutzen, um Wege zur Erforschung des zukünftigen Klimas aufzuzeigen, auch wenn sie mit großen Unsicherheiten behaftet sind.

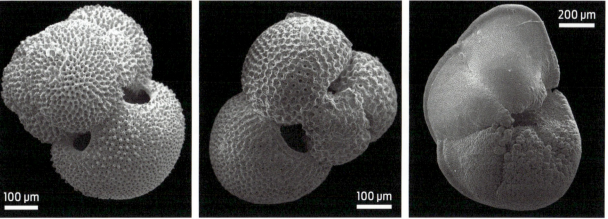

◨ Wenn Geologen die Sedimente am tiefen Meeresboden erforschen finden sie Fossilien aus Kalzit wie die winzigen **Kalkalgen** (Coccolithophoriden, oben) und **Einzeller mit Kalkschalen** (Foraminiferen, unten). Aus ihnen lässt sich die Klimageschichte unseres Planeten gut rekonstruieren.

Eiszeit oder Treibhausklima
Was kommt auf uns zu?

Prof. Dr. Peter Lemke

Alfred-Wegener-Institut für Polar- und Meeresforschung

» **Das heutige Klima ist eine Folge der Entwicklungsgeschichte der Erde** und stellt damit nur einen Schnappschuss aus einem rund 4,5 Milliarden Jahre langen Film dar, der immer noch weiterläuft. Dokumentiert werden Klimaschwankungen durch geologische und biologische Befunde: Marine Sedimentkerne enthalten Informationen über mehrere Millionen Jahre, Eisbohrkerne über 800.000 Jahre, Baumringe über 10.000 Jahre und historische Aufzeichnungen über 1.000 Jahre. Mit Messinstrumenten, zum Beispiel Thermometer und Barometer, werden seit etwa 250 Jahren Wetterdaten erhoben. Weltweite Messungen gibt es aber erst seit etwa 150 Jahren, insbesondere seit der Gründung der verschiedenen nationalen Wetterdienste sowie der Einrichtung der International Meteorological Organisation im Jahre 1873, in der alle Wetterdienste zusammenarbeiten und so den internationalen Zugang zu den nationalen Wetterdatensätzen ermöglichen. Aus den verschiedenen Beobachtungen wird die ausgesprochene Variabilität des Klimas sichtbar. Sie erstreckt sich auf Zeitskalen von Monaten bis zu Jahrmillionen.

Die Ursachen von Klimaschwankungen sind nicht nur in der Atmosphäre zu suchen, sondern entstehen durch die Wechselwirkung der Atmosphäre mit Ozean, Eis und Biosphäre sowie durch externe Anregungen. Dazu zählen zum Beispiel Schwankungen der Energieausstrahlung der Sonne und Änderungen der Erdbahnparameter, die sich durch die Massenanziehung der anderen Planeten ergeben. Sie verändern die einfallende Sonnenenergie global und regional. Beide Effekte sind zurzeit sehr klein und kommen als Ursache für die gegenwärtig beobachteten Klimaänderungen nicht infrage. Als externe Einwirkungen werden auch Vulkanausbrüche angesehen, die – bisher unvorhersagbar – die Atmosphäre verdunkeln und damit kurzfristig für einige wenige Jahre zu einer geringen Abkühlung führen.

Ursachen der gegenwärtigen Klimaschwankungen sind im Wesentlichen interne Wechselwirkungen im Klimasystem, die häufig durch Rückkopplungen gekennzeichnet sind. So verringern sich die Schnee- und Eisflächen bei einer Erwärmung, wodurch dunklere Flächen – Land oder Meer – zum Vorschein kommen, die die Sonnenstrahlen wesentlich besser absorbieren und damit zu einer weiteren Erwärmung und einem Rückgang von Schnee und Eis führen.

◯ **Kälte oder Hitze?** Klimaschwankungen gab es in der Erdgeschichte immer. Eiszeiten und Warmzeiten wechselten stets in einem natürlichen Rhythmus. Seit geraumer Zeit greift jedoch der Mensch in das Klimageschehen ein. Wie wird sich unser Klima in der Zukunft entwickeln?

Das Klima der Erde hat sich in der Vergangenheit stark geändert und wird sich auch in Zukunft ändern. Anders als in der Vergangenheit wird es aber für Klimaänderungen in der Zukunft neben den natürlichen Ursachen auch bedeutende Einflüsse durch uns Menschen geben. Seit Beginn der Industrialisierung hat sich die Zusammensetzung der Atmosphäre, insbesondere der Gehalt an Treibhausgasen wie Kohlendioxid und Methan, durch menschliche Aktivitäten signifikant geändert. Zudem hat der Mensch durch die Landwirtschaft und den Bau von Städten und Kommunikationswegen den Charakter der Landoberfläche entscheidend verändert, mit signifikanten Einwirkungen auf die Strahlungs- und Energiebilanz an der Erdoberfläche und auf den Wasserkreislauf.

Im Klimasystem spielen die verschiedenen Komponenten sehr unterschiedliche Rollen. Die Atmosphäre beeinflusst das Klima über Strahlungseffekte, die entscheiden, wie viel Sonnenenergie am Erdboden ankommt, und über chemische und thermodynamische Prozesse. Dabei spielen die Gaszusammensetzung der Luft – insbesondere ihr Gehalt an Wasserdampf und anderen Treibhausgasen – sowie die Wolken eine wichtige Rolle. Wasserdampf und Kohlendioxid in der Atmosphäre sorgen für den natürlichen Treibhauseffekt, der die Temperatur an der Erdoberfläche von lebensfeindlichen -18°C auf angenehme +15°C erhöht. Änderungen dieser Gasbestandteile werden daher Klimaänderungen hervorrufen.

Der Ozean beeinflusst das Klima durch Wärmespeicherung, Wärmetransport und durch die Auf-

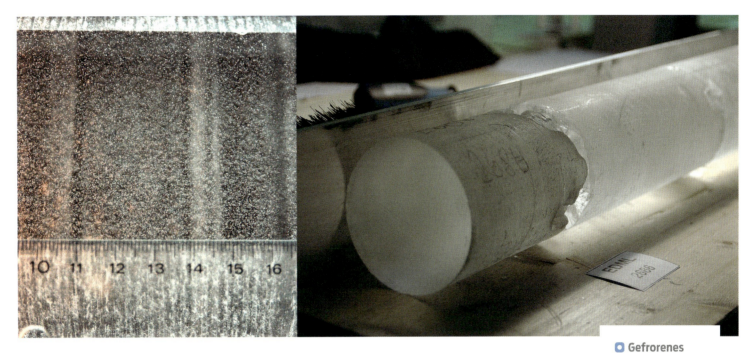

Gefrorenes Klimagedächtnis: Das Eis auf Grönland und der Antarktis ist aus zusammengepresstem Schnee entstanden. So enthalten die Bläschen im Eis Luftproben längst vergangener Zeiten, unter anderem auch Treibhausgase. Bei der **Eiskerntiefbohrung** auf dem grönländischen Eisschild (links) wurde bis in eine Tiefe von 2.537 Metern gebohrt. Ziel: Mehr über die Eem-Warmzeit vor etwa 130.000 bis 115.000 Jahren zu lernen, da sie in vielerlei Hinsicht dem wärmeren Klima gleicht, das uns in naher Zukunft erwarten könnte.

nahme von Gasen, wie zum Beispiel Kohlendioxid. Durch die Verdunstung an der Meeresoberfläche bildet er die größte Quelle für den globalen Wasserkreislauf. Wasser ist die wichtigste aktive Substanz im Klimasystem. Es bildet die Ozeane, Gletscher und Eisschilde und kommt in der Atmosphäre als unsichtbarer Wasserdampf sowie in den Wolken in Form von Wassertropfen und Eiskristallen vor. Der größte Teil des Niederschlags auf den Kontinenten stammt aus der Verdunstung an der Meeresoberfläche. Mit dem Wasserkreislauf zirkuliert auch eine gewaltige Menge Energie, die bei der Verdunstung und der Kondensation von Wasser benötigt bzw. freigesetzt wird. Blitze, Donner und orkanartige Böen in Gewittern demonstrieren diese Freisetzung besonders eindrucksvoll.

Die Kryosphäre – bestehend aus Schnee, Eis und Permafrost – bildet gemäß ihrer Masse und Wärmekapazität nach dem Ozean die zweitgrößte Komponente im Klimasystem. Derzeit bedeckt Eis etwa 10% der Landoberfläche und im Jahresmittel etwa 7% der Ozeane. Im Winter liegen 49% der Landmassen der Nordhemisphäre unter einer Schneeschicht. Schnee und Meereis beeinflussen das Klima auf kurzen Zeitskalen von Tagen bis Monaten, während Schelfeis und Eisschilde das Klima auf langen Zeitskalen von Jahrtausenden bestimmen und damit die Eiszeiten charakterisieren. Eis und Schnee zeichnen sich durch eine hohe Reflektivität für Sonnenlicht aus. Sie werfen bis zu 90% der einfallenden Sonnenstrahlung ins Weltall zurück. Daher spielen sie eine wichtige Rolle für die Energiebilanz der Erde, insbesondre in hohen Breiten.

Pflanzen und Tiere auf den Kontinenten und im Ozean leisten einen wichtigen Beitrag zum Klima. Sie bestimmen die Zusammensetzung der Atmosphäre ganz wesentlich mit. Insbesondere spielen sie eine wichtige Rolle im Kohlenstoffkreislauf, indem sie große Mengen des Treibhausgases Kohlendioxid durch Photosynthese binden. Pflanzen wirken außerdem auf die Energiebilanz ein, da sie die Reflexion der Sonnenstrahlung beeinflussen. Ferner tragen sie durch Verdunstung zur Befeuchtung der Luft bei. Dadurch und durch die Wasserspeicherung in ihrem Wurzelsystem regulieren sie überdies den Wasserkreislauf.

Der Zustand des Klimasystems, seine Auswirkungen auf Natur und menschliche Gesellschaftssysteme und Möglichkeiten der politischen Gegensteuerung werden regelmäßig vom Intergovernmental Panel on Climate Change (IPCC) untersucht, das 1988 von zwei Unterorganisationen der Vereinten Nationen (UNEP und WMO) eingerichtet wurde. Der Bericht dieses UN-Klimarats umfasst die Ergebnisse aus drei Arbeitsgruppen, die sich mit den wissenschaftlichen Grundlagen, mit den Auswirkungen von Klimaschwankungen und möglichen Anpassungsmaßnahmen und mit Vermeidungsstrategien befassen. Die drei Bände stellen einen Sachstandsbericht dar, der die neuesten Ergebnisse der Klimaforschung aus begutachteten wissenschaftlichen Zeitschriften in einem einheitlichen Text zusammenfasst und bewertet.

Die ersten drei Berichte wurden 1990, 1995 und 2001 vorgelegt. In seinem vierten Bericht, der 2007 veröffentlicht wurde, stellt das IPCC folgende Änderungen im Klimasystem fest. Wenn nicht anders

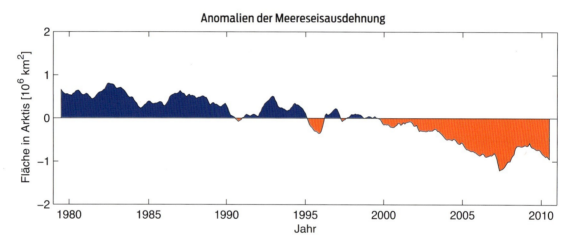

Typische Meereseisausdehnung in der Arktis: Das Meereis hat in der Arktis seit 1978 im Jahresmittel um 8 % und im Sommer um 22 % abgenommen.

Der Kohlendioxid-Gehalt der Luft hat seit 1750 um 35% von 280 ppm auf 392 ppm im Jahr 2011 zugenommen.

gekennzeichnet, gelten die Änderungen für den Zeitraum 1906-2005, siehe http://www.ipcc.ch.

Der Kohlendioxid-Gehalt der Luft hat seit 1750 um 35% von 280 ppm auf 392 ppm im Jahr 2011 zugenommen. Die Zuwachsrate der letzten 10 Jahre ist die größte seit 50 Jahren. Der heutige Wert ist bei weitem der größte in den letzten 800.000 Jahren. 78% der Erhöhung gehen auf die Nutzung fossiler Brennstoffe zurück und 22% auf Landnutzungsänderungen (z.B. Rodungen). Andere wichtige Treibhausgase wie zum Beispiel Methan und Lachgas, deren Konzentrationen seit 1750 um 148% bzw. 18 % zugenommen haben, machen zusammen etwa halb so viel aus wie der CO2-Anstieg. Die für Klimaänderungen verantwortlichen Änderungen der Strahlungsbilanz werden zurzeit vorwiegend durch Kohlendioxid verursacht, in kleinerem Umfang durch andere Treibhausgase wie Methan und Lachgas. Das wichtigste Treibhausgas – der Wasserdampf – wird vom Menschen nicht direkt verändert. Daher spielt er für den gegenwärtigen Temperaturtrend nicht die wichtigste Rolle. Allerdings wird der Wasserdampf in Zukunft eine Verstärkerrolle einnehmen, wenn sich seine Konzentration in der Luft mit steigender Temperatur erhöht. Änderungen der solaren Einstrahlung haben zurzeit nur einen minimalen Einfluss. Da die Erde auf ihrer Bahn um die Sonne von den anderen Planeten beeinflusst wird, ändern sich ihre Bahn und die Orientierung ihrer Drehachse, allerdings erst auf Zeitskalen von 20.000 Jahren und mehr.

Die Erwärmung des Klimasystems ist eindeutig. Die globale Oberflächentemperatur ist um +0,74°C gestiegen, und 12 der letzten 14 Jahre waren die wärmsten seit Beginn der Aufzeichnungen. Die Temperaturzunahme der letzten 50 Jahre ist doppelt so hoch wie die der letzten 100 Jahre, und die Arktis hat sich doppelt so stark erwärmt

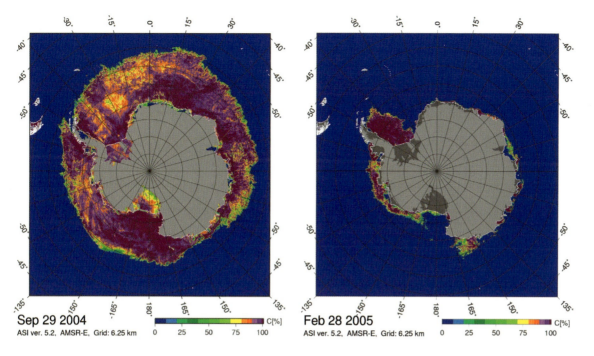

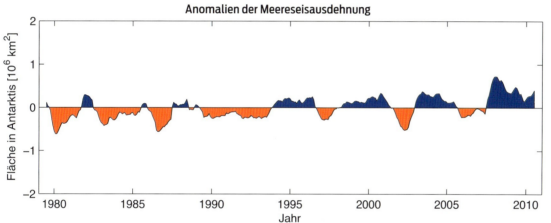

◉ **Typische Meereseisausdehnung in der Antarktis:** Das Meereis ist stabil. Bisher konnte kein signifikanter Rückgang beobachtet werden.

wie die Erde im globalen Mittel. Die Häufigkeit heftiger Niederschläge hat zugenommen. Rekonstruierte Daten aus Beobachtungen und anderen Quellen, wie zum Beispiel Baumringdaten, deuten darauf hin, dass die Temperaturen der letzten 50 Jahre sehr wahrscheinlich höher waren als jemals zuvor in den vergangenen 500 Jahren und wahrscheinlich höher als in den vergangenen 1.300 Jahren.

Die schneebedeckte Fläche hat seit 1980 um etwa 5% abgenommen. Weltweit schrumpfen die Gletscher und tragen gegenwärtig mit 0.8 Millimetern pro Jahr zum Meeresspiegelanstieg bei. Das Meereis verzeichnet in der Arktis seit 1978 einen Rückgang im Jahresmittel um 8% und im Sommer um 22%. In der Antarktis ist bisher kein signifikanter Rückgang zu erkennen. Die Eisschilde auf Grönland und der Antarktis verlieren gegenwärtig Masse durch Schmelzen und Gletscherabbrüche und tragen zusammen 0.4 Millimeter pro Jahr zum Meeresspiegelanstieg bei. Die Temperaturen in den oberen Schichten des Permafrostbodens haben sich seit 1980 um 3°C erwärmt, und die Ausdehnung des saisonal gefrorenen Bodens hat seit 1900 um 7% abgenommen, im Frühling sogar um 15%.

Die Ozeane sind im globalen Mittel wärmer geworden, bis zu Tiefen von 3.000 Metern. Diese Erwärmung hat zum Anstieg des Meeresspiegels beigetragen. Der Meeresspiegel ist seit 1993 durchschnittlich um etwa 3 Millimeter pro Jahr gestiegen, im 20. Jahrhundert um 17 cm. Davon ist etwas mehr als die Hälfte verursacht durch thermische Ausdehnung des wärmeren Ozeans, etwa 25% durch Abschmelzen der Gebirgsgletscher, und etwa 15% durch das Abschmelzen der Eisschilde. Änderungen der meridionalen Umwälzbewegung im Atlantik – oft vereinfacht, aber unzutreffend als „Golfstrom" bezeichnet – können aus den vorliegenden Daten nicht abgeleitet werden. Modell-

Die Eisschilde auf Grönland und der Antarktis verlieren gegenwärtig Masse durch Schmelzen und Gletscherabbrüche.

Probennahme auf einer Eisscholle im Südpolarmeer. Gut verstaut in der Kühlbox wird das Eis zur weiteren Analyse ins Labor gebracht.

> Durch die Erwärmung des Ozeans und den Abfluss des Schmelzwassers von den Kontinenten steigt der Meeresspiegel: Im letzten Jahrhundert 17 cm, in diesem könnten es 60 cm und mehr werden.

rechnungen und der Vergleich mit Beobachtungen zeigen, dass die Erwärmung der letzten 50 Jahre mit sehr hoher Wahrscheinlichkeit im Wesentlichen durch anthropogene Treibhausgase, hauptsächlich Kohlendioxid, verursacht worden ist.

Klimaprojektionen für die nächsten 100 Jahre lassen sich überzeugend durch Klimamodelle simulieren, die mit Energienutzungsszenarien angetrieben werden. Solche Modelle sagen – je nach Energienutzung – eine weitere Temperaturerhöhung und einen Meeresspiegelanstieg bis zum Ende des 21. Jahrhunderts voraus. Für die letzte Dekade des 21. Jahrhunderts ist der wahrscheinlichste Wert der globalen Erwärmung für das niedrigste Szenario 1.8°C (1.1 – 2.9°C), und für das höchste Szenario 4.0°C (2.4 – 6.4°C). Die größte Erwärmung findet dabei in hohen nördlichen Breiten statt.

Für die nächsten zwei bis drei Jahrzehnte hängt die projizierte Erwärmung nur wenig von den Annahmen über zukünftige Emissionen ab, und selbst bei einem sofortigen Stopp aller Emissionen würde durch die Trägheit des Klimasystems ein weiterer Temperaturanstieg bis zu ca. 0.6°C erfolgen. Für den Anstieg des Meeresspiegels sind die Projektionen für 2090 – 2100: 18 – 38 Zentimeter für das niedrigste und 26 – 59 Zentimeter für das höchste Szenario. Die Projektionen haben einen engeren Bereich gegenüber früheren Berichten, vor allem durch bessere Genauigkeit bei der thermischen Ausdehnung, unterscheiden sich aber nicht wesentlich von den zuvor veröffentlichten Berichten. Bedingt durch die weitere Erwärmung des tiefen Ozeans wird der Meeresspiegel noch über viele Jahrhunderte weiter ansteigen – selbst wenn keine Emissionen aus der Verbrennung fossiler Energieträger in die Atmosphäre gelangen. Allerdings gibt es eine erhebliche Unsicherheit hinsichtlich der weiteren Entwicklung des grönländischen und des antarktischen Eisschilds, hier kann ein höherer Beitrag zum zukünftigen Anstieg nicht ausgeschlossen werden. Modellergebnisse lassen den Schluss zu, dass eine dauerhafte Erwärmung deutlich über 3°C über Jahrtausende zu einem vollständigen Abschmelzen des grönländischen Inlandeises führen würde, entsprechend einem Meeresspiegelanstieg um 7 Meter.

Es ist sehr wahrscheinlich, dass die meridionale Umwälzbewegung im Atlantik um durchschnittlich 25% im 21. Jahrhundert abnehmen wird. Die Temperaturen in der atlantischen Region werden dennoch zunehmen, da der Einfluss der globalen Erwärmung überwiegt. Es ist allerdings sehr unwahrscheinlich, dass es zu einem abrupten Zusammenbruch im 21. Jahrhundert kommt. Der Niederschlag wird in höheren Breiten sehr wahrscheinlich zunehmen, während es in den Tropen und Subtropen, einschließlich der Mittelmeerregion, wahrscheinlich zu einer Verminderung des Niederschlags kommen wird. Seit Veröffentlichung des Vierten Sachstandsberichts des IPCC im Jahr 2007 hat sich der Erwärmungstrend weiter fortgesetzt, mit erhöhten Schmelzraten der Gebirgsgletscher und der beiden Eisschilde, weiterem Anstieg des Meeresspiegels und deutlichem Rückzug des arktischen Meereises. Der Fünfte Sachstandsbericht des IPCC wird 2013 veröffentlicht.

Klimaänderungen werden sich in Zukunft deutlich bemerkbar machen. Es scheint, dass die Menschheit ein gigantisches, unwägbares Experiment mit dem Planeten Erde durchführt, und es gibt gute Gründe, dem entschieden entgegenzusteuern. Wir haben noch gute Möglichkeiten, größere Änderungen zu verhindern. Eine Begrenzung des globalen Temperaturanstiegs auf unter 2°C bis zum Jahr 2100 erscheint allerdings nur schwer zu erreichen.

◀ **Wetterdaten aus der Antarktis:** Eine Meteorologin lässt an der Neumayer-Station auf dem Ekström-Schelfeis einen Wetterballon mit Radiosonde steigen.

▼ **Eisdickenmessung in der Arktis:** Polarforscher ziehen eine elektromagnetische Sonde in einem Kanu über das Meereis.

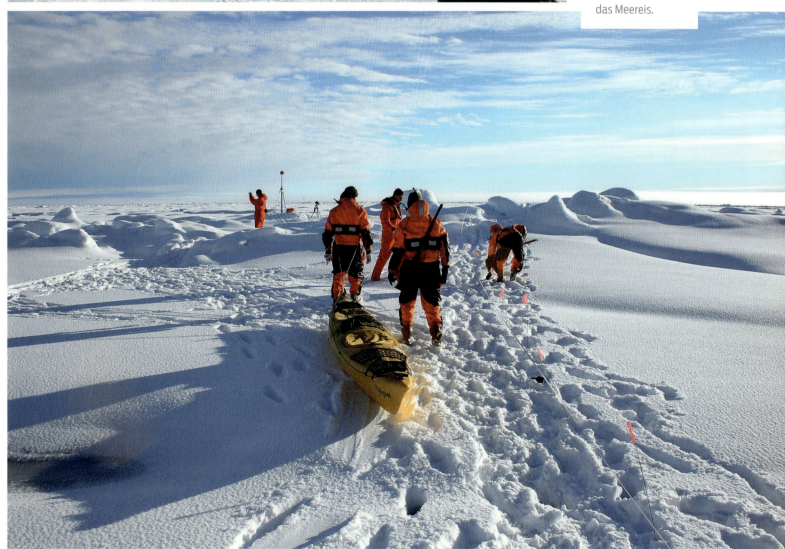

Methanhydrate
Energiequelle der Zukunft?

Stephanie von Neuhoff

>> **Sie sehen aus wie schmutzige Eisbrocken, können brennen und bergen ein enormes Energiepotential: Methanhydrate.** Was wissen wir über diesen Stoff und werden wir ihn in Zukunft vielleicht als Energie nutzen können?

Ein Treffen im Zentrum für Marine Umweltwissenschaften mit Gerhard Bohrmann. Er ist Professor für Meeresgeologie an der Universität Bremen und erforscht seit Jahren Methanhydrate im Ozean. Während seiner Expeditionen machte er aber auch jede Menge andere spannende Entdeckungen, zum Beispiel Ölquellen im Schwarzen Meer, die keiner vermutete, oder Unterwasser-Vulkane, die in 3.000 Meter Tiefe Asphalt spucken. Eine Ausfahrt wird er jedoch nie vergessen: 1996 im Pazifik vor der Küste des US-Bundesstaates Oregon. Gemeinsam mit Erwin Suess, dem damaligen Direktor des Kieler GEOMAR-Forschungsinstitutes entdeckte Gerhard Bohrmann am letzten Tag der Fahrt riesige Mengen Methanhydrat. Mehrere zentnerschwere Brocken konnte der Greifer an Bord des Forschungsschiffes SONNE aus der Tiefe holen. Es war die bis dahin größte Menge, die je aus dem Meer geborgen wurde.

Gesehen habe ich Methanhydrat bisher nur auf Fotos, jetzt schraubt Gerhard Bohrmann einen Stickstoffbehälter auf. Ein fauliger Geruch breitet sich aus. Das Gas verflüchtigt sich schnell. Die eisähnlichen Verbindungen sind nur bei Kälte und hohem Druck stabil. Stimmen die Bedingungen, bilden die Wassermoleküle Käfige, in denen sie das Methan einschließen. „Das Besondere an dieser Käfigstruktur ist, dass Methan in hoher Dichte vorhanden ist. In einem Kubikmeter Methanhydrat stecken 164 Kubikmeter Gas, also eine große Menge Gas, das in einem kleinen Volumen zur Verfügung steht", sagt Bohrmann und steckt den kleinen Methanhydratbrocken wieder in den Stickstoffbehälter. Seit der legendären Ausfahrt im Pazifik hat er einen Großteil seiner Forschungsarbeit diesem Stoff gewidmet, denn damals waren die komplizierten biologischen und geologischen Prozesse im Sediment, die zu der Bildung von Methanhydrat führen, noch weitgehend unbekannt.

Mittlerweile konnten die Forscher sogar Lage und Menge der Gashydratfelder abschätzen: „Es gibt sie an allen Kontinentalrändern und in den arktischen Permafrostböden. Nach Schätzungen sind in den Gashydraten etwa 10.000 Gigatonnen Kohlenstoff enthalten. Das übersteigt die Menge anderer fossiler Kohlenstoffreservoirs um ein Vielfaches. In allen Erdgas-, Kohle- und Ölvorräten zusammen stecken nur etwa 5.000 Gigatonnen", so Bohrmann. Ein gigantisches Energiepotential – können wir es eines Tages nutzen? „Noch gibt es keine Fördermöglichkeit, die den Abbau wirtschaftlich und umweltschonend ermöglichen würde. Außerdem wissen wir immer noch zu wenig darüber, was mit den Kontinentalhängen passiert, wenn Methan in großen Mengen abgebaut würde", sagt Bohrmann. Warum? „Gashydrate wirken im Porenraum von marinen Sedimenten wie Zement und rufen dadurch eine hohe Festigkeit und Stabilität hervor. Würden sie großräumig abgebaut, oder durch Druck- und Temperaturschwankungen zersetzt, kann es zu einer enormen Abnahme der Bodenfestigkeit kommen und submarine Rutschungen könnten die Folge sein. An allen Kontinentalrändern lassen sich Rutschungen unterschiedlicher Größenordnung nachweisen. In vielen Fällen korrelieren sie mit Gashydratvorkommen."

Ein Blick zurück in die Erdgeschichte gibt eine Ahnung, was im schlimmsten Fall passieren könnte: Vor etwa 8.000 Jahren rutschte vor der norwegischen Küste ein etwa 300 Kilometer breiter Streifen des skandinavischen Kontinentalhangs ab – bekannt als Storegga-Rutschung. Ein Tsunami gigantischen Ausmaßes war die Folge: Eine 20 Meter hohe Riesenwelle überrollte die Shetlands und erreichte sogar das 800 Kilometer entfernte Island. Mit eigenen Augen hätte zwar noch niemand eine Rutschung gesehen, es gäbe sie wahrscheinlich aber auch in der Gegenwart, vermutet Bormann. So könne es durchaus sein, dass hinter dem Tsu-

Prof. Dr. **Gerhard Bohrmann** während einer Expedition: Der Meeresgeologe untersucht von Gashydrat durchzogene Sedimente.

Riesiges Energiepotential:
Nach Schätzungen sind in den Gashydraten etwa 10.000 Gigatonnen Kohlenstoff enthalten, doppelt soviel wie in allen Erdgas-, Kohle- und Ölvorräten zusammen.

stabilen Bedingungen müsste das Gas in Gashydraten eingebunden sein. Heute wissen wir durch viele andere Untersuchungen, dass dieses Gas von Gashydrat umgeben ist und der Zugang von Wasser dabei komplett abgeschnitten ist. Gashydrat kann sich aber nur bilden, wenn Gas- und Wassermoleküle zusammentreffen können."

An vielen Stellen können Methanaustritte bereits beobachtet werden. Im Meerwasser „blubbert" es dann wie in einer Sprudelflasche. Was also, wenn die globale Erwärmung weiter voranschreitet, sich die Meere erwärmen und die Gashydratfelder instabil werden? Methan ist ein starkes Klimagas. In der Atmosphäre trägt es etwa 25-mal stärker zum Treibhauseffekt bei als Kohlendioxid. Dennoch schätzen einige Länder, zum Beispiel Japan, die USA, China, Indien und Südkorea Gashydrate als Energiequelle der Zukunft hoch ein. Sie haben eine Reihe großer Forschungsprogramme auf den Weg gebracht, um die Nutzung von Methanhydraten als fossile Energieressource voranzutreiben.

Gut zu wissen, dass es Forscher wie Gerhard Bohrmann gibt, die ruhig und besonnen die Grundlagenforschung forcieren. Auch wenn der Professor von der Presse bereits schon mal als „Bruce Willis der Meeresforschung" gefeiert wurde, ist Bohrmann alles andere als ein Actionheld. „Ach, wenn dem einen oder anderen die Phantasie durchgeht, ist das okay. Unsere Forschung ist ja durchaus auch spannend. In erster Linie ist sie aber harte Arbeit, die gut geplant sein will. Wir sind wochenlang auf See und bereiten jede Expedition monatelang vor. Die Garantie, dass man jedes Mal eine spektakuläre Entdeckung macht, gibt es nicht." Es scheint der Wunsch nach mehr Erkenntnis zu sein, der Wunsch, unsere Erde besser zu verstehen, der Gerhard Bohrmann antreibt. Die nächsten Expeditionen sind bereits in Planung. 2013 geht es mit dem Forschungsschiff POLARSTERN Richtung Antarktis. Dort werden dann heiße und kalte Quellen am Meeresboden um die Süd-Sandwich Inseln untersucht.

nami, der die Küste Papua-Neuguineas überrollte, kein Seebeben, sondern eine Rutschung durch instabile Gashydrate steckte.

Wie stabil die Gashydratfelder wirklich sind, interessiert Bohrmann und sein Team deswegen besonders. Sie haben die Gashydrate sogar schon durch einen Computertomographen gejagt. „In der Klinik waren alle natürlich sehr skeptisch. Eine Probe, die unter so hohem Druck steht, in ein so teures Gerät zu schieben, erforderte Überzeugungsarbeit", erinnert sich der Geologe. Das Ergebnis hat dann aber alle überrascht: „Wir entdeckten im Hydrat große Blasen mit freiem Methan. So etwas dürfte eigentlich nicht existieren, denn unter

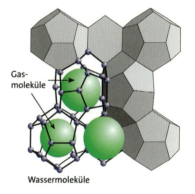

„**Brennendes Eis**": Nur bei Kälte und hohem Druck stabil. Stimmen die Bedingungen, bilden die **Wassermoleküle** Käfige, in denen sie das Methan einschließen wie hier in der typischen Struktur eines Gashydrats schematisch dargestellt.

Schätze
aus der Tiefsee

Dr. Sven Petersen

GEOMAR | Helmholtz-Zentrum für Ozeanforschung Kiel

METEOR-Expedition im Tyrrhenischem Meer vor Sizilien: Fahrtleiter Dr. **Sven Petersen** sichtet mit seinem kanadischen Kollegen Dr. **Harold Gibson** die eisenhaltigen **Sulfidproben**, die der TV-Greifer aus 650 Metern Tiefe vom Meeresboden geholt hat.

» **Mineralische Rohstoffe wie Sand und Kies, aber auch Diamanten, werden schon seit Jahrzehnten aus den Flachwasserbereichen der Ozeane gewonnen.** An den Metallvorkommen in der Tiefsee bestand bislang wenig Interesse. Doch die stark gestiegenen Rohstoffpreise rücken den Meeresbergbau in diesen Regionen immer stärker in den Bereich der Wirtschaftlichkeit.

Der Meeresboden – ein Rohstofflager für die Menschheit? Der Meeresboden ist bereits heute eine wichtige Rohstoffquelle für die Menschheit. So werden Sand und Kies sowie die Energierohstoffe Öl und Gas bereits seit vielen Jahren im Meer abgebaut. Darüber hinaus fördert man seit langem Minerale aus den flachen Küstenbereichen der Ozeane, die durch Erosion aus dem Hinterland an die Küste transportiert wurden. Dazu gehören zum Beispiel die Diamanten vor der Küste Südafrikas und Namibias sowie Vorkommen von Zinn, Titan und Gold entlang der Küsten Afrikas, Asiens und Amerikas. Der bergmännische Abbau von Rohstoffen aus dem Meer ist also nicht neu. Künftig aber dürfte eine Reihe mineralischer Rohstoffe hinzukommen. So gibt es seit kurzem Bestrebungen, den Meeresbergbau mineralischer Rohstoffe auf die Tiefsee in Gebieten unter 1.000 Metern Wassertiefe auszuweiten.

Zu den interessanten Rohstoffen in der Tiefsee zählen die Manganknollen, meist in Wassertiefen jenseits der 4.000 Meter, die Kobaltkrusten entlang der Flanken submariner Gebirgszüge, meist zwischen 2.500 und 1.000 Metern, sowie die Massivsulfide und die Sulfidschlämme, die sich in Bereichen vulkanischer Aktivität an den Plattengrenzen in den Ozeanen zwischen 5.000 und 500 Metern Wassertiefen bilden. Alle drei Rohstoffe werden oft als nachwachsende Rohstoffe bezeichnet. Dies ist aber irreführend, da die Metalle, zum Beispiel in Manganknollen und Kobaltkrusten, über einen Zeitraum von Jahrmillionen angereichert werden. Selbst die offensichtlich schnell wachsenden Massivsulfide benötigen Jahrtausende, um wirtschaftlich interessante Tonnagen zu erreichen. Von nachwachsenden Rohstoffen kann also nicht die Rede sein.

Der Wunsch, Metalle bergmännisch aus der Tiefsee zu gewinnen, ist jedoch nicht neu. Bereits in den 1980er Jahren gab es, nicht zuletzt aufgrund der Vorhersagen des „Club of Rome" zu endlichen Rohstoffvorkommen, ein großes Interesse an einem solchen Abbau. Ganze Forschungsflotten untersuchten die Manganknollen der Tiefsee auf ihre Eignung als mögliche Rohstoffquelle. Doch die Vorhersagen traten nicht ein, das rohstoffpolitische Interesse der Industrieländer schwand. Zum einen sanken die Rohstoffpreise, zum anderen fand man neue Landlagerstätten. Diese erste Meeresbergbau-Euphorie und die Furcht vor einer Ausbeutung der Meere durch die Industrieländer auf Kosten der Allgemeinheit führte zur Bildung der Meersbodenbehörde der Vereinten Nationen in Jamaika (International Seabed Authority, ISA) sowie zur Unterzeichnung der „Verfassung der Meere" UNCLOS (United Nations Convention on the Law of the Sea) im Jahr 1982. Dieses Abkommen bildet seit seinem Inkrafttreten 1994 für alle Unterzeichner die Grundlage für die Nutzung mariner Rohstoffe am Meeresboden außerhalb der Hoheitsgebiete der Länder. Das derzeit wieder erstarkte Interesse ist auf die in den letzten Jahren stark gestiegenen Rohstoffpreise und insbesondere das starke Wirtschaftswachstum in Ländern wie China und Indien zurückzuführen. Auch die derzeitige Wirtschaftskrise wird diesen Trend vermutlich nicht lange aufhalten. Zusätzlich spielen aber auch politische Überlegungen der Industrie- und Schwellenländer zur Rohstoffsicherung eine große Rolle.

Manganknollen

Die kartoffel- bis salatkopfgroßen Mineralienklumpen bedecken einige riesige Bereiche der Tiefseeebenen in 4.000 bis 6.000 Metern Tiefe mit durchschnittlich etwa 15 Kilogramm pro Quadratmeter. Sie bestehen hauptsächlich aus Mangan, Eisen, Silikaten und Hydroxiden und wachsen mit einer Rate von nur 1 bis 10 Millimeter pro Million Jahre um einen Kristallisationskeim. Die chemischen Elemente werden aus dem Meerwasser aufgenommen oder stammen aus dem Porenwasser der darunter ruhenden Sedimente. Die höchsten Knollen-Dichten finden sich zwischen Hawaii und der Westküste Mexikos in der sogenannten Clarion-Clipperton-Zone, CCZ, im Peru-Becken, nahe der Cook-Inseln sowie lokal im Atlantischen und im Indischen Ozean. In der

„Trüffel" der Tiefsee: **Manganknollen** sind wertvolle Mineralienklumpen. Sie wachsen aber nur sehr langsam, für 1 bis 10 Millimeter brauchen sie etwa eine Million Jahre. Die Gesamtmenge an Manganknollen im Nordostpazifik wird auf bis zu 62 Milliarden Tonnen geschätzt.

219

Dunkelkammer des Lebens

12.2 KG
5 cm
S079

In der Clarion-Clipperton-Zone liegen Manganknollen auf einer Fläche von mindestens neun Millionen Quadratkilometern lose auf den Sedimenten der Tiefseeebene – ein Gebiet von der Größe Europas.

Clarion-Clipperton-Zone liegen Manganknollen auf einer Fläche von mindestens neun Millionen Quadratkilometern lose auf den Sedimenten der Tiefseeebene – ein Gebiet von der Größe Europas. Die Anreicherungen in diesem Bereich sind vermutlich auf einen erhöhten Eintrag von Mangan in das Sediment zurückzuführen, das vom Ostpazifischen Rücken durch hydrothermale Aktivität freigesetzt und durch die Meeresströmungen verbreitet wird. Manganknollen bestehen zwar vor allem aus Mangan und Eisen, die wirtschaftlich interessanten Elemente sind jedoch Kobalt, Kupfer und Nickel, die in geringerer Konzentration vorhanden sind und zusammen etwa 2,5 bis 3,0 Gewichtsprozent der Knollen ausmachen. Hinzu kommen noch Spuren anderer technisch bedeutsamer Elemente wie Platin oder Tellur, die für verschiedene Hightech-Produkte benötigt werden

Bevor in großem Maßstab mit einem Abbau der Knollen begonnen werden könnte, müssen Fragen zur Umweltverträglichkeit geklärt werden. Ein Abbau würde große Flächen des Meeresbodens aufwühlen. Schätzungen gehen von bis zu 120 Quadratkilometern pro Jahr für jedes Konzessionsgebiet aus. Es muss bedacht werden, dass gewaltige Mengen an Sediment, Wasser und zahllose Lebewesen mitgefördert werden. Um zu verhindern, dass das Wasser verschmutzt wird, muss dieser Abraum wieder sorgfältig zum Meeresboden zurückbefördert werden. Auch die Frage, ob und wie eine Wiederbesiedlung der abgeernteten Areale erfolgt, ist noch nicht hinreichend geklärt.

Der Abbau selbst stellt grundsätzlich kein großes technisches Problem dar, da die Knollen relativ einfach vom Meeresboden abgesammelt werden können. Schon 1978 hatte man Manganknollen bei ersten Fördertests erfolgreich an die Meeresoberfläche transportiert. Um die Knollen abbauen zu können, müssen aber noch offene Fragen geklärt werden. So sind die Belegdichten der Knollenvorkommen, die Gestalt des Meeresbodens, oder die Variabilität der Metallgehalte nicht im Detail bekannt. Neuere Untersuchungen zeigen zudem, dass die Tiefseeebenen nicht so flach sind, wie noch vor 30 Jahren angenommen. Viele vulkanische Erhebungen schränken die Abbauflächen ein.

Seit 2001 wurden von der ISA mehrere Lizenzen zur Erkundung von Manganknollenfeldern an staatliche Institutionen vergeben; sieben im Bereich der CCZ und eine im Indischen Ozean. Noch dreht es sich weltweit also nicht um einen Abbau, sondern zunächst um die genaue Untersuchung der potenziellen Abbaugebiete. Auch Deutschland hat sich 2006 für 15 Jahre die Rechte an einem 75.000 Quadratkilometer großen Gebiet gesichert – der Größe Bayerns. Durch Kooperationen mit den Entwicklungsländern Tonga und Nauru haben in 2011 erstmalig auch Industriefirmen Explorationslizenzen für Manganknollenfelder in der offenen See erhalten.

Kobaltkrusten

Sie bilden sich in Wassertiefen von 400 bis 7.000 Metern an allen freiliegenden Gesteinsoberflächen und weisen Dicken von wenigen Millimetern bis zu 26 Zentimetern auf. Da sie nur an Stellen ohne Sedimentbedeckung wachsen, sind sie insbesondere an den Flanken ehemaliger submariner Vulkane wie etwa im West-Pazifik zu finden. Hier gibt es über 50.000 submarine Vulkane, von denen viele in den Hoheitsgewässern der Pazifischen Inselstaaten liegen.

Bei der Bildung der Krusten wird im Meerwasser gelöstes Mangan, Eisen sowie eine ganze Reihe von Spurenmetallen (Kobalt, Kupfer, Nickel, Tellur, Platin, Zirkon, Niob) auf den vulkanischen Substraten der Vulkane abgelagert. Die Wachstumsgeschwindigkeit liegt mit 1 bis 5 Millimeter pro Million Jahre leicht unterhalb der von Manganknollen. Auch die Kobaltkrusten enthalten nur geringe Mengen der eigentlichen Wertstoffe. Allerdings sind die Gehalte an Kobalt (0,5 bis 0,8 Prozent), Tellur (10 bis 200 Gramm pro Tonne) und auch Platin (bis zu 1 Gramm pro Tonne) etwas höher. Wirtschaftlich interessante Vorkommen finden sich in Wassertiefen zwischen 800 und 2.500 Metern. Die hohen Kobaltgehalte machen den Abbau vor allem deshalb interessant, weil das strategische Metall Kobalt an Land nur in wenigen Ländern (Kongo, Zaire, Russ-

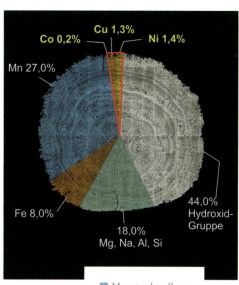

Manganknollen bestehen vor allem aus **Mangan** und **Eisen**. Die wirtschaftlich interessanten Elemente sind **Kobalt**, **Kupfer** und **Nickel**, die unter anderem für die Elektroindustrie und Stahlveredlung gebraucht werden.

Manganknollen dicht an dicht auf den Sedimenten der Tiefseeebene in der Clarion-Clipperton-Zone und ein Stück des Meeresbodens, das ein Kastengreifer zur weiteren Untersuchung an Deck geholt hat.

Sulfidvorkommen im Südwestpazifik weisen erhöhte Kupfer-, Zink- und Goldgehalte auf. Diese südwestpazifischen Vorkommen befinden sich in vergleichsweise geringen Wassertiefen von weniger als 2.000 Metern.

land, Australien und China) in größeren Mengen abgebaut wird.

Der Abbau von Kobaltkrusten ist technisch deutlich schwieriger als der von Manganknollen. Zum einen müssen die Krusten vom Substrat abgelöst werden, um eine Verdünnung des Erzes zu vermeiden, zum anderen sind die Hänge der Vulkane ausgesprochen schroff und steil, was den Einsatz von Abbaumaschinen erschwert. So verwundert es nicht, dass für den Kobaltkrusten-Abbau bislang erst Konzeptstudien vorliegen. Auch der Abbau von Kobaltkrusten wird erhebliche Auswirkungen auf die Bodenlebewesen haben. Daher sollten in jedem Falle im Vorhinein Umweltverträglichkeitsprüfungen durchgeführt werden. Eine Kontrolle durch die ISA ist meist nicht möglich, da sich viele Vorkommen in den Hoheitsgewässern von Staaten befinden.

Massivsulfide

Bei dem dritten Rohstoff handelt es sich um sulfidische, schwefelhaltige Erze, die an sogenannten „Schwarzen Rauchern" entstehen. Solche Erzvorkommen bilden sich an submarinen Plattengrenzen, wo durch das Zusammenwirken von vulkanischer Aktivität und Meerwasser ein Wärme- und Stoffaustausch zwischen den Gesteinen der Erdkruste und dem Ozean stattfindet. Kaltes Meerwasser wird dabei entlang von Spalten bis zu mehrere Kilometer in den Meeresboden gepresst. In der Nähe einer Wärmequelle wie zum Beispiel einer Magma-Kammer wird das Meerwasser auf Temperaturen von mehr als 400°C erhitzt. Es reagiert dabei chemisch mit dem umgebenden Gestein und löst Metalle heraus. Aufgrund der Erwärmung verringert sich die spezifische Dichte und das veränderte Meerwasser steigt sehr schnell auf und schießt aus den Kaminen der Schwarzen Raucher zurück ins Meer. Dort, wo die heiße, chemisch veränderte Lösung mit dem kalten Meerwasser in Berührung kommt, fallen die gelösten Metalle aus und setzen sich am Boden ab. So entstehen die charakteristischen Kamine der Schwarzen Raucher und die Erzvorkommen in ihrer Umgebung. Gefördert durch das nährstoffreiche Wasser aus der Tiefe, gibt es an diesen Schwarzen Rauchern Mikroorganismen, die unabhängig vom Licht, zum Beispiel aus der Umwandlung von Schwefelwasserstoff, ihre Energie beziehen. Auf der Grundlage dieser Chemosynthese haben sich spezielle Lebensgemeinschaften mit vielen Arten entwickelt.

Die Schwarzen Raucher wurden 1979 am Ostpazifischen Rücken entdeckt. Lange Zeit nahm man an, dass sich diese Massivsulfide nur an solchen Mittelozeanischen Rücken bilden, die schnell auseinander driften, da hier die vulkanische Aktivität und Wärmeproduktion besonders hoch ist. Inzwischen sind aber mehr als 270 Vorkommen in allen Weltmeeren bekannt, wobei es deutliche Größenunterschiede gibt. Die meisten Vorkommen messen nur einige Zehnermeter im Durchmesser und enthalten nur wenig Material (wenige 1.000 Tonnen). Fachleute schätzen, dass am Meeresboden insgesamt 500 bis 1.000 größere Vorkommen existieren. Bisher sind aber nur wenige Massivsulfidvorkommen bekannt, die aufgrund ihrer Größe wirtschaftlich interessant wären. Erschwerend kommt hinzu, dass die Bunt- und Edelmetallgehalte der Vorkommen je nach Region stark schwanken. Während die Schwarzen Raucher entlang des Ostpazifischen Rückens und des Zentralen Atlantiks überwiegend aus eisenreichen Sulfiden bestehen, an denen kein wirtschaftliches Interesse besteht, weisen die Vorkommen im Südwestpazifik erhöhte Kupfer-, Zink- und Goldgehalte auf. Diese südwestpazifischen Vorkommen befinden sich in vergleichsweise geringen Wassertiefen von weniger als 2.000 Metern und in den Wirtschaftszonen von Anrainerstaaten, was einem möglichen Abbau technologisch und politisch entgegenkommt. Bisher gibt es einige wenige Firmen, die sich für einen möglichen Abbau solcher Erze, zum Beispiel in den Hoheitsgewässern von Papua Neuguinea und Neuseeland, interessieren. Eine dieser Firmen hat seit Januar 2011 die erste Abbaulizenz für ein Vorkommen mit Schwarzen Rauchern, und es wird derzeit davon ausgegangen, dass der Abbau in den Hoheitsgewässern von Papua Neuguinea 2013/2014 beginnen kann.

Das größte bekannte Sulfidvorkommen befindet sich im Roten Meer, wo tektonische Kräfte Afrika und die saudiarabische Halbinsel auseinanderdriften lassen. Hier treten die Sulfide nicht als Schwarze Raucher, sondern in Form eisenreicher

▲ Scheibe eines inaktiven Rauchers, die in der Mitte viel Kupfer und außen Zinkbereiche aufweist.

Im Labor des Forschungsschiffs SONNE: Sichtung der **Sulfidproben** aus dem Manus-Becken. Der große „Brocken" vorne auf dem Tisch weist viel feinverteiltes Gold auf. Pro Tonne Erz wird mit 15 Gramm Gold gerechnet. Massivsulfide entstehen an den „**Schwarzen Rauchern**" (l.).

Erzschlämme mit erhöhten Gehalten an Kupfer, Zink, Silber und Gold auf. Dieses Vorkommen in Wassertiefen um die 2.000 Meter ist seit den 1960er-Jahren bekannt. Dank der schlammigen Konsistenz dieser Lagerstätten erscheint ein Abbau technisch unproblematisch und wurde bereits in den 1980er-Jahren erfolgreich getestet. Auch für dieses Vorkommen wurde in 2010 eine auf 30 Jahre befristete Abbaulizenz gewährt, wobei noch nicht bekannt ist, wann mit einen Abbau begonnen werden soll.

Von den drei hier genannten Rohstoffen sind die Massivsulfide die kleinsten Vorkommen. Aufgrund ihrer hohen Wertstoffgehalte und der Preisanstiege an den Rohstoffmärkten zwischen 2002 und 2008 wurden die Massivsulfide für einige Bergbaufirmen interessant, die eine Vielzahl von Explorationslizenzen in nationalen Gewässern erworben haben und die Technologie zur Erkundung und zum Abbau vorantreiben. Zurzeit sind nur die beiden oben genannten Lizenzen für den Tiefseebergbau auf sulfidische Erze innerhalb der Hoheitsgewässern von Anrainerstaaten vergeben. In den letzten Jahren hat aber auch das politische und wirtschaftliche Interesse an Massivsulfiden in der offenen See deutlich zugenommen. So haben 2010 China und Russland Explorationslizenzen im Indischen und Atlantischen Ozean bei der Internationalen Meeresbodenbehörde beantragt und im darauf folgenden Jahr bewilligt bekommen. Andere Länder forcieren ihre Rohstoffsuche, zum Beispiel Frankreich und Deutschland.

Die Auswirkungen eines Abbaus solcher Sulfidvorkommen sind aufgrund der geringen Größe der Vorkommen regional zwar begrenzt, aber die Lebensgemeinschaften werden zerstört. Allerdings sind sie aufgrund der vulkanischen Aktivität durchaus an katastrophale Ereignisse wie zum Beispiel vulkanische Eruptionen angepasst, wobei die genauen Prozesse der Wiederbesiedlung nicht vollständig geklärt sind. Bei einem Abbau von Erzen aus aktiven Vorkommen mit Schwarzen Rauchern wird die Zufuhr der heißen Lösungen aus dem Untergrund nicht abgeschnitten. Daher ist eine Wiederbesiedlung von anderen heißen Quellen in der Umgebung nach der Abbauphase zumindest denkbar. Für den zukünftigen Abbau in Papua Neuguinea wurde deshalb darauf geachtet, Ausgleichflächen mit allen Lebewesen auszuweisen, von denen aus eine Neubesiedlung oder sogar Umsiedlung möglich ist.

Auswirkungen des Meeresbergbaus

Der Abbau von Massivsulfiden in den 200-Seemeilen-Zonen von Staaten des Westpazifik (Papua Neuguinea) erscheint derzeit am ehesten wahrscheinlich. Trotz der derzeitigen Wirtschaftskrise ist hier ein Beginn des Abbaus in den nächsten Jahren möglich. Zwar mag sich für einzelne Unternehmen der Abbau von Massivsulfiden aufgrund des relativ hohen Gehalts an wertvollen Metallen lohnen, in der Summe aber sind die Tonnagen der weltweiten Massivsulfidvorkommen deutlich kleiner als diejenigen von vergleichbaren Erzlagerstätten an Land. Es ist daher nicht davon auszugehen, dass der marine Bergbau auf Massivsulfide einen entscheidenden Einfluss auf die weltweite Rohstoffversorgung hat. Anders sieht es bei den Manganknollen und Kobaltkrusten aus, deren Tonnagen an Kupfer, Kobalt und Nickel durchaus mit denen der Landvorkommen vergleichbar sind. Beim Kobalt übertreffen sie die bekannten Landvorkommen sogar deutlich. Auch die Gewinnung der von der Industrie dringend benötigten Spurenelemente würde deutliche Auswirkungen auf ihre zukünftige Verfügbarkeit haben. Trotz dieser gewaltigen Ressource wird ein Abbau dieser Vorkommen nur bei günstigen Marktbedingungen, also hohen Metallpreisen und nach der Entwicklung technologischer Neuerungen, mit den derzeit in ausreichender Menge an Land vorhandenen Erzen konkurieren können. Die höheren technischen Schwierigkeiten beim Ablösen vom Substrat und die raue Meeresbodenmorphologie erschweren zur Zeit das ökonomische Potential der Kobaltkrusten noch weiter. Daher ist in den nächsten Jahren nicht mit einem Bergbau auf Kobaltkrusten zu rechnen.

Internationales Seerecht
Wem gehört das Meer?

Prof. Dr. Nele Matz-Lück

Walther-Schücking-Institut für Internationales Recht, Christian-Albrechts-Universität zu Kiel,
Mitglied im Kieler Exzellenzcluster „Ozean der Zukunft"

Der britische Maler Nicolas Pocock (1740 – 1821) hielt die Niederlage der niederländischen Flotte am 22. August 1795 vor Egerö (Norwegen) auf einem Ölgemälde fest.

Die Frage, wem das Meer gehört, ist eng mit der Frage verbunden, wer die Meeresschätze in Form von Fischbeständen, Öl, Gas und Metallen ausbeuten darf. Der, der als erster kommt und die technischen Möglichkeiten hat? Also der, der am besten fischen und am tiefsten nach Öl bohren kann? Wer schützt bei der Nutzung die Meere vor Verschmutzung und Überfischung? Das internationale Seerecht gibt Antworten auf diese und viele weitere Fragen, die unmittelbar mit verschiedenen Aspekten unserer Lebensweise zusammenhängen: Welche Rohstoffe fördern wir? Wie werden Waren auf dem Seeweg transportiert? Wie ernähren wir uns?

Neu ist die Frage, wem das Meer gehört, nicht. Im März 1609 erscheint eine Schrift über die Freiheit der Meere – Mare Liberum – in der sich ein junger Niederländer, zunächst anonym, gegen jegliche Besitztitel am Meer wendet. Ihm geht es um die Freiheit der Schifffahrt im Allgemeinen, vor allem aber um die Freiheit der Ostindischen Kompanie, in deren Auftrag er schreibt. Er richtet sich mit seiner Abhandlung unter anderem gegen die päpstliche Aufteilung der Welt in eine portugiesische und eine spanische Interessensphäre und die Eigentumsrechte am Meer, die insbesondere Portugal aus einer Schenkung Papst Alexander VI. im Jahre 1496 ableitet. Hugo Grotius, so heißt der Verfasser der Schrift, hat nachhaltigen Einfluss auf die Entwicklung des Seerechts ausgeübt. Die Freiheit der Schifffahrt auf der hohen See und Durchfahrtsrechte durch küstennahe Gewässer sind auch heute noch bedeutsame Prinzipien, die von allen Staaten berücksichtigt werden müssen. So kann die Schifffahrt nicht einfach eingeschränkt oder gar ausgeschlossen werden, wenn Staaten zum Beispiel Naturschutzgebiete im offenen Meer einrichten wollen. Das moderne Seerecht teilt die Meere in unterschiedliche Zonen auf. Wer welche Rechte ausüben, das heißt, wer fischen oder Öl fördern darf, aber auch wer für den Umweltschutz verantwortlich ist, richtet sich nach der entsprechenden Meereszone. Eine einheitliche Antwort auf die Frage, wem die Meere gehören, gibt es also nicht.

Auch wenn die Kirche heute keine Meeresgebiete mehr verschenkt, üben die Staaten Rechte über die Gewässer vor ihren Küsten aus, die man durchaus mit Eigentumsrechten vergleichen kann. Im Grundsatz gilt, dass diese Rechte immer stärker werden, je näher man den Küsten und damit dem Landgebiet eines Staates kommt. Heute ist es allgemein anerkannt, dass jeder Staat, der über Meeresküste verfügt, einen maximal 12 Seemeilen breiten Streifen des Meeres für sich beanspruchen darf. Dieses so genannte „Küstenmeer" gehört zum Staatsgebiet wie das Land und der Luftraum darüber. Mit Ausnahme gewisser Rechte für Schiffe unter fremder Flagge – zum Beispiel des Rechts auf friedliche Durchfahrt – kann der Staat in seinem Küstenmeer regieren, wie es ihm beliebt und Gesetze erlassen, die die Nutzung und den Schutz des Meeres regeln. Alle Schiffe, eigene und fremde, müssen sich an diese Regeln halten. Von besonderer, wirtschaftlicher Bedeutung sind die natürlichen Meeresressourcen, über die der Staat im Küstenmeer uneingeschränkte Rechte hat. Insbesondere darf kein fremdes Schiff ohne Erlaubnis fischen, Kabel verlegen, nach Öl bohren oder auch Meeresforschung betreiben.

Über die Ausdehnung des Küstenmeeres haben Staaten lange gestritten. Anfänglich ging man davon aus, dass souveräne Rechte über das Meer vor der Küste eines Staates nur so weit reichen dürfen, wie man diese auch

Der Niederländer Hugo Grotius (1583 – 1645) verfasste das „Mare Liberum", eine Schrift über die Freiheit der Meere, die 1609 erschien und nachhaltigen Einfluss auf die Entwicklung des Seerechts ausübte.

> Während die hohe See niemandem gehört, weil alle die gleichen Freiheiten haben, gehört nach internationalem Seerecht der Tiefseeboden als gemeinsames Erbe der Menschheit allen Staaten zusammen.

gegenüber anderen durchsetzen kann. Es sollte hierbei auf die physische Beherrschbarkeit ankommen. Nur so weit wie man das Meer kontrollieren und Angriffe abwehren konnte, durfte man auch die Vorzüge genießen und die Ressourcen ausbeuten. Lange ging man daher von einem nur 3 Seemeilen breiten Küstenmeer aus, weil dies angeblich die maximale Reichweite der Kanonen war, mit denen man von Land aus das Meer beherrschen konnte. Das Kriterium der Beherrschbarkeit spielte bei den jahrelangen Verhandlungen des Seerechtsübereinkommens der Vereinten Nationen schlussendlich keine Rolle mehr. Eher willkürlich einigte man sich auf 12 Seemeilen. Man hätte auch 10 oder 20 Seemeilen festlegen können.

Eine wesentliche Bedeutung erlangte das Seerechtsübereinkommen dadurch, dass es Staaten im Anschluss an das Küstenmeer eine weitere Zone zugesteht, die eine Gesamtbreite von 200 Seemeilen erreichen darf: die Ausschließliche Wirtschaftszone. Auch hier liegt der Vergleich mit dem Eigentum nicht fern, wenn man seine wirtschaftliche Bedeutung in den Vordergrund stellt. Die Küstenstaaten haben zwar keine uneingeschränkten Hoheitsrechte in ihrer Ausschließlichen Wirtschaftszone, aber sie dürfen dort alle natürlichen Ressourcen für sich beanspruchen. Auch hier gilt also, dass kein fremder Staat ohne Genehmigung Fischfang betreiben darf.

Im Seerecht wird der Meeresboden unterhalb der Ausschließlichen Wirtschaftszone als Festlandsockel oder Kontinentalschelf bezeichnet. Da für den Festlandsockel im Wesentlichen dieselben Rechte des Küstenstaats gelten wie für die Gewässer der Ausschließlichen Wirtschaftszone, darf kein fremder Staat unerlaubt Öl- oder Gasplattformen errichten. Die Ausbeutung von Bodenschätzen des Festlandsockels spielt eine wichtige Rolle. Während zu Zeiten von Grotius die größte wirtschaftliche Bedeutung der Meere in ihrer Transportfunktion für den Handel lag, haben der technische Fortschritt und der Hunger nach Energie aus fossilen Brennstoffen dazu geführt, dass Staaten ihre ausschließlichen Nutzungsrechte an Meeresbodenschätzen möglichst weit ausdehnen wollten. Im Regelfall hat der Festlandsockel eine Breite von 200 Seemeilen. Unter bestimmten Voraussetzungen können Staaten aber ein sehr viel breiteres

Kontinentalschelf beanspruchen. Dabei kommt es nicht zuletzt darauf an, ob man Nachweise erbringen kann, dass aus geologischer Sicht der Festlandsockel viel weiter in das offene Meer hineinreicht als nur 200 Seemeilen. So macht zum Beispiel Russland in der Arktis Rechte am Festlandsockel geltend, die sich von der sibirischen Küste über den gesamten Meeresboden bis über den Nordpol hinaus erstrecken. Die Berechtigung dieses Anspruchs ist noch nicht abschließend geklärt. Kanada und Dänemark (wegen Grönland) und möglicherweise die Vereinigten Staaten werden versuchen, von ihren Küsten ausgehend vergleichbare Rechte in Anspruch zu nehmen, die mit den russischen Vorstellungen kollidieren. Es droht nun sicher kein „Kampf um den Nordpol", dennoch haben die Arktisanrainer ihre Interessen an der jeweils ausschließlichen Nutzung möglicher Bodenschätze unter dem – noch weitgehend gefrorenen – Arktischen Ozean klar formuliert.

Hinter der Ausschließlichen Wirtschaftszone beginnt das, was Hugo Grotius 1609 so eifrig herbeischreiben wollte: die hohe See, auf die niemand – kein Staat, keine Person – alleinigen Anspruch erheben darf. Alle Staaten haben auf der hohen See die gleichen Rechte und Freiheiten, die die Schiffe unter ihrer Flagge in Anspruch nehmen dürfen. Die wichtigsten sind die Freiheiten der Schifffahrt, der Meeresforschung und natürlich der Fischerei. Dabei ist es gleichgültig, ob es sich bei dem Staat um eine frühere Seemacht wie Spanien handelt, um einen Staat, der ausschließlich aus Inseln besteht wie Indonesien oder um einen Binnenstaat wie Österreich. Für die Ozeane bedeutet dies einen erheblichen Nutzungsdruck von allen Seiten. Sollen die Meere vor Verschmutzung geschützt und Fischerei nachhaltig betrieben werden, müssen Freiheiten, die das Seerecht den Staaten zunächst prinzipiell zugesteht, im Konsens eingeschränkt werden. Die Vereinbarung und Kontrolle effektiver Beschränkungen durch völkerrechtliche Verträge zwischen Staaten funktioniert jedoch nicht für alle Bereiche gleich gut. Für den Schutz der Meere vor Verschmutzung mit Öl und anderen schädlichen Stoffen gibt es recht erfolgreiche internationale Regeln. Die unkontrollierte Überfischung vieler Fischbestände auf der hohen See stimmt dagegen pessimistisch.

◂ Wem gehört das Meer? Das Kieler Exzellenzcluster **„Ozean der Zukunft"** befasst sich auch mit Fragen des Seerechts.

Nicht nur die Versorgung der stetig wachsenden Weltbevölkerung mit Proteinen, auch die Sicherung unseres modernen Lebensstandards ist eng mit der Ausbeutung der Meeresressourcen verbunden. Wissenschaftler schätzen, dass bei gleichbleibender oder gesteigerter weltweiter Nachfrage nach Metallen, die für Produkte unseres mobilen und vernetzten Lebens unverzichtbar scheinen – Autos, Mobiltelefone, Computer, Satelliten –, in wenigen Jahren der Bedarf nicht mehr aus den bekannten Quellen gedeckt werden kann. Eine Lösung scheint auf dem Grund der Tiefsee zu liegen. Kupfer, Nickel, Kobalt, Zink, Mangan und andere wertvolle und seltene Metalle – zum Beispiel Indium oder Germanium – finden sich hunderte Seemeilen von den Küsten entfernt in Tiefen bis zu 5.000 Metern auf dem Boden der Ozeane.

Während die hohe See niemandem gehört, weil alle die gleichen Freiheiten haben, gehört nach internationalem Seerecht der Tiefseeboden als gemeinsames Erbe der Menschheit allen Staaten zusammen. In beiden Fällen gilt, dass kein Staat allein über die Verteilung der Ressourcen bestimmen oder sich ausschließliche Nutzungsrechte anmaßen darf. Die Besonderheit, die den Tiefseeboden von der hohen See unterscheidet, ist, dass mit dem Seerechtsübereinkommen eine Organisation gegründet worden ist, die den Tiefseeboden und seine Ressourcen verwaltet. Wer die kostbaren polymetallischen Erze, die auf dem Boden der Tiefsee liegen, fördern will, muss bei der Internationalen Meeresbehörde eine Genehmigung beantragen. Aus der Bezeichnung des Meeresbodens als gemeinsames Erbe der Menschheit folgt außerdem, dass die Gewinne nicht ganz allein dem Staat zustehen sollen, der zur technischen Förderung in der Lage ist.

Wem also gehört das Meer? Nicht unerhebliche Teile der Meere unterliegen der alleinigen Souveränität der Küstenstaaten. In weiten Bereichen stehen diesen Staaten die lebenden und nicht-lebenden Schätze der Meere zu. Das, was typischerweise als die Freiheit der Meere bezeichnet wird, gilt für die hohe See. Dort haben alle Staaten dieselben Rechte und dürfen zum Beispiel Fischfang betreiben. Die Ressourcen des Tiefseebodens dagegen gehören allen gemeinsam, was besondere Anforderungen an die Verwaltung des Zugangs und eine gerechte Verteilung der Gewinne stellt. Für alle Bereiche gilt, dass effektive Regelungen zum Schutz der Meeresumwelt und zur nachhaltigen Bewirtschaftung der natürlichen Ressourcen aufgestellt und durchgesetzt werden müssen. Im Küstenmeer und für die Ausschließliche Wirtschaftszone ist dies die Aufgabe des jeweiligen Küstenstaats, im Bereich der hohen See und für die Tiefsee ist es erforderlich, dass Staaten sich auf Schutzmaßstäbe einigen. Das Seerecht schafft den Rahmen für ergänzende Regelungen, entscheidend ist aber der Wille der Staaten zur effektiven Regelung und Kontrolle auf internationaler Ebene. Der Blick der Gesellschaft auf das Meer, die Anerkennung seines Werts, längst nicht nur in wirtschaftlicher Hinsicht, sondern als Grundlage allen Lebens, ist entscheidend dafür, dass Staaten einen solchen Willen verfolgen.

Der Meeresdrache
Jacques Rougerie und sein SeaOrbiter

Dominique Le Parc

Das Bild eines Kindes, das einen Drachen an einer Meeresküste steigen lässt und wie der Kleine Prinz vor den Bewegungen des einfachen Fluggerätes staunt, findet bei Jacques Rougerie großen Gefallen. Denn dieses Bild hat eine besondere Qualität. Es lädt dazu ein, vom Standpunkt des Spielenden einen erweiterten Blick in die Welt zu werfen.

Dabei geht es weniger um einen Höhenflug als einen besonderen Tauchgang: Die Leine ist plötzlich gerissen und der Drache verschwindet schon halb in den Wellen. So können üblicherweise Kinderspiele enden, weil das Ding nicht mehr aus dem Wasser zu holen ist. Und da die meisten Menschen in ihrem Gedächtnis Bilder von grausamen Monstern, Schiffsbrüchen und gigantischen, alles niederreißenden Flutwellen historisch verankert haben, erstarren sie manchmal hilflos am Ufer. Das Kind weint. Für Rougerie kann diese Situation von der Angst befreit werden, indem er das Bild weiterentwickelt und sich auf die neue Realität der Ozeane einlässt. So wird er dem Kind erzählen, dass der Drache nicht gesunken, sondern untergetaucht ist und in einer anderen Umgebung eine neue Art der Bewegung erfährt: Der Rhythmus seiner Arabesken wird sich ändern, ohne dass er die Erde verlassen hätte. Dann wird er ihm erklären, was für Wissen und Technologien es braucht, um den Drachen in die Tiefe zu begleiten.

Es mag wie eine poetische Lunte klingen. Doch ist es keine, denn Rougerie weiß, dass es zu Beginn des 21. Jahrhunderts unentbehrlich ist, mit den jungen Generationen an einem zeitgemäßen Verhältnis zwischen Mensch und Natur zu arbeiten, um dieses neu zu bestimmen. Das Meer bietet den Schlüssel zu einem differenzierten, offenen Blick in die Welt: Es gilt, das Meer nicht als Gewalt oder Gegensatz zum Festland, sondern als kulturelle und wirtschaftliche Dimension zu sehen. Moderne Informations- und Kommunikationssysteme, wie Kinder sie selbstverständlich bedienen, haben die Erde eine Idee be-greifbarer gemacht: Das Meer endet nicht mehr an der Horizontlinie. Der Mensch steht dank genialer Technologien an der Schwelle zu einer neuen Zivilisation. Vor diesem Hinter-

◂ Wie werden wir in Zukunft die Meere erforschen? Der Architekt Jacques Rougerie hat eine **Forschungsplattform** entworfen, die „still" mit der Strömung treiben kann. 2013 soll die erste Expedition starten.

> Seine kreative Auseinandersetzung mit der Bionik bringt ihm die entscheidenden Anregungen, dem „Gerät" – wie er seine Schiff nennt – endlich die Gestalt zu geben, die in ihm Jahre lang gärte.

grund entfacht Jacques Rougerie den Gedanken, dass die Erforschung der Ozeane unsere Umweltwahrnehmung wieder ins Gleichgewicht bringen kann und unsere Intelligenz fördern wird, soweit es dem Menschen gelingt, sich von der Natur inspirieren zu lassen und mit ihr in Symbiose zu leben. Der Drache, nachdem er durch den Meeresspiegel geglitten ist, kommt aus der Tiefe mit neuen Botenstoffen zurück. Vor allem bringt er neue Erkenntnisse.

Wenn dieses literarische Bild wieder auftaucht, dann aus einem einfachen Grund: Es hilft, Rougeries Ansatz in der Welt der Meeresforschung besser zu verstehen und sein neues Werk – SeaOrbiter – einzuordnen. Der leidenschaftliche Leser von Jules Verne startet seine berufliche Karriere in Frankreich Ende der 60er Jahre: Die Gesellschaft ist unruhig, es herrscht eine Aufbruchstimmung. In den intellektuellen Kreisen durchdringen die Bereiche der Wissenschaft, der Politik, der Kunst und der Philosophie einander. Eine Lust auf „unmögliche Unternehmungen" liegt in der Luft. Dies hat die Empfindungswelt von Rougerie geprägt, der dadurch seinen Gestaltungsdrang gestärkt fühlte. Er wird Architekt. Dabei hört er nicht auf, ein Mann der Meere zu sein, ein begabter Taucher, der die Welt in ständiger Bewegung und mit poetischer Neugier wahrnimmt. Wir haben hier mit einem Künstler zu tun, der ganz im Sinne der Entgrenzung von wissenschaftlichen Bereichen arbeitet und den Begriff von artistic research schon früh verkörpert hat. Sein Wissen entsteht an der Schnittstelle zwischen körperlicher Erfahrung, Fantasie, Gestaltung, technischem Knowhow und unvoreingenommener Reflexion. Aber dieses Wissen allein würde für Rougerie keine Bedeutung haben, wäre es nicht Teil eines ästhetischen Abenteuers oder einer Vision.

Seit dem Ende des 20. Jahrhunderts wird verstärkt um die Einsicht gekämpft, dass der Mensch ein Teil der Erde ist. Und es scheint seine Freiheit nunmehr in der Erkenntnis zu liegen, dass die Erde ihm nur einen bestimmten Raum gewährt, der eine uneingeschränkte Nutzung nicht länger zulässt. Wie viele Wissenschaftler und Forscher ist sich Jacques Rougerie dessen bewusst, dass der blaue Planet ein sehr fragiles Gebilde ist. Sein Gedanken- und Erfahrungsaustausch mit amerikanischen Aquanauten und russischen Astronauten hat ihm dazu verholfen, seine Vorstellung von der Rolle der Ozeane differenziert weiterzuentwickeln. Daraus ist eine klare Vision entstanden. Seit dem Bau der Unterwasserstation Galathée, dem Beobachtungskatamaran Aquaspace und der Zusammenarbeit mit dem Tiefseepionier Jacques Piccard, versucht Rougerie die bestehenden Erkenntnisse und Versuchsanordnungen der Meeresforscher stets weiter zu spinnen und neu zu formieren. Seine kreative Auseinandersetzung mit der Bionik bringt ihm die entscheidenden Anregungen, dem „Gerät" – wie er seine Schiff nennt – endlich die Gestalt zu geben, die in ihm Jahre lang gärte und sich nicht mit alten Wissensstrukturen fassen ließ: SeaOrbiter entsteht. Jules Vernes Vorstellungswelten, auf die sich Jacques Rougerie offenkundig bezieht, werden zur Wirklichkeit. Dem Architekt und erfahrenen Seemann gelingt es, sich von den historisch gebildeten Konzepten und Reflexen eines Menschen vom Festland derart zu befreien, dass der 51 Meter hohen Forschungsstation keine tektonischen Überlegungen mehr anhaften. Rougerie signalisiert dadurch, dass es sich bei diesem Unterwasserprojekt um ein umfassendes bionisches Design zur Erprobung eines ozeanischen modus vivendi handelt – mit all seinen physischen, mentalen, technologischen und ökonomischen Herausforderungen. Man könnte beinahe dazu neigen, das Ganze als neuartiges Gesamtkunstwerk zu deuten. Es geht nicht um eine Erforschung, die von der Oberfläche ausgeht, obwohl SeaOrbiter ja wie ein Schwimmer aussieht. Die Menschen, die an Bord gehen werden, sollen für lange Zeitperioden unter Wasser leben und arbeiten, damit geprüft wird, wie weit sie sich diesem Milieu „natürlich" anpassen, wie sie es auch problemlos verlassen und zu ihm zurückkehren können.

Der „Architekt der Meere" hat einen Bau gestalten wollen, der sich nicht nur von der traditionellen Form der bekannten Forschungsschiffe wie L'ATALANTE, NADIR, METEOR oder MARIA S. MERIAN unterscheidet, sondern durch seine Gestalt und seine wissenschaftliche Funktion auf die Bedeutung der Ozeane und auf die Zukunft symbolhaft verweist. SeaOrbiter, die durch die beeindruckende senkrechte Streckung des „Schiffs-

○ Ozean-Raumstation **SeaOrbiter:** 51 Meter hoch, davon 30 Meter unter Wasser. Bis zu 18 Menschen können an Bord leben und arbeiten. Die NASA möchte den SeaOrbiter als Trainingsstation für Astronauten nutzen.

rumpfes" auffällt, ist das Ergebnis – wie Jacques Cousteau es bei Forschungsprozessen bemerkte – von zufälligen Ereignissen und den notwendigen Reaktionen darauf im Kern eines Projektes, das Kühnheit und Verrückungen nicht scheut. Wäre Rougeries Team pragmatisch geblieben, hätte vermutlich keiner die Idee gehabt, gerade die Form des Schiffes selbst zu thematisieren. Dazu tat das Bestreben, sich von den Begriffen „Oberfläche" und „Meeresgrund" unter Einwirkung verrückter Computersimulationen zu lösen, das Übrige.

Entsprechend der technologischen Bildrhetorik unserer Medienwelt ist es Rougeries Anliegen, ein starkes sichtbares ästhetisches HighTech-Zeichen zu setzen: „Auf dem Meer können die Kathedralen der Zukunft gebaut werden", sagt er – und dies ist keine provozierende Aussage, sondern ein Teil seiner Vision. Denn über die Erinnerung an solche Bauwerke hinaus, vermittelt SeaOrbiter eine genaue Botschaft an die heranwachsenden Generationen.

Hier geht es nicht nur um Wissenschaft und Forschung, sondern schon durch das Gesamtdesign des Projektes um die Heranbildung der zukünftigen Forscher, Facharbeiter und Benutzer der Meere sowie um das Ausloten mentaler und körperlicher Wahrnehmungsparameter, damit die Symbiose zwischen Mensch und Wasser gelingt.

> Ist das Ganze nicht zu waghalsig und geradezu größenwahnsinnig?
> Braucht die Wissenschaft überhaupt so ein „Gerät", das paradoxerweise
> wie eine Schöpfung der klassischen Science Fiction anmutet?

Um diese Botschaft zu kommunizieren, die mit dem gegenwärtigen Drang nach allumfassender Vermessung und Veröffentlichung des Planeten einhergeht, musste sie durch ein geeignetes Objekt manifestiert werden, das die Erdbewohner begeistert und sie dazu einlädt, an einer neuen Kultur der Meere teilzunehmen. Die medienwirksame Formsprache des SeaOrbiter soll die zukunftsweisende, oft abenteuerliche Arbeit der Meeresforscher veranschaulichen und den Gedanken vermittelt, dass die Ozeane einer nachhaltigen und effizienten Verwaltung dringend bedürfen. „Le monde du silence" findet in Rougeries Unternehmung das passende Sprachrohr für ihre Rettung.

Aber ist das Ganze nicht zu waghalsig und geradezu größenwahnsinnig in einer Zeit, in der vielleicht eher praktische, einfache und modulare Umweltprojekte zu fördern wären? Und braucht die Wissenschaft überhaupt so ein „Gerät", das paradoxerweise wie eine Schöpfungen der klassischen Science Fiction anmutet?

Betrachtet man die Pläne und Darstellungen des SeaOrbiter, so werden Erinnerungen an Raumschiffe geweckt, wie sie beispielsweise unter der Feder von Isaac Asimov phantasiert oder für Star Wars gezeichnet wurden. Grund genug, dass in einigen wissenschaftlichen Kreisen Kritiker sich empören, und in diesem technologisch schwer beladenen „Seepferdchen" einen weiteren Ausdruck zeitgenössischer Unterhaltung vermuten und eine zweifelhafte Antwort auf ernstzunehmende Umweltfragen – wie unter anderem den Anstieg des Meeresspiegels, die Versalzung des Grundwassers oder das Schwinden der Artenvielfalt – sehen wollen. Beim näheren Prüfen dieser leidenschaftlichen Kritiken, welche auf eine intellektuelle Betroffenheit hindeuten, erkennt man, dass Rougeries Forschungsstation sich doch von allen Bauprojekten wesentlich unterscheidet, die sich mit diesen Themen auseinandersetzen. Diese Projekte – ob es sich um Lilypad (Callebaut), Siph City (Arup) oder um die „Seerosen-Stadt" (Shimizu Corporation) handelt – sind weitgehend spektakuläre Lösungen von urbanen Problemen bzw. faszinierende Vorschläge zur Rettung bedrohter Küstenregionen. Trotz ihrer Ambition, sich vom Festland zu befreien, bleiben sie bei allen bionischen Ansätzen und atemberaubender Schönheit schwimmende Inseln, also eine von romantischen Akzenten gezeichnete Verlagerung herkömmlicher Baukonzepte, die den Lebensraum „Ozean" noch nicht penetrieren. SeaOrbiter kann nicht zu dieser Art von Antworten gezählt werden, da die Essenz des Projektes nichts mit Utopie zu tun hat, sondern mit Prospektive. Natürlich ist für Jacques Rougerie die Bezeichnung „Architekt der Meere" schmeichelhaft, aber es wäre ein Missverständnis, es bei diesem praktischen Etikett zu belassen. Seine Ozean-Raumstation ist das Ergebnis einer langjährigen organischen Genese, kein modischer Einfall: Rougerie ist kein Trendsetter.

Was ihm mit diesem Werk gelingt, hängt mit dem Wandel eng zusammen, den der Mensch seit Mitte des vergangenen Jahrhunderts mehr oder weniger bewusst vollzieht, und der ihn zu einem neuen Weltbild überleitet. So ist es sinnvoll bei der Verspottung, alles sei hier nur science fiction, das Augenmerk auf den Begriff Wissenschaft zu lenken. Jacques Rougerie erforscht systematisch seit seiner Kindheit das menschliche Verhalten unter Wasser, indem er seinen eigenen Körper als Forschungsgegenstand und -instrument einsetzt. Dabei geht er nicht verstandesmäßig vor, was ihn logischerweise zu einem Wissenschaftsbegriff führt, der den engen materialistischen Standards akademischer Wissenschaften nicht entspricht. So hat er als Künstler seine Gedanken von der Inspirationskultur Jules Vernes treiben lassen, um sie dann später als Techniker durch seine Tiefsee-Expeditionen und Experimente mit dem damaligen CNEXO und der NASA auf ihren Wirklichkeitsgehalt zu überprüfen. Wer den Sinn und die Bedeutung von SeaOrbiter begreifen möchte, möge die Vorstellungskraft als wissenschaftliche Begabung erkennen und sich Rougerie – und dies galt ebenfalls für Jacques Piccard – als einen Forscher vor-

○ Ästhetisches HighTech-Zeichen: Internationale Institute arbeiten an dem wissenschaftlichen Programm, u.a. IFREMER, NOAA, Woods Hole Oceanography Institution, Scripps San Diego.

Das natürliche Pendeln zwischen Meer und Festland, wodurch der Mensch seine Präsenz im Ozean etablieren wird, macht eine spezielle Eignung notwendig, die es gilt mit Hilfe der Mannschaft von SeaOrbiter sorgfältig zu entwickeln.

△ In seinem Element Wasser: Der leidenschaftliche Taucher Jacques Rougerie begann früh mit der Entwicklung von futuristisch anmutenden Unterwasserstationen und Tauchbooten. Der „Aquascope" (oben) entstand bereits 1979 und wurde für Unterwasserbeobachtungen in Küstenregionen eingesetzt.

stellen, der nicht nur ständig im Wasser arbeitet, sondern eine mentale Nähe zu diesem Element hat. Es geht hier beinahe um Verwandtschaft. Das heißt, dass die Unterwasser-Schwerelosigkeit, die Stille, das Schweigen, das Atmen und einige Unzulänglichkeiten des menschlichen Körpers, den Ausdruck seiner Gedanken bestimmen und seinem Verständnis der Erde eine besondere Tiefe verleihen. In unserer Gesellschaft, in der die meisten Menschen ihre Wahrnehmung an der Oberfläche unzähliger Produkte erschöpfen, kann gerade diese Tiefe beunruhigend wirken, denn sie zeigt, wie kümmerlich unser Geistesleben ist.

Hier kann einer der Gründe dafür gelegen haben, weshalb die französischen Entscheidungsträger aus Politik und Kultur mit skeptischer Abwehr reagiert haben, als ihnen 2005 das Projekt SeaOrbiter präsentiert wurde. Es hieß damals, dieser Architekt wäre nicht mehr bei Sinnen. Niemand war so weit, die Tragweite und die kulturelle Notwendigkeit dieses Unternehmens zu erfassen, was nicht so erstaunlich ist, denn da wird in ozeanischen Dimensionen operiert, in denen Beständigkeit, Geradlinigkeit, Stabilität oder Konformität kaum existent sind. Den Institutionen war das alles zu unsicher. Sie wagten den großen Schritt nach vorne, den sich Rougerie erhofft hatte, nicht. Bekannt ist, dass nach der Zeit Jacques Cousteaus nicht mehr in ozeanographischen Innovationen groß investiert wurde. Der Mensch sollte sich mit dem Rücken zum Meer stellen. Diese Haltung kam vielen sehr seltsam vor, aber es machte eines klar: Für Frankreich ist die maritime Dimension noch kein politisches Feld, obwohl viele französischen Autoren wie Michelet, Jules Verne, Cendras, Mac Orlan, Le Bris und andere auf die machtvolle und zukunftsweisende Bedeutung der Ozeane mit Weitsicht hingewiesen haben. Der literarische Raum war bis vor einigen Jahren von der konkreten Realität der Welt noch abgetrennt. Vor diesem Hintergrund ist es Jacques Rougeries größte Herausforderung gewesen, die Ministerien davon zu überzeugen, dass der Bau des SeaOrbiter eine epochale notwendige Zeichensetzung ist. Die durch die Globalisierung entfachten Kraftfelder und Krisen haben den Gedanken des wilden Vordenkers in ein günstigeres Licht gerückt: Finanzielle Förderungen wurden beschlossen, die Académie des Sciences in Paris konnte ein neues Mitglied beglückwünschen.

Aus soziologischer Sicht ist die französische Reaktion auf SeaOrbiter lehrreich und zugleich paradigmatisch: Eine moderne Gesellschaft, die ihre Zukunft ausschließlich über historische représentations ihrer Vergangenheit formuliert und diese ohne Kontextualisierung denkt, wird früher oder später dazu gebracht, ihrem Realitätsverlust durch eine Rückbesinnung auf die Natur – also auf die Konkretheit unseres Planeten Erde – entgegenzuwirken. Das Meer hält solcher Kultur gewissermaßen den Spiegel vor. Im ozeanischen Raum gibt es keinen Platz für Posen oder Lügen. Daher be-

▲ **Jacques Rougerie in seinem Büro** auf einem Boot am Seine-Ufer in Paris. Im Gespräch mit den Konzeptionisten der Ausstellung TIEFSEE erklärte er seine Vision für die Zukunft der Meere.

tont Rougerie stets sein Engagement für die pädagogische Aufklärung, die SeaOrbiter übernehmen wird. Neben dem Wissen über die Erde geht es für die jungen Generationen um die praktische Entdeckung der Meeresorganismen und -bewohner, und dazu – ganz im Sinne von Friedrich Schillers Verständnis von Erziehung – um das ästhetische Erleben des ozeanischen Zaubers, welcher seine Entsprechung in der Gestalt des SeaOrbiter bekommt – von der Strömung in poetischer Balance gehalten, wie ein von begabter Hand gesteuerter Meeresdrache.

SeaOrbiter ist konzipiert worden, damit das Meer umfangreicher erforscht wird. Mit seinem Unternehmen bleibt Jacques Rougerie seinem Erkundungsdrang und seinem Wissensdurst treu: Er bleibt in Bewegung und denkt nicht ans Bauen. Dadurch verdeutlicht er seine Meinung: Für ihn wird der Mensch zukünftig den Meeresgrund nicht besiedeln. Sein Körper ist einfach nicht dafür geeignet. An die Entstehung von Unterwasserstädten glaubt Rougerie überhaupt nicht. Der Mensch kann sich aber dem Milieu anpassen und wird Stationen im Wasser einrichten, um zu forschen und Neues zu erkennen, was zu einer ökonomischen und sozialen Verbesserung der Welt beitragen könnte. An diesen Orten wird er temporär verweilen, um dann auf die Erde zurückzufahren. Das natürliche Pendeln zwischen Meer und Festland, wodurch der Mensch seine Präsenz im Ozean etablieren wird, macht eine spezielle Eignung notwendig, die es gilt mit Hilfe der Mannschaft von SeaOrbi-

„Eines Tages wird die Erde erloschen sein, und der Mensch muss sich auf seine außerirdische Reise vorbereiten. Die Erforschung des ozeanischen Raumes wird ihm dabei helfen."

ter sorgfältig zu entwickeln. Rougerie nennt diese Menschen les mériens. Die Meeresforscher-innen bekommen mit SeaOrbiter Arbeitsbedingungen geboten, die ihre wissenschaftliche Neugier und ihre Abenteuerlust beflügeln können. An Bord stehen ihnen in verdichteter Form und neuer Kombination alle Technologien zur Verfügung, die die Meeresforschung braucht. Da großzügige Räume, Komfort, Schönheit und sinnvolles Design keineswegs im Widerspruch zu wissenschaftlichem Arbeiten in modernen Laboren stehen, wird diese Raumstation mit Sicherheit für Inspiration und Konzentration sorgen. Vor den riesigen Fenstern, die den freien Blick auf die Unterwasserwelt erlauben, werden die Wissenschaftler-innen, die „anheuern", sicherlich staunen und sich vielleicht daran erinnern, was sie eigentlich in die Wissenschaft geführt hat, was sie bewirken wollen. Das ist ein äußerst wichtiger Moment, in dem die Philosophie des Projektes verständlicher wird.

Erste Tests im Wasser bestanden: Das 4 Meter hohe Modell des Sea-Orbiters im **Versuchsbecken Marintek** in Norwegen. Im Ozean wird die Station mit der Meeresströmung treiben. Zwei Elektromotoren mit Geschwindigkeiten von bis zu vier Knoten (7,4 Stundenkilometer) lassen Kurskorrekturen zu.

Natürlich geht es um das Meer, aber auch um den Platz und um das Bild der Wissenschaft in unserer Gesellschaft. Wenn wir uns die Lage der Wissenschaftler-innen anschauen, die heute damit beauftragt werden, die Komplexität der Welt aufzunehmen, zu beschreiben, zu benennen, zu interpretieren, zu erklären, zu vermitteln, für gewinnbringende Umsetzungen aufzubereiten, für die Medien vorzukauen, für die Politik begreiflich zu machen und so weiter und so fort, dann ist SeaOrbiter der Ort, wo Wissenschaftler-innen all diese Anforderungen mit Abstand und in Ruhe bedenken können. Gleichzeitig – und es mag ein Paradox sein – rücken diese Forscher-innen zur Mitte des öffentlichen Raumes, da SeaOrbiter von den Medien begleitet wird. Aber dies kann hier zwanglos stattfinden, im Wasser, da wo geboren wird, weit weg vom Lärm der Show- und Konsumwelt. Rougerie lädt die Wissenschaft dazu ein, sich auf ihre Kreativität zu besinnen und

an einer zeitgemäßen sozialen Positionierung zu arbeiten, um mögliche Antworten so zu formulieren, damit jeder Mensch sie versteht, da die Komplexität ihn mehr denn je angeht. Die Zeit dafür ist gekommen, ob wir es wollen oder nicht. Wir haben gerade erst angefangen im Meer zu „graben" – wie Kinder in einem Sandkasten.

Rougerie hat sein Werk dem kleinen Prinzen gewidmet. Denn seine Vorstellung der Zukunft bleibt nicht im Meeresgrund stecken. Er sagt, dass „eines Tages die Erde erloschen sein wird, und dass der Mensch sich auf seine außerirdische Reise vorbereiten muss. Die Erforschung des ozeanischen Raumes wird ihm dabei helfen." Ein Spiegel-Bericht über den Flug der NASA zu einem Asteroiden trägt den Titel „Sprungbrett im All" und beschreibt die Vorbereitungen der Astronauten im Unterwasserlabor Aquarius. Wie in Rougeries Vision korrespondiert hier der Ozean mit dem Universum.

Aus dieser Perspektive gesehen, ist SeaOrbiter also mehr als ein gelungenes „Gerät", sondern eine geistige Gestalt, die wie ein Echo das ausdrückt, was Joseph Beuys 1972 auf der documenta 5 formulierte: „Ja, das ist ja der Begriff des Menschenbildes, was erforscht werden muss durch Geisteswissenschaft beispielsweise, in dem man zu einer anderen Vorstellung vom Menschen kommt als sie vorliegt in einer materialistischen Weltanschauung. Dass erst der Mensch, der sich erkennt als ein geistiges Wesen in einem höheren Zusammenhang, geeignet ist, die sozialen Aufgaben zu lösen. Dass er erst erkennen muss, dass er nur eine Bodenstation ist – für etwas viel Größeres."

Wo der Taucher in Luc Bessons Film „Le grand bleu" seinen Ursprung nicht verlässt und seine Fähigkeit durch seinen Geist ungeheuerlich erweitert, reist der Astronaut in Stanley Kubricks Filmklassiker „2001 – Odyssee im Weltall" in den abgelegensten Bezirk seiner technologischen Intelligenz, hin zu seinen eigenen Grenzen. SeaOrbiter verbindet diese beiden Dimensionen und hinterlässt ein wahrhaft starkes Bild. Die Forschungsstation lässt sich von der Strömung tragen. Nur zwei unauffällige Elektromotoren sorgen für Kurskorrekturen. Das hat vielleicht der Mensch heute dringend zu tun: Sich von der Natur tragen zu lassen, um Antworten zu finden, ohne alles im Griff haben zu müssen.

„Jede noch so bizarre Lebensform mit ihren biologischen Besonderheiten ist das Produkt einer äonenlangen Evolution. Konkurrenz und Miteinander bestimmen ebenso wie die physikalischen und chemischen Bedingungen der Umwelt, welche Organismen erfolgreich bleiben und wie sie sich weiter entwickeln. Wir verstehen die Natur in ihrer Gänze nicht ohne umfängliches Wissen der biologischen, chemischen und physikalischen Rahmenbedingungen, die dem Erdboden und dem Ozean ihr Gesicht geben. Die Änderungen im Gesamtsystem ERDE in der Vergangenheit führten zu den heutigen Lebensformen – wohin werden wir uns entwickeln?"

Prof. Dr. Ulrich Bathmann
Direktor Leibniz-Institut für Ostseeforschung Warnemünde

A–Z der Tiefsee

ALVIN Legendäres Tauchboot, 1964 gebaut. 1977 tauchte der Meeresforscher Robert Ballard damit vor den Galapagos-Inseln ab. In über 2.000 Metern Tiefe entdeckte er in der Nähe heißer Quellen Lebensgemeinschaften aus Bakterien, Würmern, Krebsen und anderen Organismen. 1986 tauchte Ballard mit ALVIN dann zum Wrack der Titanic, das ein Jahr zuvor gefunden worden war.

AUV Abkürzung für „Autonomous Underwater Vehicle", ein unbemanntes, torpedoförmiges Unterwasserfahrzeug, das ohne Kabelverbindung zum Forschungsschiff im Ozean Messungen durchführt. Mittels akustischer Sonare erfasst es seine Umgebung. Aus den Daten können exakte Karten erstellt werden, die das Tiefenprofil der Ozeane zeigen.

Bartwürmer Zählen zu den röhrenbauenden Ringelwürmern. *Riftia*, die an den heißen Quellen am Meeresboden siedeln, gehören mit bis zu 1,50 Meter langen Röhren zu den größten Bartwürmern. Sie leben in Symbiose mit Bakterien.

Bathyscaph Das Wort ist an die griechischen Wörter *bathos* = Tiefe und *skaphos* = Schiff angelehnt. Mit dem Bathyscaphen TRIESTE tauchten Jaques Piccard und Don Walsh im Marianengraben auf 10.910 Meter ab.

Benthos Bezeichnung für alle Organismen, die in der Bodenzone (Benthal) leben. Umschließt alle festsitzenden (sessilen) sowie kriechende, laufende oder vorübergehend schwimmende (vagile) Lebewesen.

CHALLENGER Britisches Forschungsschiff, das in den Jahren von 1872 bis 1876 die erste mehrjährige Tiefsee-Expedition durchführte. Die Forscher entdeckten fast 5.000 unbekannte Tierarten in bis zu 5.500 Meter Tiefe und kartierten zahlreiche Gebirgszüge. Die gewonnenen Daten der 68.890 Seemeilen (127.653 Kilometer) wurden in einem fünfzig Bände umfassenden Werk dokumentiert.

Coccolithophoriden Einzellige Algen, nur etwa 0,01 Millimeter groß, gehören zum pflanzlichen Plankton und treiben in den lichtdurchfluteten Wasserschichten der Ozeane. Ihr Außenskelett, die sogenannte Coccosphäre, ist zusammengesetzt aus kleinen, meist runden bis ovalen Kalkplättchen, den Coccolithen.

Copepoden Artenreichste Gruppe der Krebse, besiedeln Ozeane, Flüsse und Seen. Stellen den größten Anteil des marinen Zooplanktons und sind damit ein wichtiges Glied in der marinen Nahrungskette.

CTD Kurzform für CTD-Rosette, eine Sonde für Tiefseeuntersuchungen. Sie misst Leitfähigkeit (Conductivity), Temperatur (Temperature) und Tiefe (Depth). Zusätzliche Sensoren wie z.B. Trübungsmesser, Sauerstoffmesser und akustische Strömungsmesser können angebracht werden.

Dämmerzone 200 – 1.000 Meter Tiefe, auch Mesopelagial oder „Twilight Zone" genannt. Im oberen Bereich dieser Zone ist die Biomasse des Zooplanktons noch hoch, nimmt dann aber mit zunehmender Tiefe schnell ab. Der Tag-Nacht-Wechsel ist noch wahrnehmbar, die Tiere können ihre Beute im eindringenden Restlicht erkennen. Der Wasserdruck in 1.000 Meter Tiefe beträgt bereits 100 bar. Das entspricht circa 1.000 Tonnen pro Quadratmeter.

Dunkelzone 1.000 – 6.000 Meter Wassertiefe, Bathypelagial bis 4.000 Meter, darunter bis 6.000 Meter Abyssopelagial.

Echolot Sendet Schallwellen zum Meeresboden, das Signal wird reflektiert und aus der Laufzeit kann die Tiefe berechnet werden.

Epipelagial 0 – 200 Meter Wassertiefe. Das Wasser wird in dieser Zone von Strömungen umgewälzt, die Temperatur schwankt je nach Ort und Jahreszeit. Gute Lebensbedingungen für Tiere und Pflanzen. Phytoplankton, mikroskopisch kleine Algen, die frei im Wasser schweben sowie das Zooplankton bilden hier die Nahrungsgrundlage für alle anderen Meeresbewohner.

Fächerecholot Spezielles Echolot, das mit einem kurzen, akustischen Signal („ping") nicht nur einen Tiefenwert senkrecht unter dem Schiff ermittelt, sondern in einem Fächer quer zum Schiff mehrere hundert Tiefenwerte bestimmen kann.

Foraminiferen Einzeller, überwiegend mit Kalk-Gehäuse; fossil seit dem Kambrium (vor rund 560 Mio. Jahren) nachgewiesen.

FS Abkürzung für Forschungsschiff.

Fußballfisch Ein ungewöhnlicher Anglerfisch, der im Atlantischen Ozean zwischen 200 und 1.000 Meter Tiefe lebt.

Gorgonenhaupt Ihre fünf Arme verzweigen sich immer weiter, bis ein an das Schlangenhaar der Gorgonen aus der griechischen Mythologie erinnerndes Wirrwarr entsteht. Auch Medusenhaupt genannt.

Hadal 6.000 – 11.000 Meter Tiefe, Zone der Tiefseegräben.

Heckgalgen A-förmiger, schwenkbarer Rahmen auf dem Schiff. Wird benutzt, um größere Geräte mit größerem Gewicht, z.B. Tauchroboter, auszusetzen.

In situ Aus dem Lateinischen, meint am Ursprungsort. In der Meeresforschung z.B. in situ-Experimente oder Beobachtungen am Meeresboden.

Isotopenverhältnis Isotope sind Atomkerne gleicher Zahl von Protonen und verschiedener Zahl von Neutronen. Das Verhältnis zueinander wird z.B. bei der Untersuchung von Tiefseekernen ermittelt, um Klimadaten zu rekonstruieren.

Kontinentalhang Vom Kontinentalschelf steil abfallender Hang zum Meeresboden.

Konvektion Eine turbulente vertikale Bewegung von Luft und Wasser, durch Dichteänderung, z.B. Erwärmung oder Abkühlung. Konvektion im Ozean ist eine der Antriebskräfte der Tiefenwasserbildung und der thermohalinen Zirkulation.

Laternenfische Besitzen entlang des Körpers und auf dem Kopf Leuchtorgane, die blaues, grünes oder gelbes Licht ausstrahlen.

Meduse Frei schwimmende Form vieler Nesseltiere.

Mittelozeanischer Rücken An der Spreizungszone zweier ozeanischer Platten gelegener untermeerischer Bergrücken. Aufsteigendes Magma erkaltet und bildet an beiden Platten neuen Meeresboden.

Mollusken Weichtiere, zu denen Schnecken, Muscheln und Tintenfische zählen. Sie sind mit über 100.000 Arten der zweitartenreichste Tierstamm.

Pelagial Lebensraum von der Meeresoberfläche bis zum Meeresboden, auch Freiwasser genannt.

Phytoplankton Pflanzliches Plankton, besteht aus mikroskopisch kleinen Algen zum Beispiel Kieselalgen, Grünalgen, Dinoflagellaten.

Pockmarks Kraterartige Vertiefungen am Meeresboden. Entstehen durch Austritte von Fluiden und Gasen.

Primärproduktion Umwandlung von anorganischen Stoffen (z.B. Kohlendioxid) in organische Stoffe.

ROV Abkürzung für „Remotely Operated Vehicle", ein ferngesteuertes Unterwasserfahrzeug mit Greifarmen und Kameras.

Schlammvulkan Ähneln den bekannten magmatischen Vulkanen, „spucken" aber große Mengen verflüssigter Sedimente. Können einige Kilometer Durchmesser und mehrere Hundert Meter Höhe erreichen.

Seegurke Kein Gemüse, sondern ein Tier, das über den Meeresboden kriecht. Seegurken zählen ebenso wie Seeigel und Seesterne zu den Stachelhäutern.

Sidescan-Sonar Vermessung des Meeresbodens mit breit gefächerten Schallwellen.

Tiefsee-Eidechsenfische Sind Zwitter, sogenannte Hermaphroditen, weil sie sowohl männliche als auch weibliche Keimzellen besitzen; leben in Tiefen von 600 bis 3.500 Metern.

Vielborster Gehören zu der ursprünglichen Klasse der Ringelwürmer. Die etwa 10.000 Arten haben ihren Namen von den zahlreichen Borsten, die an jedem Segment als Stützelemente und Fortbewegungsapparat dienen. Im Meer besiedeln sie alle Lebensräume, dominieren aber am Meeresboden und bilden die Nahrung für zahlreiche Organismen.

Vipernfisch Ein Räuber mit Riesenzähnen, lebt in allen Ozeanen in Wassertiefen von 400 – 2.800 Metern.

Zooplankton Tierisches Plankton, zum Beispiel Krill, Ruderfußkrebse, Pfeilwürmer.

Autoren und Herausgeber

Wolfgang Bach leitet das Fachgebiet »Petrologie der Ozeankruste« am Fachbereich Geowissenschaften der Universität Bremen. Sein Schwerpunkt in der Forschung am Zentrum für Marine Umweltwissenschaften (MARUM) bilden submarine Hydrothermalsysteme, insbesondere die vielseitigen Wechselwirkungen zwischen Wasser, Gesteinen und Mikroben.

Ulrich Bathmann ist Professor für Erdsystemforschung an der Universität Rostock und Direktor des Leibniz-Institutes für Ostseeforschung Warnemünde (IOW). Zuvor leitete er am Alfred-Wegener-Institut für Polar- und Meeresforschung den Fachbereich Biowissenschaften. Von seinen mehr als 20 Expeditionen führten ihn zwölf in die Antarktis. Sein Forschungsschwerpunkt ist die Wechselwirkung von Klimaveränderungen und Nahrungsnetzen in den Weltmeeren.

Wolf Berger ist Professor für Ozeanographie an der Scripps Institution of Oceanography (University of California, San Diego, USA). Sein Forschungsschwerpunkt ist die Rekonstruktion des früheren Klimas und der Geschichte der Ozeane.

Angelika Brandt ist Professorin für Spezielle Zoologie am Biozentrum Grindel & Zoologischen Museum der Universität Hamburg. Sie hat an 20 Polar- und Tiefsee-Expeditionen teilgenommen. Während der ANDEEP Expeditionen fanden sie und ihr Team in der südpolaren Tiefsee über 700 neue Arten, darunter viele Krebse, Fleisch fressende Schwämme und Meeresborstenwürmer. Diese Ergebnisse wählte das amerikanische TIME-Magazin in die Top 10 der wissenschaftlichen Entdeckungen im Jahre 2007.

Peter Brandt ist Professor für Experimentelle Ozeanographie an der Christian-Albrechts-Universität zu Kiel und arbeitet am GEOMAR|Helmholtz-Zentrum für Ozeanforschung Kiel im Forschungsbereich Ozeanzirkulation und Klimadynamik. Schwerpunkt seiner Arbeit ist der tropische atlantische Ozean und seine Rolle im Klimasystem.

Marcus Dengler arbeitet als physikalischer Ozeanograph am GEOMAR|Helmholtz Zentrum für Ozeanforschung Kiel. Er gehört zu den wenigen Turbulenzforschern weltweit, die kleinräumige turbulente Bewegungen im Ozean untersuchen, um mehr über die Vermischung von Wassermassen unterschiedlicher Dichte zu erfahren.

Christopher von Deylen ist Musiker und Komponist. Er zählt zu den erfolgreichsten Musikproduzenten Deutschlands. Mit seiner Formation SCHILLER feiert er international Erfolge. Seine Alben wurden mit 7 Goldenen Schallplatten, 2 Platinplatten und dem ECHO Award ausgezeichnet. „Er macht Musik, mit der er einen ganz tief im Inneren berührt", sagte Mike Oldfield über den von der Presse als Soundvisionär gefeierten Musiker von Deylen.

André Freiwald ist Leiter der Abteilung Meeresforschung des Senckenberg Institutes in Wilhelmshaven und Professor für Meeresgeologie am Fachbereich Geowissenschaften der Universität Bremen. Er beschäftigt sich seit über 20 Jahren mit bio-sedimentären Prozessen im Flach- und Tiefwasser außerhalb der Tropen.

Tim Freudenthal ist Meeresgeologe an der Universität Bremen und arbeitet am Zentrum für Marine Umweltwissenschaften (MARUM) an der Universität Bremen. Als Projektleiter des Meeresboden-Bohrgerätes MeBo beschäftigt er sich mit der Entwicklung und Nutzung von Bohrtechnik zur Gewinnung von Meeresbodenproben in der Tiefsee.

Dierk Hebbeln ist Professor für Meeresgeologie an der Universität Bremen und arbeitet am Zentrum für Marine Umweltwissenschaften (MARUM) der Universität Bremen. Er beschäftigt sich seit über zehn Jahren mit Kaltwasser-Korallen-Ökosystemen.

Niels Jakobi wurde als zweiter Nautischer Offizier auf FS METEOR angemustert und in dieser Funktion auch auf anderen Forschungsschiffen eingestellt. Später folgten Einsätze als erster Offizier, ab 1994 fuhr er als Kapitän. Im Jahr 2009 folgte der Wechsel an Land zur Leitstelle Deutsche Forschungsschiffe an der Universität Hamburg, die für die wissenschaftlich-technische, logistische und finanzielle Vorbereitung, Abwicklung und Betreuung des Schiffsbetriebes von FS METEOR und FS MARIA S. MERIAN verantwortlich ist.

Gerhard Jarms ist Privatdozent für Zoologie am Biozentrum Grindel & Zoologischen Museum der Universität Hamburg. Er hat sich auf Studien an lebenden Polypen und Medusen spezialisiert und arbeitet an der Zusammenstellung und Herausgabe des „Weltatlas der Quallen".

Niels Jöns arbeitet als Wissenschaftler in der Arbeitsgruppe „Petrologie der Ozeankruste" an der Universität Bremen. Seine derzeitige Forschungstätigkeit umfasst die Untersuchung von Gesteinen aus dem Bereich submariner Hydrothermalsysteme, vor allem in Hinblick auf die Auswirkung von Fluid-Gesteins-Wechselwirkungen.

Michael Klages ist stellvertretender Leiter der Helmholtz-Max-Planck Brückengruppe „Tiefseeökologie und -technologie" am Alfred-Wegener-Institut für Polar- und Meeresforschung. Vor dem Hintergrund rascher Umweltveränderungen in der Arktis beschäftigt er sich mit dem strategischen Ausbau des Tiefseeobservatoriums HAUSGARTEN in der Framstraße sowie der Weiterentwicklung von wissenschaftlichen Nutzlastmodulen zum Einsatz in autonomen Unterwasserfahrzeugen.

Gerd Krahmann betreut als physikalischer Ozeanograph am GEOMAR|Helmholtz Zentrum für Ozeanforschung Kiel die Gleiter-Flotte, zu der zurzeit neun Gleiter zählen. Schwerpunkt seiner Arbeit ist die Entwicklung und Anwendung neuer Messmethoden in der physikalischen Ozeanographie.

Peter Lemke ist Professor für Physik von Atmosphäre und Ozean an der Universität Bremen. Am Alfred-Wegener-Institut für Polar- und Meeresforschung leitet er den Fachbereich Klimawissenschaften. Für den vierten Bericht des Weltklimarates (IPCC) koordinierte er als Leitautor das Kapitel „Observations: Snow, Ice and Frozen Ground". Sieben Polarexpeditionen haben ihn bisher in die Arktis und Antarktis geführt.

Peter Linke arbeitet am GEOMAR|Helmholtz-Zentrum für Ozeanforschung Kiel im Forschungsbereich Marine Biogeochemie. Er untersucht biogeochemische Stoffkreisläufe an tektonisch aktiven Kontinentalrändern, Fluid- und Gasaustritte mittels videogeführter Lander und ROV-Modulen.

Nele Matz-Lück ist Professorin für Seerecht an der Christian-Albrechts-Universität zu Kiel und Ko-Direktorin des Walther-Schücking-Instituts für Internationales Recht. Zuvor arbeitete sie als Referentin am Max-Planck-Institut für ausländisches öffentliches Recht und Völkerrecht und war dort insbesondere für das Seerecht, das Umweltvölkerrecht, die Arktis und die Antarktis zuständig.

Gerrit Meineke ist Meeresgeologe und Projektleiter für Meerestechnik und Imaging am Zentrum für Marine Umweltwissenschaften (MARUM) an der Universität Bremen. Er beschäftigt sich seit 15 Jahren mit meerestechnischen Forschungs- und Entwicklungsprojekten und ist verantwortlich für das MARUM SEAL 5000.

Holger von Neuhoff ist Kurator des „Deck 7 - Ocean & Science" und leitet die Abteilung Kommunikation & Marketing im Internationalen Maritimen Museum Hamburg. Er realisierte eine Reihe von Ausstellungen, u.a. „Expedition Titanic", „Dialog des Geistes" sowie die „Stillen Räume" an der Klosterstätte Ihlow. Seine erste wissenschaftliche Expedition mit IFREMER auf dem Forschungsschiff NADIR führte ihn zum Wrack der Titanic, es folgten zwei weitere Expeditionen mit FS METEOR sowie diverse Buchveröffentlichungen.

Stephanie von Neuhoff studierte Anglistik, Politik und Theater-, Film- und Fernsehwissenschaften an der Ruhr Universität Bochum. Sie arbeitete als Redakteurin und als Ressortleiterin für Tageszeitungen. Seit über zwölf Jahren ist sie als freie Autorin tätig, überwiegend im Bereich der Meeres- und Polarforschung, und wirkte an verschiedenen Publikationen und Ausstellungskonzeptionen mit.

Dominique Le Parc ist Designer und Regisseur, er forscht und gestaltet im Bereich des strategic design mit dem Ziel Kunst, Wissenschaft und Ökonomie ineinander zu artikulieren. Schwerpunkt seiner sozio-ästhetischen Arbeiten ist – unter dem Begriff „Performance" – die mediale Darstellung der Wirklichkeit in der sich global veränderten Arbeitswelt.

Daniel Oesterwind ist Fischerei- und Meeresbiologe am Johann Heinrich von Thünen-Institut, Institut für Ostseefischerei in Rostock, wo er unter

Autoren und Herausgeber

anderem an der Umsetzung der Meeresstrategie-Rahmenrichtlinie arbeitet. Er beschäftigt sich seit sechs Jahren mit dem Thema Tintenfische und führte Untersuchungen zur Population und Nahrungsökologie von Cephalopoden in der Nordsee und ihrem Einfluss auf die (Fisch-)Fauna durch.

Sven Petersen ist Mineraloge am GEOMAR|Helmholtz Zentrum für Ozeanforschung Kiel. Zu seinen Forschungsschwerpunkten zählt die Genese und zeitliche Entwicklung submariner heißer Quellen und der mit ihnen assoziierten Erzablagerungen. Weitere Themen seiner Arbeit umfassen die Untersuchung einer möglichen Rohstoffgewinnung aus dem Meer, die Erforschung des Untergrunds der Vorkommen durch Bohrungen und der Nutzung autonomer Unterwasserfahrzeuge in der Exploration.

Detlef Quadfasel leitet seit 2007 die Arbeitsgruppe Experimentelle Ozeanographie am Institut für Meereskunde der Universität Hamburg. Er beschäftigt sich vor allem mit der großskaligen ozeanischen Zirkulation sowie mit Prozessen, die zur Vermischung von Wassermassen beitragen. Zu seinen Aufgaben gehört auch die Projektleitung der Leitstelle Deutsche Forschungsschiffe mit FS METEOR und FS MARIA S. MERIAN.

Volker Ratmeyer ist Projektleiter für die Entwicklung und den Einsatz tieftauchender Forschungsroboter (engl. „remotely operated vehicles" - ROVs) am Zentrum für Marine Umweltwissenschaften (MARUM) an der Universität Bremen. Sein Schwerpunkt ist neben der Konzeption und Durchführung von Tauchexpeditionen in die Tiefsee auch die Weiterentwicklung von wissenschaftlichen Nutzlasten auf Tauchfahrzeugen.

Gregor Rehder ist Professor für Meereschemie und stellvertretender Sektionsleiter der Meereschemie am Leibniz-Institut für Ostseeforschung Warnemünde. Zu seinen Forschungsschwerpunkten zählen biogeochemische Stoffkreisläufe, insbesondere der klimarelevanten Spurengase Methan und Kohlendioxid.

Frank Schmieder studierte Geophysik in Münster und Bremen und ist seit 1997 wissenschaftlicher Mitarbeiter am Zentrum für Marine Umweltwissenschaften (MARUM) an der Universität Bremen. Im Team der Öffentlichkeitsarbeit arbeitet er an der Produktion von Printmedien und Netzpublikationen sowie an Konzepten für Ausstellungen und Exponate.

Thomas Soltwedel arbeitet am Alfred-Wegener-Institut für Polar- und Meeresforschung in der Forschungsgruppe für Tiefseeökologie und Technologie. Der Meeresbiologe ist einer der beiden Gründungsväter des HAUSGARTEN Observatoriums und verfolgt seit Jahren verschiedene empirische und experimentelle Ansätze, um die Auswirkungen globaler Veränderungen auf ein polares Tiefseeökosystem quantifizieren zu können.

Ralf Thiel ist Privatdozent für Zoologie am Biozentrum Grindel & Zoologischen Museum der Universität Hamburg und Kustos der dortigen Fischsammlung. Systematik und Ökologie von Meeres-, Wander- und Süßwasserfischen zählen zu seinen Forschungsschwerpunkten.

Gerold Wefer ist Professor für Allgemeine Geologie an der Universität Bremen und Direktor des DFG-Forschungszentrums und Exzellenzclusters MARUM – Zentrum für marine Umweltwissenschaften. Er hat als Meeresgeologe mit paläoklimatischen und sedimentologischen Fragestellungen in allen Ozeanen gearbeitet und an über 30 Expeditionen mit Forschungs- und Bohrschiffen teilgenommen.

Solvin Zankl ist Meeresbiologe und arbeitet als professioneller Fotograf. In seinen Fotoreportagen ist er den Tieren ganz nah und schafft es nicht nur die Schönheit, sondern vor allem den besonderen Charakter einer jeden Spezies festzuhalten. Exklusiv für die Ausstellung TIEFSEE fotografierte er die Tierpräparate in der Sammlung des Zoologischen Museums Hamburg. Weitere Fotos von Tiefseeorganismen entstanden während einer Expedition des Alfred-Wegener-Instituts mit der POLARSTERN, die Teil des „Census of Marine Zooplankton" innerhalb der weltweiten „Volkszählung" in den Ozeanen, dem „Census of Marine Life", war. Seine Arbeiten erschienen in vielen Magazinen und Zeitschriften, z.B. GEO, National Geographic und BBC Wildlife.

Institute

Konsortium Deutsche Meeresforschung

Deutschland ist der größte und am breitesten aufgestellte Meeresforschungsstandort in Europa. Mit circa 5.000 Mitarbeitern in fast 200 Forschungsinstituten ist die deutsche Meeresforschung von herausragender struktureller Bedeutung für die norddeutschen Küstenländer.

Das Konsortium Deutsche Meeresforschung (KDM) versteht sich als nationale Vertretung der deutschen Meeresforschungsinstitutionen. KDM ist ein eingetragener Verein mit allen großen Forschungsinstituten und Einrichtungen von Universitäten auf den Gebieten der Meeres-, Polar- oder Küstenforschung.

Arbeitsschwerpunkte sind die Förderung der Wissenschaft und Forschung, insbesondere aller Belange der deutschen Meeresforschung einschließlich der meereswissenschaftlichen Polarforschung sowie der Küstenforschung, die Intensivierung der verbindlichen Kooperation der beteiligten Institutionen und die Entwicklung gemeinsamer Forschungsprogramme.

Die Intensivierung der Zusammenarbeit innerhalb der deutschen, europäischen und internationalen Meeresforschung hinsichtlich der verbindlichen Koordination, Planung und Ausrichtung der Forschungsprogramme, insbesondere bei Planung, Betrieb und Nutzung großer Infrastruktur ist dem Konsortium ebenso wichtig, wie die Interessen der Meeresforschung gegenüber nationalen Entscheidungsträgern und der Europäischen Union sowie gegenüber der Öffentlichkeit einheitlich und gemeinsam zu vertreten.

KDM im Internet: www.deutsche-meeresforschung.de

Konsortium Deutsche Meeresforschung

Weitere Einrichtungen,
die an der Ausstellung TIEFSEE mitgewirkt haben:

**Alfred-Wegener-Institut
für Polar- und Meeresforschung
in der Helmholtz-Gemeinschaft** www.awi.de

**Bundesanstalt für Geowissenschaften
und Rohstoffe** www.bgr.bund.de

Deutsches Meeresmuseum
www.meeresmuseum.de

Deutsche Rohstoffagentur
www.deutsche-rohstoffagentur.de

Exzellenzcluster „Ozean der Zukunft"
www.ozean-der-zukunft.de

**GEOMAR | Helmholtz-Zentrum
für Ozeanforschung Kiel**
www.geomar.de

Internationales Maritimes Museum Hamburg
www.imm-hamburg.de

Johann Heinrich von Thünen-Institut
Bundesforschungsinstitut für Ländliche Räume,
Wald und Fischerei, www.vti.bund.de

Leitstelle Deutsche Forschungsschiffe
Universität Hamburg, www.ifm.zmaw.de

**Leibniz-Institut für Ostseeforschung
Warnemünde**
www.io-warnemuende.de

**MARUM – Zentrum für Marine
Umweltwissenschaften**, Universität Bremen
www.marum.de

**Senckenberg Forschungsinstitut
und Naturmuseum Frankfurt**
www.senckenberg.de

**Zoologisches Museum
der Universität Hamburg**
www.uni-hamburg.de/biologie/BioZ/

Literaturverzeichnis

ZITIERTE LITERATUR

Gleiter – Eine Vision wird Wirklichkeit (Dr. Gerd Krahmann):
H. Stommel (1989): The Slocum Mission, Oceanography, 2, 22-25

Die Dynamik des Ozeans – Auf Expedition im tropischen Atlantik (Prof. Dr. Peter Brandt):
L. Stramma (2008): Expanding oxygen-minimum zones in the tropical oceans. Science, 320, 655–658
L. Stramma, et al. (2011): Expansion of oxygen minimum zones may reduce available habitat for tropical pelagic fishes. Nature Climate Change, doi:10.1038/nclimate1304
E. N. Lorenz (1963): Deterministic Nonperiodic Flow. J. Atmos. Sci., 20, 130–141
P. Brandt et al. (2011): Interannual atmospheric variability forced by the deep equatorial Atlantic Ocean. Nature, 473, 497-500
H. Wattenberg (1939): Die Verteilung des Sauerstoffs im Atlantischen Ozean. Deutsche Atlantische Expedition Meteor 1925–1927, Wiss. Erg., Bd. 9, 132 S.

Leben unter Druck – Organismen in der Tiefsee (Prof. Dr. Angelika Brandt)
A. Brandt et al. (2007a): The biodiversity of the deep Southern Ocean benthos. Phil. Trans. Roy. Soc. B, 362, 39-66
A. Brandt et al. (2007b): The Southern Ocean deep sea: First insights into biodiversity and biogeography. Nature, 447, 307-311
A. Brandt, K. Linse & M. Schüller (2009): Bathymetric distribution patterns of Southern Ocean macrofaunal taxa: Bivalvia, Gastropoda, Isopoda and Polychaeta. DSR I 56: 2013-2025. doi:10.1016/j.dsr.2009.06.007
T. Brey et al. (1996): Do Antarctic benthic invertebrates show an extended level of eurybathy? Antarctic Science, 8, 1, 3-6
A. Clarke & N. M. Johnston (2003): Antarctic marine benthic diversity. Oceanography and Marine Biology: an Annual Review 41, 47-114(1996)
J. Gutt et al. (2011) Biodiversity change after climate-induced ice-shelf collapse in the Antarctic. DSR II, 58, 74-83
J. S. Pearse et al. (2009): Brooding and Species Diversity in the SO: Selection for Brooders or Speciation within Brooding Clades? In: Smithsonian at the Poles: Contributions to International Polar Year Science. ed. I. Krupnik, M. A. Lang & S. E. Miller, pp. 181-196. Proceedings of Smithsonian at the Poles Symposium, Smithsonian Institution, Washington, D.C., 3-4 May 2007. Washington, D.C.: Smithsonian Institution Scholarly Press (2009).
G. C. B. Poore & G. D. F. Wilson (1993): Marine species richness. Nature, 361, 597-598
M. A. Rex et al. (1993): Global-scale latitudinal patterns of species diversity in the deep-sea benthos. Nature, 365, 636–639
H. L. Sanders & R. R. Hessler (1969): Diversity and composition of abyssal benthos. Science, 166, 1033–1034
H. L. Sanders, R. R. Hessler & G. R. Hampson (1965): An introduction to the study of deep-sea benthic faunal assemblages along the Gay Head-Bermuda transect. Deep-Sea Research, 12, 845–867
S. Zieruhl (2010): Der Kampf um die Tiefsee - Wettlauf um die Rohstoffe der Erde. Hoffmann und Campe Verlag GmbH, Hamburg, Seiten 1-353

Lebe schnell, stirb' jung (Dr. Daniel Oesterwind):
P. R. Boyle (1990): Cephalopod Biology in the Fisheries Context. Fischeries Research, 8, 303 – 321
R. Ellis (1997): Seeungeheuer: Mythen, Fabeln und Fakten. Birkhäuser Verlag, Berlin. ISBN 3-7643-5422-4
R. Ellis (2002): Riesenkraken der Tiefsee: Die aufregende Suche nach den letzten unbekannten Wesen unserer Welt. Heel Verlag, Königswinter. ISBN 3-89365-876-9
J. K. Finn, T. Tregenza & M. Norman (2009): Defensive tool use in a coconut-carrying octopus. Current Biology, 19 (23), R1069 – R1070
R. Hanlon (2007): Cephalopod dynamic camouflage. Current Biology, 17 (11), R400 – R404
P. Jereb & C. F. E. Roper (2010): Cephalopods of the world. An annotated and illustrated catalogue of cephalopod species known to date. Volume 2. Myopsid and Oegopsid Squids. FAO Species Catalogue for Fisheries Purposes. No. 4, Vol. 2, Rome, FAO. 605p.
T. Kubodera & K. Mori (2005): First-ever observations of a live giant squid in the wild. Proceedings of the Royal Society Biological Science, 272, 2583 - 2586
T. Kubodera, Y. Koyoma & K. Mori (2007): Observations of wild hunting behavior and bioluminescence of large deep-sea, eight-armed squid, Taningia danae. Proceedings of the Royal Society Biological Science, 274, 1029 – 1034
J. G. Krünitz: Oekonomische Encyklopädie oder allgemeines System der Staats- Stadt- Haus- und Landwirthschaft. Band 46, S. 666

Ein Blick in die Schatzkammern des Lebens (PD Dr. Ralf Thiel):
A. Brandt, U. Kotthoff G. Kranz (2010): Naturwissenschaftliche Museen und Sammlungen Hamburg. Verbund der Naturwissenschaftlichen Sammlungen Hamburg (VNSH), Hamburg: 68 S.
F. F. Steininger (2007): Naturwissenschaftliche Forschungssammlungen – unersetzbare Ressource der Evolutionsforschung – Naturerbe der Menschheit. Denisia 20, zugleich Kataloge der oberösterreichischen Landesmuseen, Neue Serie 66, 753-759
R. Thiel (2008a): Sammlung Ichthyologie. In: A. Brandt et al. (Hrsg.): Zoologisches Museum Hamburg – Wissenschaftliche Sammlungen und Forschung. Zoologisches Museum Hamburg, Hamburg, 34-35
R. Thiel (2008b): Forschung Ichthyologie. In: A. Brandt et al. (Hrsg.): Zoologisches Museum Hamburg – Wissenschaftliche Sammlungen und Forschung. Zoologisches Museum Hamburg, Hamburg: 54-55
R. Thiel, I. Eidus, I. & R. Neumann (2009): The Zoological Museum Hamburg (ZMH) fish collection as a global biodiversity archive of elasmobranchs and actinopterygians as well as other fish taxa. Journal of Applied Ichthyology 25, Supplement 1, 9-32

ALLGEMEINE LITERATUR
A. Boetius, H. Boetius (2011): Das dunkle Paradies: Die Entdeckung der Tiefsee
D. Röhrlich, J. Feindt (2010): Tiefsee: Von Schwarzen Rauchern und blinkenden Fischen
C. Nouvian (2006): The Deep. Leben in der Tiefsee
R. Kunzig, W. Rhiel (2004): Der unsichtbare Kontinent: Die Entdeckung der Meerestiefe
É. Orsenna (2007): Lob des Golfstroms
P. Descamp (2007): Planet Meer: Reise in die Unterwasserwelt
R.D. Ballard (2001): Tiefsee. Die großen Expeditionen in der Welt der ewigen Finsternis
S. Hutchinson, L.E. Hawkins (2009): Wissen neu erleben: Ozeane
K. Viering, R. Knauer (2008): Wissen auf einen Blick. Ozeane und

Tiefsee: 100 Bilder - 100 Fakten
M. Rößlinger, C.P. Lieckfeld (2004): Mythos Meer. Geschichten. Legenden. Tatsachen
G. Wefer, F. Schmieder (Hrsg.) (2010): Expedition Erde – Wissenswertes und Spannendes aus den Geowissenschaften (bestellbar nur über die Internetseite: www.marum.de/MARUM-Shop.html)
N. Jakobi, H.v.Neuhoff, B. Springer (2011): 25 Jahre FS METEOR. Ein Forschungsschiff schreibt Geschichte

LITERATUR FÜR KINDER UND JUGENDLICHE
H.P. Thiel, M. Würmli (2010): EXTRAwissen Ozeane: Das Leben im Meer
R. Crummenerl (2010): Was ist Was: Meereskunde
P.d. Hugo (2006): Licht an! Tief im Meer. Meyers kleine Kinderbibliothek
L. Pitkin (2003): Reise in die Tiefsee
S. Winnewisser (2011): Unterwasserwelten
F. Sarano, S. Durand, J. Perrin, J. Cluzuad (2010): Unsere Ozeane. Das Kinderbuch zum Film: Nach dem gleichnamigen Film von Jacques Perrin und Jacques Cluzaud
P. Perry (2008): Expedition Unterwasserwelt - Abenteuer Ozean: Entdecke die exotischen Tiere im Korallenriff
D. Pohland, T. Müller (2008): Tiefsee - Anglerfische, Riesenkalmare und andere geheimnisvolle Wesen
J. Woodward, D. Stow (2007): Ozeane. Atlas der Meere

Bildnachweis

Institute bei Mehrfachnennung wie folgt abgekürzt:

AWI Alfred-Wegener-Institut für Polar- und Meeresforschung in der Helmholtz-Gemeinschaft, Bremerhaven
GEOMAR GEOMAR | Helmholtz-Zentrum für Ozeanforschung Kiel
IOW Leibniz-Institut für Ostseeforschung Warnemünde
MARUM MARUM – Zentrum für Marine Umweltwissenschaften, Universität Bremen

Titelseite David Hattich, **Rückseite** Solvin Zankl, Vorwort und Prolog MARUM: 10, vdL: 12
Anhang: NASA: 238, Niels Jakobi: 245, 247

Was den Ozean im Innersten zusammenhält
NASA: 14, Jason Childs/gettyimages: 16, Ralf Prien, IOW: 19, AWI: 20, 23, Peter Lemke, AWI: 21, 22 oben und unten links, Karel Bakker, AWI: 22 unten rechts, MARUM: 24/25, 27, S.Pfaff, B. Wend, B. Pauls, AWI: 28, C. Pape, AWI: 29, AWI: 30, 31, MARUM: 32, M. Rhein, D. Kieke, R. Steinfeldt, Institut für Umweltphysik, Universität Bremen, www.ocean.uni-bremen.de: 33, vdL: 35, Kerstin Nachtigal: 35 unten, E. Lim & J. Varner, Cooperative Institute for Research in Environmental Sciences, Univ. of Colorado & NOAA National Geophysical Data Center; Daten: R. D. Muller et al. (2008) doi:10.1029/2007GC001743: 36, Claudia Pichler, AWI: 37, Posta P.E. PTT Communications „SRBIJA": 38 mitte links, Royal Swedish Academy, nobelprice.org: 38 unten links, Bremen Core Repository (BCR) des Integrated Ocean Drilling Program (IODP) am MARUM: 38, 39, Pangaea-Karte: Jennifer Kück, MARUM nach PALEOMAP Project, C.R. Scotese; http://www.scotese.com: 40/41, MARUM nach United States Geological Survey, USGS: 40, nach United States Geological Survey (USGS); http://www.usgs.gov: 41 mitte, MARUM nach W.F. Ruddiman (2001): Earth's Climate – Past and Future. W.H. Freeman and Company: 41 unten.

Hightech in der Tiefsee
MARUM: 42, 49, 52, 61 unten, 68 oben mitte und rechts, vdL: 44, 46, 47, 48, US Navy: 45 oben, Woodshole Oceanographic Institution: 45 mitte, Institut français de recherche pour l'exploitation de la mer (IFREMER): 45 unten, 65, Thorsten Klein, MARUM: 50, 51, Gerrit Meinecke, MARUM: 52, GEOMAR: 53 links; AWI: 53 rechts, vdL: 54, 55, 56, 57, 58, 59, 61 oben, Christian Holzner: 60, Thomas Soltwedel, AWI: 62, 64, N. Lochthofen, AWI: 63, Volker Diekamp, MARUM: 66, 68 links, 69, Andreas Dibiasi, dibiMultimedia: 68 unten.

Forschen auf hoher See
Christian Morel: 72, Klaus Bergmann: 73 links, Leitstelle Deutsche Forschungsschiffe / Reederei Briese: 73 rechts, 77, Volker Diekamp, MARUM: 75 rechts, vdL: 70, 74, 75, 76, 78, 79, 80, 81, 82, 83, 84, 86, 87, 88, 89, H. Wattenberg (1939): Die Verteilung des Sauerstoffs im Atlantischen Ozean. Deutsche Atlantische Expedition Meteor 1925–1927: 83 oben, Peter Brandt, GEOMAR: 85, Christopher von Deylen: 90, 93, 94, 96, 98, 99, Gregor von Halem, MARUM: 95 oben links, SvN: 95 oben rechts, MARUM: 97, 100, 101, 103, 104, 105, 106, 107, Niels Jöns, MARUM: 102, 108, 109 oben und mitte, Janis Thal, Fachbereich Geowissenschaften, Universität Bremen: 109 unten.

Dunkelkammer des Lebens
Torben Riehl, Biozentrum Grindel & Zoologisches Museum Hamburg: 112, Julian Gutt, AWI: 113, 116, 119 oben, MARUM: 114/115, 117, 119 unten, 121 rechts, 148, 150, 151, 152, 153, 157, 160/161, 162, 163, 164, 166, 167, Angelika Brandt, Biozentrum Grindel & Zoologisches Museum Hamburg: 117 rechts unten, 118, 120, SEALIFE: 149, Takashi Murai, Osaka: 154, 158, Gerhard Jarms, Biozentrum Grindel & Zoologisches Museum Hamburg: 156, Thomas Heeger: 159, Biozentrum Grindel & Zoologisches Museum Hamburg: 173, 176, Sammlung vdL: 170, Carl Chun, Deutsche Tiefseeexpedition, 1898-99, Bd. XVIII: 169, 170, 171, 172, 174, 175, Solvin Zankl: 110, 121, 122-147, 168, 177 – 196.

Die Zukunft begann gestern
Hannes Grobe, AWI: 198, vdL: 200, Volker Diekamp, MARUM: 201, Albert Gerdes, MARUM: 202, National Oceanic and Atmospheric Association (NOAA): 203 oben, MARUM: 203 mitte, MARUM nach W. H. Berger & G. Wefer (1992): Klimageschichte aus Tiefseesedimenten – Neues vom Ontong-Java-Plateau (Westpazifik). Naturwissenschaften, 79, 541-550: 203 unten, Ernst Haeckel: Kunstformen der Natur. Copyright der HTML-Version (1999): Kurt Stueber und Max-Planck-Institut für Züchtungsforschung: 204, 205, Karl-Heinz-Baumann, Fachbereich Geowissenschaften, Universität Bremen: 207, Peter Lemke, AWI: 208, 214, UN Photo by Martine Perret: 205, Sepp Kipfstuhl, AWI: 210, 211 rechts, AWI: 211 links, 215 oben, Datenquelle: NSIDC; http://nsidc.org/data/docs/noaa/g02135_seaice_index/index.html: 212, 213, Stefan Hendricks, AWI: 215 unten, MARUM: 216, 217 links, MARUM nach E. Suess: 217 rechts, GEOMAR: 218, 222, John Delaney and Deb Kelley, University of Washington, School of Oceanography, Seattle, WA: 223, Bundesanstalt für Geowissenschaften und Rohstoffe, Deutsche Rohstoffagentur: 219, 220, 221, Delany: 223 links, Internationales Maritimes Museum Hamburg: 224, 227, Créations Jacques Rougerie: 228 – 237, vdL: 235.